Artesanías de la palabra / selección Blanca Inés Gómez Buendía y
Luis Carlos Henao. -- Bogotá: Panamericana Editorial, 2003.
    336 p.; 21 cm.
    Incluye bibliografía
    ISBN 958-30-1119-3
    1. Ensayos colombianos - Colecciones 2. Arte de escribir - Ensayos,
conferencias, etc. 3. Creación literaria - Ensayos, conferencias, etc.
4. Belleza - Ensayos, conferencias, etc. I. Gómez Buendía, Blanca
Inés, comp. II. Henao, Luis Carlos, comp. III. Tít.
Co864.08 cd 19 ed.
AHP4648

    CEP-Banco de la República-Biblioteca Luis-Ángel Arango

Artesanías de la palabra

Artesanías
de la palabra

Blanca Inés Gómez Buendía
Luis Carlos Henao de Brigard

(compiladores)

PANAMERICANA
EDITORIAL

Editor
Panamericana Editorial Ltda.

Edición
Mónica Montes Ferrando

Diagramación y diseño de portada
Diego Martínez Celis

Primera edición, abril de 2003

© Blanca Inés Gómez Buendía y Luis Carlos Henao de Brigard
© Panamericana Editorial Ltda.
Calle 12 No. 34 - 20. Tels.: 3 603077 - 2770100. Fax:(57 1) 2 373805
Correo electrónico: panaedit@panamericanaeditorial.com
www.panamericanaeditorial.com
Bogotá, D.C., Colombia

ISBN volumen: 958-30-1119-3
ISBN colección: 958-30-0811-7

Impreso por Panamericana Formas e Impresos S.A.
Calle 65 No. 95-28. Tels.: 4302110 - 4300355. Fax:(57 1) 2763008
Quien sólo actúa como impresor.

Impreso en Colombia   *Printed in Colombia*

Contenido

A MANERA DE PRÓLOGO

Los lectores de literatura tienen siempre las puertas abiertas a las novelas, poemas, cuentos y otro tipo de escritos que los creadores van publicando continuamente. Es en verdad un privilegio aquel de acercarse a las expresiones artísticas ya culminadas y entrar, despreocupada o atentamente, al mundo imaginario de la literatura. Pero pocas veces el lector tiene la oportunidad de entablar un diálogo con los escritores mismos, con su oficio, con sus preocupaciones, motivaciones y combates por encontrar los temas, las formas de narrar o poetizar, con los enfrentamientos consigo mismo y con la realidad, a fin de transfigurarla mediante el lenguaje, que unas veces se muestra esquivo y otras precario.

Poco sabe el lector acerca de los avatares de la creación literaria. Le son familiares conceptos como *inspiración, talento, creatividad* a la hora de hablar sobre los requisitos que se consideran necesarios para escribir, de ahí la distancia que se establece entre los simples y mortales lectores y los aparentemente privilegiados creadores. Poco sabe el lector, entonces, de lo que hay detrás de la escritura de un poema, de un cuento, de una novela.

El presente libro quiere abrirle al lector esa otra puerta que lo conduce al escritor y su oficio. En este caso, a escritores colombianos –novelistas y poetas– , unos de reconocida y larga trayectoria literaria; otros, más jóvenes, que les siguen los pasos. Hay entre ellos, también, quienes alternan la creación literaria con la cátedra universitaria.

Es bueno que tanto el lector experimentado como el incipiente sepan cuál ha sido el fruto de los empeños y trabajos revelados en los textos que componen este volumen. Por ello, aquí se incluye una lista de obras creativas que invita al lector a confrontar los empeños con los frutos.

Germán Espinosa (*La tejedora de coronas*, *Los cortejos del diablo*, *La balada del pajarillo*, *Romanza para murciélagos*, *El signo del pez*), Rafael Humberto Moreno Durán (*Los felinos del canciller*, trilogía *Femina Suite*, *Metropolitanas*), Óscar Collazos (*Morir con papá*, *Crónica de tiempo muerto*, *Jóvenes pobres amantes*, *Memoria compartida*), Rodrigo Parra Sandoval (*El árbol secreto del sagrado corazón*, *Tarzán o el filósofo desnudo*, *La amante de Shakespeare*), Roberto Burgos Cantor (*El patio de los vientos perdidos*, *El vuelo de la paloma*, *Lo amador*), Augusto Pinilla (*La casa infinita*, *Fábrica de sombras*, *El Fénix de oro*, *La novela de Cristo*, *Cuentos sobrevivientes*, *¡Y la vida revivirá!*, *El inmortal poeta*), Henry Luque Muñoz (*Polen de lejanía*, *Arqueología del silencio*, *El erotismo del cielo*), Luz Mary Giraldo (*Con la vida*, *El tiempo se volvió poema*, *Camino de los sueños*, *Jardín de sueños*), Lina María Pérez (*Cuentos sin antifaz*), Juan Manuel Silva (*El conde de Cuchicute*, *El talón de María*), Jaime Alejandro Rodríguez (*Gabriela infinita*, *Coordenadas imprecisas de la muerte*), Jaime García Saucedo (*Escrito en Coral Gables*, *Poemario*, *De lo que no se dijo en las crónicas y otros cuentos*, *Relatos*, *El jardín de los dóberman*), Azriel Bibliowicz (*El rumor del Astracán*, *Sobre la faz del abismo*), Julio César Goyes (*Tejedor de instantes*, *Imago silencio*, *El eco y la mirada*), Jorge Cadavid (*Diario del entomólogo*, *La nada*).

No es frecuente encontrar, reunidas en un volumen, las confesiones de tantos escritores y poetas colombianos acerca de la escritura. Es, pues, un privilegio para los lectores, poder encontrarse, cara a cara, con aquellos que sólo conocen a través de sus obras y de una que otra noticia periodística.

Blanca Inés Gómez Buendía
Luis Carlos Henao de Brigard
Compiladores

PRIMERA PARTE
ENSAYOS EN TORNO AL OFICIO DEL ESCRITOR

Pidiéndole peras al olmo
Azriel Bibliowicz

Escribir... Ese enigmático proceso de llenar páginas, donde las voces se entrelazan para expresar deseos, dolores, experiencias, recuerdos, dudas, y para armar historias... anhelando ser inolvidables. De eso se tratan la poesía, y la escritura, cuando buscan ser arte.

El objetivo de todo escritor, ya sea prosista o poeta, es encontrar la poesía que subyace detrás de las palabras y los hechos. La realidad puede o no ser bella, a ratos nos engaña, resulta cruel, dolorosa y desagradable, pero en estas dimensiones reside, así mismo, lo poético. Se supone que la prosa está más alejada de la poesía, pero no todo escrito en prosa es prosaico o le falta poesía, ni toda poesía, por estar compuesta de versos y rimas, es poética. La poesía no tiene por qué ser espejo de la realidad sino su confidente. Buscar la poesía significa encontrar esa cosa alada, liviana y sagrada, que se esconde en la realidad y a la cual se refiere Sócrates en su diálogo sobre el tema. Todo escritor debe luchar por encontrar las palabras precisas y hallar la música necesaria para relatar con pasión y frescura lo que merece contarse. Pero también es cierto, como decía Nietzsche, que de todo lo que se escribe, lo que más gusta es lo que se hace con sangre. Aun cuando suene excesivo, tenía razón, porque si los escritores aspiran a que sus palabras no se olviden, y lleguen a ser inmortales, deben escribir como si en ellas entregaran su última gota de sangre. Y si la poesía nos acerca a la inmortalidad, se debe a que nos confronta con la conciencia de la muerte. La patología y la muerte forman parte de la vida y por consiguiente del arte. Así pues, la poesía no sólo es hermosa o ideal, sino también despiadada y perversa. El arte es un juego de malabares en los que participan el conocimiento, la inteligencia y la intuición; pero, además, es un ejercicio cambiante, dinámico, que establece sus propias leyes e impone sus propios obstáculos. Si bien el escritor es quien se aventura a hallar la poesía, debe saber mirar lo que nadie quiere mirar o, como decía el poeta Rilke, atreverse a llegar a donde ningún otro se atreve. El artista es aquel quien le pide peras al olmo y, por tanto, está siempre al borde de lo quimérico.

Resulta diciente que las palabras *inventar* y *descubrir* sean sinónimas en latín. En cierta forma, toda invención o creación termina por ser un descubrimiento. Miguel Ángel afirmaba que él sólo había descubierto el Moisés que estaba en la piedra. Todas las historias y todos los cuentos, en cierta forma, se encuentran ocultos, y el deber de todo escritor es develarlas. Flaubert decía que la poesía era una planta libre. Crece ahí donde la siembran y el poeta no es otra cosa que un paciente botánico que escala las montañas para ir a cortarla.

Según Platón, inventar o descubrir era sólo recordar. Curiosamente, también hay una leyenda judía consignada en el Talmud que sostiene que en el momento en que nacemos, un ángel coloca su dedo sobre nuestros labios para que lo olvidemos todo. El estudio y la experiencia durante la vida nos llevan sólo a recordar aquello que habíamos olvidado. Francis Bacon afirmaba que si aprender es recordar, ignorar es saber olvidar; ya todo está, únicamente nos falta verlo.

Sin lugar a dudas, escribir es un oficio arcano, difícil, arriesgado y, tal vez por ello, fascinante. Y sólo quienes se aventuran en él con pasión y saben bajar al Hades, amarrarse al mástil y correr los riesgos y peligros que demanda esta insensata odisea, logran acariciar los laureles que confiere su des-

tino. Pero para lanzarse a la aventura se necesita estar preñado, preñado de cuentos, de recuerdos e historias, y tener ganas de contarlos, como afirmaba Cortázar. Incluso, se debe
sentir que si no se escriben, se le pudren por dentro. Sólo
quien vive con dicha sensación irremediable, cultiva la escritura. Y para ser escritor se necesita, de manera ineludible, escribir. Y de afán. Azorín hablaba del afán que conduce a los
escritores al texto. Es importante dejarse llevar por ese afán, y
que lo lleve a uno a donde lo lleve. El afán resulta necesario y
un acicate. En el escritor debe persistir la actitud de desarrollar con ahínco y todas sus energías el arte de escribir. Además, no se escribe como se quiere, sino como se puede, y por
ello la intuición es fundamental. Hay que aprender a dejarse
llevar. En el baile de la literatura, sólo el que siente la necesidad, aquel cuyos pies (en este caso serían las manos) no
aguantan la tentación de la música interna, el que se suelta,
es quien termina por ser escritor. Cuanto más se escribe, más
gracia se adquiere. En la medida que uno se familiariza con el
oficio, éste se vuelve natural y se abren nuevos retos. Se empiezan a distinguir los pasos, y se le permite a la intuición que
los marque. La intuición es una brújula que por lo general no
se equivoca y puede resultar superior a la propia reflexión.
Pero ante todo hay que tener ganas de escribir. Las ganas lo
son todo. El encanto y la gracia, si bien son regalos de los
dioses, sin disciplina y rigor nunca florecen. Stevenson decía
que el encanto era fundamental en la escritura. Sin el encanto, lo demás es inútil. Lo importante es escribir y lanzarse a
esta fabulosa aventura de develar la poesía, porque si se cultiva con vehemencia y se tiene gracia, ella aflora.

Así como se aprende a apreciar la música, también se
aprende a apreciar el lenguaje. Borges, quien era un maravilloso vate, decía que el lenguaje era una creación estética y
cada palabra una obra poética. Y hay palabras que pueden ser
particularmente hermosas y sonoras, que conmueven con sólo
escucharlas. Cada escritor tiene las suyas, pero siempre he
pensado que *alelí* tiene una musicalidad que encanta y sedu-

ce, y *almohada*, que significa al lado de la mejilla, conserva una cadencia tersa que termina por acariciar. Tal vez por eso se consultan con ella tantas cosas.

Cuanto más se contemplan y se dedica uno a meldar las palabras, se analizan y conocen su etimología e historia, más bellas resultan. Si pensamos y nos centramos en las voces, nos acercamos a la poesía, ya que en ellas anida. Pero no todo es dulce y prodigioso en los terrenos del lenguaje. También es cierto que los términos se desgastan, y pueden perder sus significados. Los políticos, las dictaduras y los violentos saben acabarlas. Bajo la extenuación y el desamparo vive en Colombia, por ejemplo, la palabra *paz*, que cada día se torna mustia y languidece con su abuso. Es sólo un ejemplo de muchas que padecen un destino cruel.

Los nazis desgastaron el alemán, y sólo poetas de la talla de Celan ayudaron a rescatarlo para conferirle un nuevo hálito. El fascismo español también desgastó el idioma, y tengo la sospecha de que fueron los escritores latinoamericanos –Borges, García Márquez, Carpentier, Fuentes, Cortázar, Vargas Llosa, Rulfo, para sólo mencionar algunos– quienes le dieron un nuevo aire e identidad.

Las palabras son frágiles, el uso indebido y las injusticias tienden a maltratarlas. Por ello resultan tan importantes los poetas, ya que les devuelven, renuevan y reaniman el significado. Por tanto, todo escritor debe ser cuidadoso, pues su oficio es recuperarlas, reanudarlas, realimentarlas y darles nuevos contextos y significados.

Canetti cuenta una anécdota que siempre me ha conmovido. Este premio Nobel nos dice que encontró una nota de un autor anónimo que el 23 de agosto de 1939, una semana antes que estallara la segunda guerra mundial, dejó escrito: "No hay nada que hacer. Pero si en verdad fuera escritor, debía poder impedir la guerra". Las frases que parecen a primera vista de una pretensión irracional y absurda, invocan –nos dice Canetti– esa responsabilidad olvidada que tiene la escritura, y por ello, cuando se piensan con cuidado, terminan por ser desgarradoras. Porque también fueron palabras recurrentes, empleadas en forma consciente y abusiva, los eslóganes y la propaganda del Tercer Reich, que condujeron a la inevitabilidad de la guerra. Entonces, se pregunta Canetti, con la lucidez que lo caracteriza: "¿Si la guerra puede ser provocada por las palabras, por qué no pueden las palabras impedirla?".

El escritor que se asume como artista y que cultiva la conciencia de las palabras, la confianza que les tiene y el amor hacia ellas, necesariamente termina por comprender la responsabilidad que le confieren.

Los lenguajes son minas llenas de tesoros y siempre guardan vetas nuevas e inexploradas para que todo poeta las pueda fondear. Cuando se publicó, en inglés, la Biblia autorizada de King James, en 1611, se utilizaron unas siete mil palabras distintas. Shakespeare, quien escribió en la misma época, tiene una obra de veintisiete mil palabras diferentes, casi cuatro veces el número de palabras de la Biblia. Puede pensarse a primera vista que Shakespeare usa más palabras que el Señor, pero su milagro en verdad radica en que sus comedias, historias y tragedias recorren todos los estratos sociales y todo tipo de personajes hablan y participan en ellas, con sus modalidades y argot. En Shakespeare escuchamos tanto a los rufianes como a los reyes, a las prostitutas y a los obispos, en fin, toda la amalgama social de la Inglaterra de la reina Isabel y del rey Jacobo. Shakespeare, a diferencia de los autores de la Biblia, les da la bienvenida a los dialectos y a los modismos, a las diversas jergas que conforman el lenguaje y que tienden a ser rechazados por los puristas. Todo el paisaje del idioma entra sin miedo en la obra shakesperiana, alimentándola y enriqueciéndola.

Debo aclarar que la Biblia es el libro de los libros, y no estoy comparándola en grandeza con la obra de Shakespeare, pero también es cierto que la literatura no es un concurso de belleza o un escalafón boxístico donde se establece quién es el primero; sólo quiero señalar la habilidad del poeta y cómo todos los personajes de su época encuentran un espacio en sus páginas. Éste es el prodigio de las palabras en manos de un gran bardo.

Así como el escritor debe concentrarse en las palabras y en sus significados, tal vez deba obviar o, mejor, olvidar a ratos la gramática. Cuando se comienza a escribir no se le debe prestar demasiada atención a la gramática ni a las reglas de sintaxis. Lo importante es escribir. En verdad, lo concerniente a la gramática es difícil y complejo, porque si bien hay una elegancia en el buen manejo del idioma, la etiqueta siempre puede resultar ceremoniosa, plana y presuntuosa. Lo importante no es tanto si escribimos correcta o incorrectamente, sino si lo hacemos con inteligencia e intuición. La pureza, como cualidad única de las frases, termina por ser desdeñable.

Cuando Cervantes escribió El Quijote, todo parece indicar que lo que menos le preocupó fue la gramática. Al Manco de Lepanto le sobraban ganas de contar, componer una historia como pocas, "un gran cuento de hadas", como diría Nabokov. Pero si se mira El Quijote desde el punto de vista gramatical, como lo hizo Diego Clemencín, en su edición anotada de 1833, con un prurito cerrado y académico, la obra resulta plagada de errores de estilo y de redacción. Más aún, se llega a creer que Cervantes era un mal escritor. Sin embargo, por gramaticalmente correctas que fueran las páginas de Clemencín, y por acertado como crítico que fue, no las cambiaríamos por una sola de Cervantes. El escritor debe reservar la gramática sólo para cuando ya no haga daño. Es curioso e irónico que todo lo que escribió Cervantes, por incorrecto que hubiera sido en su momento, hoy es el canon y ejemplo de lo correcto y lo académico. Cuando los escritores son grandes, lo que menos importa es la gramática, porque ellos se transforman en ejemplos de construcción y régimen; en pocas palabras, se vuelven la gramática. El escritor no debe pensar en las reglas cuando emprende la aventura porque, al fin y al cabo, escribir implica darse licencias. Tal vez por ello, los escritores desaliñados tienen muchas veces una gracia que no tienen los pulidos.

Y aun cuando pueda resultar un poco contradictorio (y por qué no serlo) escribir, por lo general, implica reescribir. Se puede escribir a vuelapluma y de una sola tacada, lograr que el texto sea impecable. Es posible. No es necesario *sudarla* para que el texto sea bueno. Pero también es cierto que la escritura y la poesía son tentativas de buscar la perfección y sin duda, cuanto más se rescribe, más se acerca uno a ese esquivo objetivo. Flaubert aseguraba que el talento no era más que una gran disciplina, y por cierto este gran maestro fue uno de los escritores más disciplinados y laboriosos de que tengamos noticia. Los escritores tienden a ser profesionales de la insatisfacción, como anotaba Susan Sontag, y, por consiguiente, es en la reescritura, en la capacidad de reescribir y reescribir, donde el texto se pule. Hay que lamer y relamer como un oso las palabras, decía Virgilio.

Flaubert, en esa deliciosa correspondencia que entabló con Louise Colet, nos habla sobre el trabajo asiduo y meticuloso que emprendía por largas horas. Limpiaba sus textos hasta el cansancio. Por ello la paciencia forma parte de las necesidades de la escritura.

Kafka sostenía que existían dos tipos de pecados capitales a partir de los cuales surgían todos los demás: impaciencia y desidia. A causa de la impaciencia fuimos expulsados del paraíso, y por la desidia no podemos retornar. Pero, quizás —agregaba Kafka— sólo exista un pecado capital: la impaciencia, ya que fuimos expulsados por impacientes y la misma impaciencia nos impide volver.

La paciencia es fundamental para el escritor. Odiseo llega a Ítaca por su tesón y paciencia, y ésa es la lección que trata de enseñarle a su hijo Telémaco. La paciencia es el gran complemento del brío y la pasión.

Cuando uno escribe la primera versión, siente que el frío enturbia las palabras. En la medida que uno va reescribiendo, acomodándose a ellas, se calientan, el texto cobra mayor confianza, placer, agilidad y las frases acaban por ser más propias. Es ahí donde la escritura encuentra su tarea más placentera. Es también el momento en que se busca ser más claro, elocuente, preciso, profundo y juguetón. Y es quizás ahí donde la gramática nos ayuda a conferirle cierto esplendor al texto.

Una de las características más sorprendentes de la literatura es la forma en que quiebra el sentido del tiempo y el espacio y cómo establece un diálogo que infringe todas las barreras. La literatura es una conversación entre autores, y por ello encontramos a Virgilio reescribiendo, reinterpretando y desentrañando significados recónditos de la obra de Homero; Shakespeare retoma a Ovidio y sus metamorfosis para contribuir con nuevos significados y posibilidades; encontramos a Borges dialogando y releyendo a Cervantes, con resultados novedosos, y a Beckett interpelando, revisando a Shakespeare, y así sucesivamente. La literatura es el gran juego intertextual de todos los tiempos, la gran relectura. El juego y el diálogo literario vencen, como sólo puede hacerlo la poesía, todas las cercas del tiempo y del espacio.

De ahí que para escribir resulte casi indispensable leer. Más aún: uno viene a ser su primer lector. Para escribir lo recomendable es haber leído, pero cuando se comienza a escribir, lo primero que hay que hacer es dejar de leer, y aquí se encierra otra paradoja, porque sin lecturas no hay escritura posible, y a ratos también resulta importante escribir con los libros abiertos.

Las lecturas van a alimentar los textos, y sin buenas lecturas o modelos claros que sean dignos y merezcan ser imitados, no es posible escribir. Leer es un placer que va de la mano de la escritura, ya que si no fuera por el placer que produce la lectura, sería difícil comprender el deseo de escribir. Por ello, cuando hablamos de la escritura tendemos siempre a referirnos a las lecturas y a la forma en que leemos. El cómo se lee es reflejo del cómo se escribe. Si se lee atentamente, haciéndole preguntas a la obra, buscando la agenda escondida, las múltiples posibilidades y se regresa a las frases para encontrar su *modus operandi*, la lectura se transforma en acto creativo. Borges solía decir que una de las gracias de las historias de detectives era que nos obligaban a hacerle, por lo menos, una pregunta al texto, al iniciar su lectura: ¿quién fue el asesino? Ahora bien, cuantas más preguntas sepamos hacerle al libro, más ofrece y más secretos termina por revelarnos. El buen lector siempre será el que le hace preguntas al texto. Tuve la suerte de asistir a unas conferencias que dictó Vargas Llosa en la Universidad de Columbia, y en ellas este importante escritor y pedagogo decía que algunas de las preguntas fundamentales que todo lector y escritor debe hacerle a un texto son: ¿quién está narrando?, ¿desde que perspectiva se narra?, ¿cuál es el tiempo en que se narra? No es lo mismo narrar desde la primera, segunda o tercera persona, ni en singular o plural, ni en presente, pasado o futuro. La primera persona del singular es testimonial, la segunda puede participar o no de la narración y la tercera es omnisciente y no participa necesariamente en ella. Por cierto, narrar en la segunda persona del singular, tan común en inglés, resulta ambiguo, difícil y extraño en español, pero ha producido algunas obras maravillosas y fantasmagóricas, como *Aura* de Carlos Fuentes.

Por lo general, los buenos escritores tienden a ser grandes lectores. Pero como también anota Susan Sontag, si leer genera seguridades, escribir genera inseguridades. Son dos caras de una misma moneda. Indiscutiblemente para escribir es importante tener modelos claros y dignos de ser imitados. Los clásicos son, ante todo, modelos imitables. Por ello, Flaubert le escribía a Colet confesándole: "...el único hombre que puede sustituir a todos los demás, mi viejo Shakespeare, a quien voy a releer de cabo a rabo, y al que no soltaré hasta que las páginas del libro se me peguen a los dedos. Cuando leo a Shakespeare me encuentro más grande, más inteligente y más puro. Llegando a la cumbre de una de sus obras, me parece como si me hallara en una elevada montaña. Todo desaparece y todo aparece. Uno ya no es un hombre. Es un *ojo*".

Cuando se escogen modelos claros, cuando nos basamos en los clásicos, como afirmaba Isaac Newton, se tiene la sensación de ver más lejos porque evidentemente uno se ha parado sobre los hombros de gigantes.

21

Los modelos, los escritores que uno escoge para imitar y crecer al lado de ellos, sirven de baranda para subir la empinada escalera del arte, y ascender paso a paso con firmeza hacia al encuentro de nuevos diálogos y posibilidades estéticas. Las lecturas crean una columna vertebral que dan firmeza y valor. No se debe tener miedo de usar, copiar o dejarse influir por los clásicos. Se aprende de modelos que se imitan. El *Quijote* explicaba cómo todo arte es imitativo, contándonos que su modelo era el *Amadís de Gaula*, a quien deseaba imitar en todas sus acciones.

Picasso decía que no le daba miedo copiar a nadie, su único temor era copiarse a sí mismo. Resulta cómico ver cómo algunos críticos buscan demeritar la obra de grandes escritores, acusándolos de estar basados en otros autores. A Shakespeare se le endilga haber utilizado historias de otros, de fundar sus obras en anécdotas conocidas de su época, pero la gracia, profundidad y poesía del vate inglés se deben a la forma como retrabajó estas historias, los giros que fue capaz de proporcionarles, los cuales les imprimieron una nueva dimensión. Así mismo hizo Cervantes. La historia de un hombre que se enloquece leyendo y que sale a imitar las aventuras de sus héroes literarios no era nueva. Provenía de un entremés anónimo de su época –*Entremés de los romances*–, pero la forma en que Cervantes la va a reelaborar, componer, aumentar y metamorfosear, le proporciona un embrujo especial.

No estamos en el paraíso terrenal, y como bien ya lo decía Qohelet o el predicador del *Eclesiastés*: nada hay nuevo bajo el sol. Nada surge del vacío y pocas cosas pueden ser tan cuestionadas como aquellas que se denominan originales. *Original*, como la palabra bien lo indica, señala un origen. La imaginación del escritor está en su capacidad de relacionar disciplinas, temas e historias que no se habían relacionado antes. La imaginación radica en la capacidad de juego y relación, en la cualidad que posee el escritor para recontar con nuevos contextos y redescubrir con nuevos elementos las historias de siempre, que siempre nos sorprenderán y por ello serán novedosas.

No es casual que Canetti invite a todo escritor a ser custodio de las metamorfosis y a que se familiarice con la herencia literaria de la humanidad, que abunda en ellas. Homero, Ovidio y Kafka son los más obvios legatarios de este proceso. Ser custodio de las metamorfosis significa abrir las puertas de las posibilidades de lo múltiple, de lo inesperado y el azar. Es el deseo de vivir experiencias ajenas desde adentro. Hoy día, los escritores jóvenes tienden a pensar en la literatura como una forma de introspección o expresión personal, y por eso han creído que la literatura no debe preocuparse de nadie, salvo de ellos mismos. Pero la metamorfosis implica otra cosa, ya que ese proceso misterioso, casi inexplorado, constituye el acceso real al otro ser humano, incluso al más ínfimo, al más ingenuo o impotente. Es el deseo de vivir experiencias ajenas desde adentro, y que no puede estar determinado por los objetivos que integran nuestra vida normal u oficial. Según Canetti, debería estar libre de cualquier aspiración a obtener éxito o importancia. La metamorfosis debe ser una pasión. La pasión del escritor.

Escribir es un oficio cargado de temores y anhelos. Son muchos los miedos, que alcanzan a abrazarlo a uno. Pero lo importante es zafarse de ellos. Es curioso que el número de páginas sea un temor común, especialmente entre los escritores principiantes. De ahí que se crea que es más fácil escribir un cuento que una novela. Cuanto menor número de páginas, menor dificultad y trabajo. Pero la relación es falsa. El cuento es un género exigente. Como bien lo explicaba Faulkner, el escritor que inicia su carrera debería empezar escribiendo novelas más que cuentos, ya que la novela es más flexible y no demanda la precisión y el dominio que reclama el cuento. Por algo la sentencia de Conrad, que luego retomó Cortázar: en las novelas se gana por puntos, mientras en los cuentos se gana por *knock out*.

Siempre que iniciamos o emprendemos la escritura, nos sentimos sobre la faz del abismo. Toda creación nos coloca al filo de la navaja. Son muchas las angustias y, por lo general, se cuenta entre ellas la de cómo iniciar y se habla mucho de la página en blanco, tal vez demasiado. En verdad, con el tiempo se aprende que no es tan importante por dónde se empieza, sino de qué manera se desarrollan los temas y adónde se llega con ellos. Por cierto, se puede comenzar en cualquier parte, arrancar en la mitad de la historia, aun por el final. Lo determinante es cómo crece el relato. Para citar sólo unos ejemplos, *La Iliada* y *Edipo Rey* comienzan en la mitad de la acción. El poeta Horacio, por cierto, recomendaba empezar *in medias res*, en la mitad del material. Macedonio Fernández decía que todo comienzo se da súbitamente. Y es así, todo comienzo es súbito. No es tan importante dónde se comienza, ya que se puede arrancar por cualquier parte con tal de que el relato prospere y concluya de manera agraciada y contundente. Por supuesto, hay finales de finales, como el prodigioso final redondo de *Cien años de soledad* de García Márquez, que no termina de sorprender y asombrar. Lograr que todo coincida y cuadre de manera magistral es parte de la magia del escritor.

Al igual que en el mundo de los toros, el final viene a ser la hora de la verdad. Es ahí donde se remata la faena. Quizá por ello muchos escritores recomiendan concebir y delinear un final, aun antes de comenzar siquiera a escribir. Si se sabe adónde se va a llegar, el camino acaba por ser menos escabroso. Confieso que no siempre he sido capaz de seguir esta recomendación, pues inicio el trabajo con una idea, pero a veces no tengo la menor sospecha de dónde voy a terminar. Para mí, el trabajo es una hechura que surge en los dedos y en el teclado del computador, a medida que voy escribiendo. Mi impresión es que a veces se piensa con los dedos, y que las ideas brotan del trabajo mismo. El trabajo es la musa y en cuanto uno se deja llevar por él, surge la inspiración, y no viceversa. A medida que voy escribiendo se abren los temas, aparecen inquietudes y por ello tal vez en mi caso la palabra *anudar* se acerca más a la idea de cómo llegó al final. En el transcurso de la escritura aparecen muchos cabos sueltos que intento unir, relacionar y redondear. Pero el final, así mismo, termina por ser un descubrimiento.

Es cierto que los finales a veces no tienen por qué ser tan finales y en ocasiones es preferible contemplar la opción de que el texto se mantenga abierto y que no haya un final claro, ya que hay situaciones en que no necesariamente tiene que haberlo, por ejemplo, cuando lo que se describe es un proceso. También es cierto que a veces lo que se busca es que el final quede en manos del lector para que continúe la historia e imagine la conclusión. En estos casos, el final sólo puede ser...

¿QUÉ HACE UN ESCRITOR EN UNA SOCIEDAD ACOSADA POR UNA REALIDAD DEVASTADORA?

Roberto Burgos Cantor

Muchas de las preguntas y de las incertidumbres de un escritor, en esta parte del mundo, tienen un antecedente histórico. Los escritores han ejercido de políticos, han sido presidentes. Quizás esa participación constituya un reconocimiento al respeto y al afecto que las sociedades, desde su formación, tuvieron por lo que consideraban ilustrado. Curas, letrados, jurisconsultos, representaban un saber. La sociedad lo acataba. Pero el escritor de hoy es consciente de que aceptar tal culto es un privilegio que lo elitiza. Y además, la política dejó de ser una intervención motivada por el interés del bien colectivo, para convertirse en una empresa de representación especializada. Para establecer características y diferencias, valdría la pena analizar los casos más recientes: Mario Vargas Llosa, en Perú; Sergio Ramírez, en Nicaragua; Cintio Vitier en Cuba.

La escritura de la novela avanzaba, hasta que un día cerca de las cinco de la tarde, en la carrera Décima, entre los árboles altos y escuálidos con las hojas atacadas por el hollín de la polución que se levantan en el separador de la vía, aparecieron las palabras de una historia que no pertenecía a la novela: "Mi mamá no podía creerlo". Seguían allí, sin desaparecer, como una canción. Llegué a la esquina nororiental de la avenida Diecinueve, y en un quiosco donde vendían mariscos y ostras, atendido por un mariguanero empedernido que se vino de un caserío de pescadores llamado Taganga, en las estribaciones de la sierra Nevada, y tenía un pulso de prodigio para preparar los cocteles de ostiones, caracoles, cangrejo, camarones, almejas, allí, encontré el tono del libro.

Es posible que para quienes rompíamos las primeras letras en este tiempo, el lenguaje haya constituido un reto especial. De una parte, se había rechazado esa especie de lengua prestada, de solemnidad rígida, que venía de una vieja imposición, ejercida en nombre del buen decir y las buenas costumbres, por instituciones educativas, gramaticales y religiosas. Este cinturón de castidad idiomático derivó en un lenguaje alambicado, sin relación con la materia narrativa y con personajes que parecían estar leyendo un texto y por tanto artificiales. Lengua de museo. Lengua embalsamada. Lengua muerta.

De otra parte, y quizá como respuesta a la asfixia anterior, algunos autores recurrieron a las fuentes orales, al habla. Al hacer una transcripción mecánica se cayó en el hermetismo de la jerigonza. Se pretendía resolverla al final de los textos y libros con el recurso de un glosario.

Lo peor, de ambas vertientes, es que el lenguaje no nombraba. Una inmensa realidad se mantenía inédita. Árboles sin sombra. Ríos de curso ausente. Días sin horas. Luz carente de definición. Seres de sentimientos innombrados. Muertes sin bendición y nacimientos sin destino. El mundo estaba ahí desde siempre y el verbo del principio se perdió en la violencia de su remplazo. Callarse del despojo. Alabanzas a lo que se celebra como un don para avivar los sahumerios del olvido. El níspero y su sangre vegetal lechosa, la ceiba y su frescor de aire conservado, el mamey y su fruto de siglos, color asentado de huevo de tortuga. Están sin identidad en la nueva lengua que canta a sus dioses abstractos, deidades invisibles incapaces de hacer una señal de respuesta a la plegaria. No hay plegaria, se tiene una conversación desprevenida de vecinos. Ya que estás allí, mujer linda con tu espada fuerte y tu copa de oro, debes ayudarme a controlar a este hombre que dice amarme pero se pierde y abandona la cama, su nicho que soy yo, su altar que soy yo, para que se entronice, y ahí le dedico una canción, un susurro de viento amaestrado, mi saliva sanadora.

Y tanto que se agolpa en una memoria sin voz, y que no ha sido compartida porque las palabras eran un sonido vacío. Esta conciencia de lo innombrable, de una incomunicación infinita entre los seres y con el mundo, situaba al escritor ante la necesidad de indagar la posibilidad de su instrumento.

Es posible que de aquí haya surgido esa voluntad de tallar el lenguaje, y de fundar las palabras como un emblema, que al ser apropiado por quienes fuimos víctimas del despojo, se pudiera incorporar a este mundo con el poder originario de las palabras sepultadas, aquellas palabras que al ser dichas iluminaban el mundo, producían revelaciones, lo contrariaban, anunciaban fundaciones. Las cosas son lo que son más la palabra que las nombra.

La aventura del lenguaje para los escritores que aprehendíamos las letras era un viaje a tierras desconocidas, y era imprescindible si queríamos ser por cuenta propia. Esa tierra ignota, saqueada y herida por amputaciones, estaba ahí, esperando recuperar su plenitud, que acabara la humillación del largo e injusto olvido de sus nombres. Esta circunstancia llevó a la escritura que se forjaba a ser el acto propiciatorio de un bautizo debido, de una invocación.

Para mi sorpresa, el libro de cuentos estuvo terminado, y sin título. Me llevé el original a la Argentina y dedicamos noches enteras a revisarlo con José Viñals. Allí apareció el título, sugerido por Viñals, *Lo Amador*. Me sedujo su ambigüedad que se sobreponía al rastro histórico de estos nombres en América Latina. Al volver se lo entregué a Santiago Mutis, quien se dedicó a hacerlo publicar. Inició con él una colección del Instituto Colombiano de Cultura que promovía coediciones con las regiones del país. Para la primera edición de *Lo Amador*, aportó financiación la Universidad de Cartagena, regentada entonces por un hombre que lee con entusiasmo lo que escribo, don Heriberto Arraut Esquivel.

Lo Amador inició su viaje sin mayores bienvenidas. A pesar de que quien publica un libro está dispuesto a que lo lean, cierto pudor lo perturba a uno, la primera vez, al ver esas letras nacidas en la soledad, expuestas al ojo público. Es posible que su valor resida en que el libro es capaz de mantener la intimidad que presidió su producción. Yo no esperaba nada. Quienes empezamos a escribir por estos tiempos nos habíamos quejado de la ausencia de crítica en Colombia. Vivíamos esa edad de juicios implacables y amorosas caricias al vacío. En el hoy de esta memoriosa, observo con gratitud la radicaleza de esos años. Ella ha servido para preservarse de la babosa autocomplacencia nacional donde celebrar migajas se impone como un deber cívico. Tal vez sea la oportunidad de establecer el sitio de quienes generaban los debates de la crítica literaria por aquellos días. Fernando Soto Aparicio, quien escribía los comentarios de libros en el periódico El Espectador; Javier Arango Ferrer, escribía en el diario El Colombiano, y publicó un libro, Dos horas de literatura colombiana; Ebel Botero; Uriel Ospina, autor de un libro, La novela en Colombia; Jaime Mejía Duque, quien mantuvo unas polémicas interesantes con Manuel Mejía Vallejo. De los anteriores, sólo Mejía Duque se dedicó con empeño y rigor teórico a la crítica literaria. Cuando se haga el balance, se hallará en él la única expresión crítica de la literatura desde la perspectiva marxista en Colombia. Es posible que con el antecedente de Francisco Posada, quien antes de morir, de manera temprana, dejó un ensayo sobre Brecht y la estética materialista, y otro sobre Mariátegui.

Los escritores, al anunciar la ausencia, reclamábamos algo distinto al comentario superficial y muchas veces anodino con que se registraba la lectura de una obra. Existía la percepción de que muerto don Hernando Téllez se había extendido un desierto hasta nuestros días; si un lector actual lee los ensayos de Téllez sobre las narraciones de Gabriel García Márquez, entiende de inmediato la justeza del reclamo que gritábamos. Una obra literaria es una voz de la soledad, sin dirección, que cae en la libertad humana por puro capricho del azar. Una vez entre los vapores de unos ajiacos santafereños, en un almuerzo tardío, en la antigua cafetería del hotel Tequendama de Bogotá le pregunté a Álvaro Mutis, si acaso su interlocutor natural por circunstancias de compañerismo y afinidad en gustos esenciales, era Hernando Téllez. Lo evocó con afecto y ese respeto que saben mostrar quienes aprendieron a hablar con sus muertos. Ese diálogo que es un chorro de presente urgido, de corroboraciones y cuitas nuevas.

Los primeros saludos a *Lo Amador* fueron de Germán Vargas y de Roberto Montes Mathieu. Éste, quien era directivo de la Unión Nacional de Escritores, presidida por Pedro Gómez Valderrama, tomó como asunto propio la presentación del libro de cuentos, en una confortable sala de actos que tenía la Unión en los altos de la Librería Nacional del centro de Bogotá. Le pidió al antologista del cuento colombiano, Eduardo Pachón Padilla, que dijera las palabras centrales del acto. Lo hizo con propiedad y perspicacia de lector. Pachón Padilla publicó una antología del cuento, en Colombia, que se volvió leyenda. En ella, rescató joyas de entre la maraña, y corrió todos los riesgos que un lector noble se atreve a afrontar con autores que apenas si habían publicado en revistas y periódicos.

Después, apareció un ensayo de Alonso Aristizábal, y otro de Martín Galardú. Era el año de 1981 y en su comienzo circularon los primeros ejemplares de *Lo Amador*. Este libro tuvo la buena suerte del entusiasmo generoso con que lo acogió Álvaro Mutis, quien se tomó la tarea de repartirlo entre sus amigos. Con una delicada discreción se lo regaló a Gabriel García Márquez.

Lo Amador es un libro que tiene para mí un significado entrañable. Es el libro que salvó y dio una dirección a mi vida de escritor. Aprendí con él la virtud agradecida de la disciplina. Los secretos vasos comunicantes entre la poesía y el cuento. El respeto por el tema. Y me dejó preparado para otras ambiciones. Es un sentir rico en paradojas porque una parte

31

del escritor se encuentra plena, satisfecha, justificados sus días, receptivo y libre, ligero como si se hubiera deshecho de una carga. Otra, se descubre a sí misma vacía, otra vez al comienzo, a punto de iniciar un viaje de cuya ruta no sabe nada y para ese andar debe experimentar los pasos.

Tal vez lo más difícil para un escritor que ha escrito un libro sea negar lo que sabe y disponerse a lo que viene con ánimo desprevenido y listo a explorar. Las fórmulas disecan el espíritu y enferman de aburrimiento la letra. Lo que deja un libro terminado a un escritor, cuando ha logrado ese desprendimiento de que ya lo que escribe no le pertenece, que va a dejar de vivir en ese refugio diario que construye palabra a palabra, en ese instante en que es poderoso y frágil a la vez, en que los ramajes de la seguridad son estremecidos por ventarrones de incertidumbre, eso que lo dejó sin posibilidad de inventario tiene que ver con su vida, se volverá aliento y sangre. Pero, frente a la obra venidera, si hay, estará tan inerme y desolado como con la primera.

Es posible que el encanto de escribir esté en su ausencia de propósito, en el espacio de libertad que funda con su hacerse, en la aventura sin condiciones en medio de tierras desconocidas que no han sido visitadas antes.

No he vuelto a leer *Lo Amador* desde que corregí las pruebas de su primera edición. Sé que está ahí y en cualquier momento puedo acercarme. Quizás así se evita la tentación de meter la mano en algo que llegó a su final en la forma que tiene. Tampoco he querido asistir a las adaptaciones teatrales que han realizado de sus textos. Sin embargo, lo veo aparecer en las narraciones que he escrito después y lo menciono para rendirle homenaje de agradecimiento eterno.

Una vez, Eligio García Márquez me dijo: "*Lo Amador* es un libro muy leído y poco comentado". No hablamos más del asunto, a lo mejor convencidos de que el buen destino de los libros es ser leídos, sobreaguar por ahí en la marea de la época, retozar en sus remansos y ser sepultados en sus turbulencias, como cartas sin destinatario, sin dirección, en gigantescas listas de correo de mundo desatinado y de seres cada vez más solitarios, condenados a la incomunicación y abrazados a la tabla endeble de sus efímeros dogmas.

Retorné, entonces, a la novela. A la tensión diaria de llegar a una cita y escarbar ese vacío del cual manan las palabras. Estaba consciente de que el rigor había sido la causa de la inmovilidad estéril de gran parte de mis compañeros de época. También intuía que el rigor se resuelve ensayando sin cansancio y que la vocación de los compañeros era esa zona de riesgo que se funda una vez atravesado el límite, la frontera sin aduaneros donde el escritor es capaz de cantar, de celebrar el silencio. Vida nueva. Vida sin visa. Fantasía transformadora. *Vita Nuova.*

La catástrofe de lo colectivo, sus escombros hirientes, me inclinaron, igual que a muchos, a buscar en los órdenes de la vida personal una consecuencia y una lealtad a lo que se había esfumado. Una especie de vida en la resistencia que impidiera el envilecimiento. Una decisión así convirtió en conciencia dolorosa las crisis que de manera aparente parecían repetición de aquellas periódicas de la adolescencia. La familia, el amor, la amistad, los hijos, el trabajo, la cuotidianidad. Nada aparecía resuelto. Todo podía mortificar a quienes profesábamos respeto, comprensión, afecto. Era explicable: sólo quienes amamos pueden herirnos y sólo podemos herir a quienes amamos. Una concepción de esta universalidad se le debe al marxismo. A los viejos científicos, quienes percibieron lo que produce la caída de una hoja a la hora del viento nocturno que acaricia el árbol.

En ese tono de vida escribía la novela. Lograba acomodos en el horario laboral para aprovechar mejor el tiempo. Un ladrón que había roto la puerta del apartamento, durante unas vacaciones, se había llevado la obediente Olivetti Lettera 22, junto con un gangoso tocadiscos, el teléfono y la licuadora que, después de veinte años de servirle a mi madre para los jugos con hielo molido, la heredamos con sus sabores de frutas del Caribe incorporados, y que se unieron al sabor de los lulos, las curubas, las fresas y las uvas camaronas. Debí remplazar la Lettera 22 por una Olivetti Studio 45. Es como cambiar la orquesta en pleno baile. Se vuelve a coger el paso. Tac-tac-tac.

A medida que avanzaba, la escritura exigía más dedicación. Hice unas cuentas ligeras y calculé que con las prestaciones sociales que me pagarían al retirarme del trabajo jurídico que hacía, podría tener mi tiempo durante un año y entregarlo todo a la novela, a su voracidad que nunca se sacia, a la tiranía de las vigilias pacientes, a sus insondables abismos.

El tiempo de la novela posee un fluir diverso al instante de iluminación o de fracaso del cuento. Escribir novelas constituye un peregrinaje de los de antes, a pie, y preguntando el camino. Escribir cuentos es arrojarse al vacío desde la azotea de un edificio y en pleno aire flotar, convertirse en salto, en ausencia, en viento, en vuelo. También, estrellarse contra el pavimento y ver surgir el cuento o el poema. En el cuento hay que saber atrapar la aparición. En la novela hay que provocarla.

Así, me senté con toda la vida por delante. Sin la camisa de fuerza de las horas contadas. Con los uniformes de trabajo abandonados en el perchero. Gratificado con los torrentes de luz que entraban por el ventanal de vidrio a mi espalda cada mañana. Cuando me levantaba, a preparar café, veía un edificio que estaban construyendo. Una mujer joven, con casco de seguridad y botas, caminaba entre los andamios y daba indicaciones. A veces, el viento sacudía sus cabellos castaños. Yo envidiaba a los albañiles porque tenían quién les indicara por dónde seguir.

Poco a poco se aprende, al cumplir la cita diaria con la escritura, al llegar a la mesa y al papel y disponerse a la aventura, que la lealtad al oficio es agradecida. Cuando el mundo de la novela, conforme a las reglas evidentes o secretas de la creación, empieza a poblarse, nada quiere más el escritor que quedarse allí, a vivir. El reto consiste en encontrar el momento justo para salir, cerrar y abandonarlo.

Cuando las palabras fluyen los días se llenan de felicidad y la vida plena de sentido vale más la pena. Eso es lo que

uno cree. Los cercanos lo ven a uno como un ser huraño, encerrado en su obsesión, desvinculado del acontecer diario. Más
tarde, se podrá conjeturar que el sentimiento de amor que
acompaña a la creación sólo es transmisible al texto que se
escribe, acompaña a esa especie de solidaridad universal que
el libro funda.

Patrono de mí mismo, autor de mi rutina, me instalé en
una habitación de paredes blancas y un estante con libros. Y
día tras día escribí lo mejor que pude a sabiendas de que escribir era lo único que quería hacer en la vida. Escribir.

MEMORIA DEL LOGOS (PARADOJAS DEL TEXTO ESCRITO)
Jorge Cadavid

De un sentimiento compasivo por las palabras nace la poesía. Esta voluntad de silencio hace que la literatura tienda a reabsorberse a sí misma. El poema es la potenciación del "mínimo común múltiplo del lenguaje".

***

Escribir es reconstruir un viaje "del yo al yo", reinventándose sobre la propia palabra y asumiendo transitoria y ficcionalmente la imaginada personalidad. La lucha es con la dependencia del virus segregado por el absorbente *ego* del autor virtual.

***

Memoria forzada a *disociarse* la del escritor para existir en un diálogo ficcional, pero no por ello menos verdadero: recordar desde dentro, a nosotros mismos por nosotros mismos.

***

La poesía no busca *lectores* sino *relectores* y, a menudo, cuando éstos no existen, se ve en la obligación de inventarlos.

***

Sintaxis telegráfica: crear poesía por medio del *intervalo*, no por la *conexión* (*Shot metafórico mnemónico*).

***

Alquimia somática: comer letra, tragar gafo, asimilar la noche de tinta. ¿El texto devorado un plagio ritual?

***

No basta afirmar que la literatura y, por tanto, la acción lectora –en cuanto dialéctica autor/lector– es simple comunicación. No nos debe asustar admitir en el receptor la existencia de una *noble manipulación*.

***

Las palabras escritas son *recordatorios* (hypómnesis). Esos sucesos mentales que componen la memoria forjan el entramado en el que la escritura actúa.

***

Fijado el *Logos* escrito, nadie puede evitar que el lector comente, añada o explique y que el resultado de su *reinscripción memorial* se distinga del original.

***

La transgresión discursiva es el estilo. El estigma es el estilo: esa "falta querida".

***

Desestabilizar al lector, labor del poeta. Fomentar no ya la duda sino la perplejidad (*visión epifánica*).

***

Apropiación del discurso del otro. Objetivación voluntaria de un corpus textual ajeno al escritor. *Trasferencia textual*. El otro y su texto pueden ser sodomizados, transvestidos. La actitud satírica e irónica adoptará esta reconversión o transferencia textual. *Mimesis*: al inventar, imitamos.

***

Catacresis: mentar con las palabras lo que no tiene palabras ya hechas para ser mentado.

***

Metamorfosis del texto: un texto que se vuelve sobre sí mismo, para citarse, parodiarse, criticarse, morderse la cola.

***

El poeta propone un ejercicio de relectura y reinscripción sobre un texto que se supone ajeno, pero que –herméticamente– es propio (*hermética de la ocultación*).

***

La poesía opera por ausencia. A través de la palabra poética el silencio se *resignifica*. Cuando las cosas están presentes por ausencia es cuando realmente las cosas están.

***

El texto escrito es una construcción en continuo movimiento. Escribir consiste en vehicular las palabras, en darles un orden, acomodarlas. El *ars poética* consiste en abolir las relaciones fijas.

***

La palabra es la enciclopedia, con todas las acepciones. Palabra: estado cero, caja de Pandora. El poeta levanta el acta en su condición de notario del universo.

***

Escritura: dar forma a una sucesión de imágenes fragmentadas (*fanopea*) en un tejido lingüístico (*logopea*).

***

No hay manera de escribir naturalmente. La escritura es completamente artificial. La *poiesis* designa una producción artesanal antes que una creación demiúrgica.

***

Toda escritura es una escuela y es experimental. El aprendiz de escritor reclama la equivocación como un derecho, por ser el método esencial de todo aprendizaje. El aprendiz de escritor vuelve a descubrir y presentar como novedades cosas que ya eran muy viejas.

***

La escritura obliga a pensar en ese *lector ideal*. Personalizar ese lector en un paradigma no sólo resulta estimulante sino que aumenta la responsabilidad. Cuando se escribe para uno mismo se cae en toda clase de concesiones y descuidos.

***

Despertar la mente mediante la escritura. La escritura transforma la conciencia, la escritura da vigor a la conciencia. El escritor ve, por ejemplo, en la prosa la poesía virtual.

***

Leer como escritor, leer la forma: deslumbramiento epifánico.

***

Para el escritor el fondo no es más que un efecto de la forma. El arte consiste en untar de espíritu a la forma. El arte demuestra que existe también una profundidad en la forma.

***

La poesía destruye el lenguaje para reconstruirlo en un orden superior. La poesía *desnombra* para *transnombrar*.

***

Los versos son felices por ser ambiguos, porque solamente dan la impresión. La literatura actúa por ausencia (*Logos* silenciado).

***

Metáfora: encuentro de dos palabras por primera vez. Metáfora: se "lleva" (*fora*) "más allá" (*meta*). Metáfora: estructura metafísica. Permite emigrar del mundo sensible al *imaginal*, pasar del mutismo a la declaración sin romper por ello el silencio que engendra el texto.

***

La primera línea del poema es el poema. La última línea del poema es el poema. Las líneas centrales son simplemente vértebras para que la cabeza y la cola se confundan como un círculo que no tiene más remedio que volver al punto de partida.

***

Si un texto se imita bien, el poema estará formalmente logrado. Es truco, artificio. La magia o duende de un buen poema va más allá de los ajustes formales, de la geometría visible.

***

Un poema transparente es mudo, deja que todo se vea igual. Se podría decir que no existe.

***

Un verdadero poeta ha escrito los peores poemas que ha roto, nadie los conoce. Son la cara oscura del arte que complementa la condición humana.

***

El poema es universal, carece de sitio y de tiempo. Está escrito por un poeta sin sitio, ni tiempo, ni cultura, ni lengua. Universal *a priori*.

***

La belleza de un poema parte de la calidad interior del artesano. El mimetismo es una manera de ser *pareciendo*.

***

El poeta, como el gato, ronda todos los cuartos, observa, husmea pero no se tranquiliza hasta reproducir la inquietud de lo *no hallado*.

***

Los primeros versos pertenecen a Dios, los últimos al Demonio. El Demonio hace poesía a la inversa.

***

"Los poetas no se leen, se vigilan". Ni la buena poesía ni el buen poeta compiten. Es ridículo encontrar escritores conspirando, conjurando, ocultando. ¿Quién puede hacer sombras para borrar un muro?

***

El poeta mentiroso dice que no se puede mentir en poesía. El garante del poema no es el poeta.

***

En principio, el alcohol no produce poesía, sino alcoholismo. La droga, farmaceutas. El amor, amantes. Las letras, letrados, etc.

***

"Pararrayos celestes", los poetas, es probable. El poeta que habló de inspiración, no obstante, pasó años sin escribir un verso.

***

Hay poemas a los que se les llega de frente, a otros de lado. Otros, los más complejos, exigen llegarles por dentro. Éstos necesitan años de trabajo para ser comprendidos. Son los únicos dignos de llamarse poemas.

***

Teología de la traducción: todo texto es ya una traducción (no existe, por tanto, original y copia).

***

Tras el poema hay silencio o vacío: *terra incógnita*. Lo que se comprende en un abrir y cerrar de ojos no suele dejar huella.

***

Hay poetas que pulen poemas como quien pule un hueso. De cualquier forma el hueso seguirá siendo hueso, por mucha metafísica que tenga un esqueleto.

***

El poema no vacilará en desestabilizar al lector, obligándole a internarse en un terreno ignoto.

***

Veinticuatro horas siderales para escribir en la carta del cielo una sílaba.

***

Si no comienzas por el comienzo, tarde o temprano tendrás que volver al comienzo y comenzar de nuevo.

***

La palabra está dicha, enunciada o postulada, pero su *indecibilidad* misma está sugerida, pronunciada o dicha en el espacio vacío, en el blanco de la página, en ese silencio total esculpido en el borde del papel.

* * *

La nada es la esencia misma del arte poético. Esa interposición silenciosa, blanca e inexpresable. Esa no-presencia entre dos actos. Abandonarse a la nada es la salida del infierno de la temporalidad.

EL OFICIO DEL ESCRITOR*
Óscar Collazos

No existe escritor, por malo, mediocre, notable o extraordinario que sea, que no se haya preguntado por el oficio
de escribir. No es una pregunta exclusiva de los escritores.
Quienes realicen un oficio, el más modesto, el socialmente
más noble o inútil, como es en principio el oficio de escribir,
se hacen en algún momento de sus vidas idéntica pregunta. Y
las respuestas, si no obedecen a una tramposa impostación
de la voz, son, por lo general, respuestas que nacen de la propia experiencia. No se puede, en ningún oficio, repetir las respuestas de los demás porque las preguntas acaso no hayan
sido las mismas. Hacerlo es una manera de trampear, de mitificarse usando artificiosamente a los demás, en ocasiones a
alguien a quien admiramos o a quien pretendemos emular,
con lo cual, por muy brillantes y acertadas que sean las respuestas a preguntas que no han sido las nuestras, acaba por
revelar un mimetismo que tarde o temprano se hará visible y
que, con justicia, podría llevarnos al ridículo.

Deseo, pues, con esta breve ponencia, evitarme la caída en el ridículo y hablar del escritor desde una experiencia

---

* Conferencia dictada en la mesa redonda **"El oficio de escribir"** en el
acto cultural de los 25 años del Departamento y la Carrera de Literatura de la
Universidad Javeriana, mayo 24 de 1995.

personal, probablemente parecida a la de otros escritores pero experiencia que, por lo personal, revela o pretende revelar mis dificultades y mis aciertos en el oficio. Podría haber elegido a aquellos escritores que admiro y que en algún momento de sus vidas escribieron cosas ejemplares y emotivas sobre el oficio. Podría glosar a la Virginia Woolf de *Una habitación propia* o al William Faulkner de su discurso con motivo de la recepción del premio Nobel; glosar y simular que comparto las observaciones que Hemingway desliza en *París era una fiesta* o las consideraciones de Edward Morgan Forster y H. James sobre la novela, tan reveladoras como las recientes notas que Raymond Carver ha escrito en su volumen *La vida de mi padre*. Son muchas y tal vez inabarcables las páginas que se han escrito y publicado sobre el oficio del escritor, que varían sutilmente del "oficio de escribir".

Que mi experiencia coincida con la de ilustres escritores que admiro no me hace mejor escritor pero pone de relieve algo comúnmente compartido: con rasgos parecidos, o con detalles coincidentes, el oficio del escritor es el mismo aunque no sean las mismas las dificultades que cada escritor ha encontrado en su camino. Podemos sorprendernos al leer que algún escritor ha tenido las mismas dificultades, que se ha hecho las mismas preguntas y ha hallado respuestas nada distintas a las encontradas por nosotros. Empezando por las dificultades materiales que aparecen, amenazantes, en el camino, cuando no se trata del mismo camino, de aquellos pocos escritores que nacieron con una fortuna. Escribir empieza por ser una actividad incierta pero más incierto es el inmediato futuro, que empieza por la supervivencia y sigue por la necesidad de hallar un poco de tiempo libre. Es posible que, ya consagrados y liberados de esta servidumbre, muchos escritores gocen del prestigio social que, a la vez, les da sentido a sus obras y, de paso, al oficio de escribir. Esto no basta, sin embargo, para quien empieza en medio de azarosas y desesperadas dificultades: nadie apuesta nada por él, ni en su familia (suponiendo que la tenga), ni en su entorno social. Un escritor es un inútil, improductivo, a menos que demuestre lo contrario. Y demostrar lo contrario puede tardar años, tantos como el consumo de adrenalina, de sueño, de kilos, de esperanzas, e incluso de prestigio, pues no puede gozar de prestigio quien vive al fiado, atrasado en el pago del alquiler, sospechosamente mirado por quienes lo sacan de apuros, y, en últimas, tenido por un iluso o un embustero por quienes no han tenido la ocasión de ver los resultados de sus desvelos y mitomanías. Porque a medida que el escritor se hace, deja a su paso lo que los demás llaman mitomanías: siempre dice estar escribiendo lo que los demás no conocen, siempre abruma a su auditorio, si lo tiene, con sus proyectos literarios.

Un escritor que empieza es un proyecto incierto, una pluma a la deriva, un sujeto lleno de ansiedades. Lee y busca el camino trazado por sus predecesores y no halla la manera de emularlos. Y si llega a conseguirlo, no será él, el escritor que pretende llegar a ser un día, sino una huella difusa de aquellos predecesores que imita. Si de verdad desea ser auténtico, debe olvidarse de las obras de aquellos escritores que admira. Y esto no es fácil: se cuelan en su prosa o en sus versos con insidiosa frecuencia; pertenecen a su memoria de escritor y nada puede hacer para desalojarlos de allí.

El hallazgo de un estilo o un acento propio suele ser un primer escollo. Y es por momentos tan irrebasable, que el aprendiz de escritor cae en la tentación de mimetizarse en el estilo o el acento de los escritores que admira. Muy a menudo, las formas elegidas también forman parte de este mimetismo. El escritor nace al mundo con tantas rebeldías y tanta inconformidad, que sueña pegar un salto sin precedentes, así como sueña matar a sus mayores, a esos predecesores a los que tarde o temprano (mejor que sea temprano) pretende quitar de su camino. Empieza por creer (creencia ilusoria) que todo empieza con su escritura y por ello hace de ella un amasijo de influencias extraídas de aquellos escritores que sí han hecho una verdadera revolución en las formas literarias o en la manera de escribir. Puede que de este mimetismo salga algún día un acento propio. Pero la apuesta de este escritor no es tanto con la literatura como con las formas que los escritores han subvertido para darle a la literatura un carácter de exploración cada vez más profunda en las raíces de la condición humana.

No es extraño que un "artista cachorro", teniendo a su mano un arsenal de experiencias de donde podrían salir sus temas literarios, se deslice hacia la experimentación formal, sin sospechar que, de lo que se trata, es de conseguir un equilibrio entre sus temas y sus formas de escribir. Sacrifica (y doy fe de este sacrificio) aquello que tiene de más significativa su experiencia, para demostrarse que pertenece a una época en la que la literatura alcanzó grados insólitos de experimentación formal. Ahoga su propia voz con las estridencias de un "estilo" que, muy a menudo, no es su propio estilo. No es distinta esta dificultad a la que afronta en el momento de elegir sus temas, que sólo tendrán el sello de la autenticidad si vienen del mundo no siempre reconocible de sus obsesiones individuales. Así, el camino que conduce al hallazgo de una temática y un estilo, no siempre tiene el sello de la autenticidad. Como un galgo joven, demuestra más ganas de correr y saltar que deseos de llegar a alguna parte, fustigado como está por asuntos ajenos a la creación artística: el deseo de ser reconocido, la a veces desesperante necesidad de llegar a la fama.

El escritor que empieza, y hablo del escritor que empieza porque estos comienzos son los que forjan una personalidad literaria, aprende su oficio de los demás, de aquellos que le precedieron, aunque en el camino, por una suerte de elección o guiado por las instituciones de su talento o genio, establezca una disputa en la medida que le arrebatan su identidad. En el oficio del escritor, todo o casi todo se reduce a consolidar esta identidad. Si se escribe "a la manera de", pronto se pondrán en evidencia los síntomas del mimetismo o del fracaso. Porque escribir "a la manera de" sólo será posible desde el *pastiche* o la parodia, que es un ejercicio de amor y de odio mediatizado deliberadamente por la ironía. De *pastiches* está llena la literatura, pero como no se trata, en el aprendizaje, de este experimento, lo mejor será que el escritor en ciernes se cuide de caer en estos abismos.

Olvidemos que las dificultades materiales sean un obstáculo. Resultan tan superables y existen tantos medios de sobreponerse a la pobreza, incluyendo la picaresca o la truhanería, que el asunto queda relegado a un segundo plano. El talento siempre será superior a estos accidentes materiales cuando existe, de verdad, la tenacidad del escritor, esa fuerza creativa que la pobreza pretende disminuir con sus miserias. Menos superables son las incertidumbres e inseguridades de aquel escritor que pugna por alcanzar un tono propio, una identidad reconocible en el mapa de sus contemporáneos, mapa en el que existen depresiones y alturas, llanuras tediosas o accidentes de alto riego. La pelea de un escritor por conseguir una identidad individual es un acto solitario y de extrema sinceridad. No caben los engaños. Todo escritor, si de verdad lo es, se hace a un código moral y a unas exigencias despiadadas y nada atenta contra uno y otras como la facilidad o la confianza desmedida en su talento. Acto solitario, escritura y crítica simultáneas, la concepción de un cuento, un poema o una novela es el producto de un largo conflicto interno, una lucha a brazo partido contra el lugar común. Hacerse a esta seguridad puede tardar años, pero no son pocos los escritores que, poseídos por el genio de la precocidad, ajenos a menudo a la inmediata tradición, incluso a las modas de sus contemporáneos, hallan un estilo propio, emergen con un universo que los separa de aquellos y los lanza al vértigo de la excepcionalidad.

Acepten ustedes que no estoy generalizando. Les prometí hablar de experiencias personales y las anteriores consideraciones pertenecen al mundo de preguntas y respuestas halladas en lo que se llama pomposamente "una carrera literaria". ¿Una carrera literaria? Jamás me propuse semejante ejercicio deportivo. Desconfío de esa gimnasia que se hace por acumulación acelerada de kilómetros e intrigas. Sospecho que un escritor que viva más pendiente de la carrera literaria que

49

de la creación misma, que no tiene metas fijas y a veces ni siquiera un punto cierto de partida, acabará convirtiéndose en víctima del pavoneo o de esos sentimientos bastardos que animan toda competencia: la prepotencia o los celos, la jactancia o el ninguneo, actitudes o sentimientos muy frecuentes en la tribu literaria o acaso también en todas las tribus artísticas.

Se habla con frecuencia, tal vez por haber sido uno de los lugares comunes del romanticismo, del influjo de los sentimientos en la creación literaria, del efecto inmediato que éstos, vividos o sufridos en su mayor intensidad, tienen de beneficioso en la creación literaria. Confieso que, desde mi experiencia, no ha habido sentimiento, por intenso que sea (pongamos por caso el dolor, la decepción amorosa, el sentimiento inquietante de pérdida de alguien, el efecto de las catástrofes humanas sobre nuestra conciencia), que me haya servido, de manera inmediata, para algo que no sea la parálisis o la impotencia creadora. Cuando he sufrido uno cualquiera de estos golpes, caigo en el vacío o en la inactividad, quizás en el desconcierto, en la pérdida de perspectivas y de lenguaje. Necesito superar el efecto pernicioso de tales experiencias para, a la distancia, servirme de ellos literariamente. Y ésta es, según mi modo de ver, una experiencia de escritor. Y puesto que se trata de hablar ante ustedes del oficio del escritor, consigno aquí estas experiencias o, mejor, esta incapacidad de responder de inmediato, por medio de la creación literaria, a sentimientos que la vida me ha ofrecido en los accidentes del amor, de la amistad, de la familia o de las catástrofes naturales.

¿Qué más podría decir que no compartan otros escritores? ¿Algo sobre la crítica? Mis experiencias con la crítica han acabado por convertirse en una relación distante. No soy el único en afirmar que desconfío a distancia del elogio desmedido y que la diatriba me deja indiferente. Existen, en la creación literaria, mayores adversidades, y la mayor es aquella que nos enfrenta con la página en blanco, con esos vacíos de la creación, con la incapacidad de alcanzar la intensidad expresiva que se desea. Existen compensaciones también mayores y más altas y ninguna se parece tanto a la del diálogo sobre nuestra propia obra, a la conversación de amigos, al desinteresado discurrir sobre nuestros hallazgos y fracasos. No desconozco la importancia de la crítica. Desconfío de sus excesos, que se sitúan en dos extremos: en el de la teorización gratuita, hecha por fuera de la obra literaria, o en el impresionismo ligero e irresponsable que atiende más al grado de antipatía o simpatía que produzca un escritor que a la naturaleza misma de su trabajo literario. He sufrido los dos excesos y tal vez por ello, al leer esta clase de crítica, tenga por costumbre armarme de ironía o de compasión.

Existen escritores que se anclan, con todas sus fuerzas, en un universo o en un estilo. Hasta donde me reconozco, y lo he hecho al leer mi propia obra, he preferido la aventura y el riesgo, el vagabundeo por temas y estilos, algo que, seguramente, obedece a una personalidad cambiante, reacia a fijar su residencia en un solo puerto. Nuestra obra es, en el fondo, nuestra biografía, directa o sublimada. Y en lo que a mí concierne, he tenido, más por azar que por elección, una biografía de nómada. El nomadismo temático y estilístico de mis cuentos y novelas ha establecido lazos indisolubles con el nomadismo de mi vida. ¿Es esta experiencia parte del oficio de escritor? Temo que sí. Pero temo también que, más abajo de la superficie, siguen estando los temas que me obsesionaron desde el comienzo: la sexualidad y el amor, los conflictos interpersonales, las degradaciones de la política y los simulacros de la historia. Quizás sea poco lo que haya llegado a decir sobre el oficio del escritor. Es poco porque el resto sigue estando en los paréntesis del misterio o en esas preguntas que sólo hallan respuesta en el proceso mismo de la creación.

EL OCIOSO TRABAJO DE ESCRIBIR*

Germán Espinosa

En alguna ocasión, un pensador suficientemente francés y versado opinó que uno de los males de la literatura parecía radicar en que los sabios suelen tener poco ingenio y en que los hombres ingeniosos no suelen ser sabios. Eso, creo yo, constituye una interesante verdad, ya que no una calamidad. El ingenio –y no sólo en la literatura– resulta casi siempre, aun para los mismos sabios, mucho más seductor que la sabiduría. El desastre sobreviene más bien cuando a los hombres ingeniosos les da por discurrir modos de parecer sabios. Nadie suele resultar tan convincente en su sabiduría como quien carece de ella, hecho demostrado hasta la saciedad por los políticos y por los expertos en ventas. El público, que a menudo confunde sabiduría con erudición o con vasta cultura, se resiste a comprender que en lo último en que un sabio, por definición, incurriría, sería precisamente en la escritura literaria. Ésta, como todas las disciplinas artísticas, queda para personas no muy seguras de su justificación en el universo; para hombres, en fin, cuya incertidumbre es tal que los hunde en los precipicios de la vana especulación y de la fantasía.

---

* Leído el 4 de septiembre de 1986 en la Universidad Nacional de Colombia, sede Bogotá, por invitación de la Facultad de Ciencias Humanas. Posteriormente publicado en la revista de la misma universidad.

Comienzo por formular la anterior aclaración, dada la vieja costumbre, propagada entre escritores y artistas, de andar emitiendo, les sean o no solicitadas, opiniones sospechosamente doctas sobre todo lo habido y por haber –modas, tecnología, ciencia, culinaria y, desde luego, política–, no sólo con olvido de sus inevitables limitaciones, sino con alta dosis de frescura y desparpajo con relación al desconcierto que son capaces de suscitar en sus auditorios. Desparpajo y frescura a la usanza de los del boticario que receta, como aquel de la *Perinola* de Quevedo. No ignoro la necesidad de que el escritor extienda su visión sobre la totalidad de los problemas susceptibles de afectar al hombre, pero tampoco la de que ese acercamiento debe hacerlo dentro de la esfera de sus posibilidades, esto es, como hombre de letras y no como modista, tecnólogo, científico, marmitón y menos político. He sido amablemente invitado a exponer aquí esta noche algunas opiniones sobre el arte u oficio de escribir, y solicito que nadie exija en ellas ni el más tenue rescoldo de esa sabiduría teórica que exhiben o que pretenden exhibir muchos de mis colegas. Me apresuro a añadir que, aun en el propio terreno literario, largos años ya de experiencia me fuerzan a descreer de la utilidad de la teoría y, lo que es más, de todo evangelio o código relacionado con la escritura.

Se nos suele preguntar a los escritores por qué escribimos. Al contrario que los políticos o que los hombres de empresa, los escritores creemos estar obligados a responder cuanta pregunta se nos hace. Ello, probablemente, debido a que no se nos hacen demasiadas. En los años que corren, contrariamente a lo que piensan muchos, la literatura ha caído en el peor de los desprestigios que quepa recordar. El escritor ha dejado de ser personaje en la sociedad contemporánea, a la manera que hará apenas unos años lo eran un Bernard Shaw, un Jean-Paul Sartre, un André Malraux, cuyas opiniones de veras interesaban a un vasto conglomerado de gentes. Aun así, a mí mismo, que soy uno de los más oscuros y menos conocidos entre los escritores de mi generación, varias veces –en foros universitarios o en reportajes para revistas– se me ha requerido acerca de los motivos que me inducen a escribir. No sé por qué, hallo siempre en la pregunta cierto matiz de recóndito reproche. Con desolación suelo comprobar cómo mis colegas encuentran para ella respuestas ingeniosamente originales, a veces placenteramente humorísticas o desconcertantes. Yo jamás he logrado responderla de una manera satisfactoria y, menos, con la originalidad exigida. Nadie ignora que la de la originalidad es una manía que nos dejó el romanticismo, pero tampoco que es algo hoy día exigible a quien vive de cultivar el ingenio en forma confesamente profesional. No consigo sustraerme, sin embargo, a la creencia de que, si algún escritor llegara en verdad a averiguar por qué escribe, le ocurriría lo que, según ciertas corrientes psicológicas, al enfermo mental que descubre la raíz de su achaque. Éste quedaría curado, y el otro dejaría de escribir.

Podría aventurar, de todos modos una hipótesis general, válida para cualquier escritor. A lo largo de mis días, por ejemplo, no he conocido a nadie que, aspirando al poder público, deje de proclamar cierta intención de progreso comunitario; tampoco conozco a nadie que haya ascendido a las posiciones de poder animado por otro deseo que el inconsciente de vengarse. Todos tenemos algo de qué vengarnos. Y la literatura puede resultar una manera aceptable y aun noble de hacerlo, siempre y cuando el afán de venganza no llegue a hacerse demasiado consciente, al menos en el instante de escribir. Desde luego, para nadie es un secreto que toda posibilidad de vindicación a través de las artes puede resultar más bien como un tiro por la culata. La tentación de hacer arte, como lo demuestran todas las culturas, puede considerarse casi un impulso gregario. Por lo que a la literatura concierne, he creído intuir que su virtud cardinal, cuando es buena, consiste en resultar turbadora contra toda razón, como el desnudo humano. No creo, pues, que haya nadie en este mundo, salvo seres demasiado elementales, que alguna vez no haya acariciado la idea de hacer literatura. Algunos, claro, hemos tenido la desdicha de acabar haciéndola.

Por lo que a mí toca, diré que viví en olor de literatura desde mis primeros años. No sólo mi padre sino mi familia, en general contribuyeron sin proponérselo a inculcarme esa propensión, que para mis coterráneos entrañaba la más aberrante y ociosa de las formas de trabajo. Mi primer contacto con un literato de nota ocurrió siendo muy niño, y ese literato, alto de estatura, bizco de mirada, amargo de trato, se llamaba Luis Carlos López. Despreciado y despectivo, era, en cambio, buen amigo de mi padre y, para la ingenuidad del mundillo cartagenero del quinto decenio de nuestro siglo, también su colega. Los de mi padre, por fortuna, eran sólo versos de ocasión. Nunca tomó demasiado en serio el oficio literario, que yo, por el contrario, había de llegar a acoger con patetismo. Todo ser humano arrastra consigo una tragedia, o una tragicomedia, a veces consistente no más en la angustia de seguir vivo a pesar de todo. La de algunos, se llama literatura. Treinta años después de aquellos días iniciáticos, yo me cuidé esmeradamente de evitar que en mis hijos brotara impulso alguno hacia el arte literario. Y lo conseguí con éxito que me reivindica.

He hablado de vindicaciones. Y me temo que algunos de ustedes puedan estar imaginando venganzas, de parte mía o de los escritores en general, contra el medio o contra la sociedad. Ello podría suceder, pero no creo que configure el caso corriente o típico. Pienso que si de algo toma venganza el escritor en sus escritos, es de su niñez. Esto no se explica con facilidad, y me duele comprobar cómo, en gran medida, el público nos observa a los escritores como si fuéramos inmensos resentidos sociales. Bajo esa luz veían sus contemporáneos a Luis Carlos López, dicho sea de pasada. Algunos llegaron a gritárselo en la cara. A mí, alguien me conminaba en días pasados a no ocultar mi enorme amargura por el triunfo de otros autores, mientras yo seguía casi en el anonimato. Me hacía la exigencia en tono violento, casi desesperado, como si mi confesión fuera a redimirlo de algo tenebroso. Preferí no responderle, porque ninguna explicación lo hubiera persuadido de mis sanas intenciones. Pero cualquiera que haya leído mis libros encontrará fácilmente que sus preocupaciones comunes y básicas se refieren a impresiones de niñez. Y, además, que no fueron escritos apuntando a lograr el favor popular o la caricia de las buenas opiniones críticas.

¿Cuáles son esas preocupaciones comunes y básicas? No, como piensan lectores parciales de mi obra, o como me lo reprochó en un debate por televisión un poeta nadaísta, las de desenterrar a mis muertos y extasiarme ante el pasado de mi ciudad natal. Por desdicha, la mayoría de los comentaristas colombianos se empeñan siempre en hallar propósitos escolares en todo libro. Para uno vengarse de su niñez o del pasado de su raza, no basta evocarlos ni representárselos, sino que es necesario conjurarlos. Si en mi obra aparecen conglomerados políticos o eclesiásticos en decadencia, si insisto en las varias facetas del sentimiento religioso como en una verdadera monomanía, si me solazo en descubrir objetos erosionados por el tiempo, es porque en esas materias, de algún modo, se compendian los fantasmas de mi niñez. Se equivocan quienes piensan que he vivido sumergido en las glorias de Cartagena de Indias, como cualquier Eduardo Lemaitre. Apenas dos de mis libros se ocupan de ese territorio geográfico, y en ninguno de ellos lo he presentado como algo particularmente glorioso, sino como todo lo contrario. Cartagena me ha sido literariamente provechosa, sin duda, en cuanto allí recibí las más intensas percepciones, que son las infantiles. Pero también en cuanto fue escenario de sucesos que sirven mejor que otros para interpretar un pasado común latinoamericano, con grandes y a veces calamitosas proyecciones en el presente. En el inquisidor de Los cortejos del diablo, como en la narración del asedio de Cartagena por la flota francesa en La tejedora de coronas, he hallado sólo pretextos para exponer situaciones universales en el tiempo y en el espacio, y con ellos, desde luego, he intentado exorcizar obsesiones de mi infancia.

Yo celebro, por ejemplo, la forma como algunos críticos inteligentes han explicado mi novela La tejedora de coronas.

Se trata, sin duda, de una visión global de las corrientes burguesas del siglo XVIII, vistas a través de una Cartagena devastada psicológicamente por los horrores del asedio francés. Vale la pena apuntar aquí, a título ilustrativo, que sólo una mínima parte de la acción de esa novela tiene lugar en Cartagena de Indias. No podría, sin embargo, exigir de los críticos que dilucidaran otros aspectos menos manifiestos de la narración. Por ejemplo, el de la presencia de espectros de difuntos en cierto caserón de la plaza de los Jagüeyes, que alguien censuró alguna vez, en privado, acusándome de alentar la superstición. Por boca de la protagonista, Genoveva Alcocer, me cuidé al redactar la parte final, que es donde irrumpen los aparecidos, de ofrecerle una opción al lector estrictamente materialista, alegando el achaque de irrealidad que suelen padecer los ancianos. Sin embargo, la presencia de los espectros era para mí más imperativa que todo el cuadro previo del siglo XVIII, a lo largo del cual desfilan Voltaire y los enciclopedistas, las sectas herméticas de París, el angélico cuerpo doctrinal de la Santa Sede, el trafagar de los hombres de las colonias inglesas, el impulso científico de la época iluminista.

No sé si pueda explicar por qué. Gran parte de mi niñez transcurrió, aproximadamente entre 1940 y 1949, en un vetusto caserón cartagenero, residencia de mi abuela y de algunos tíos maternos. Mis tíos y, sobre todo, mis tías, temían a los aparecidos y, de hecho, en aquella casona solía manifestarse uno de ellos, nada tranquilizador: era el de una mujer enlutada, con alta peineta y mantilla españolas. Deambulaba por salas y pasadizos, pero particularmente en un entresuelo que comunicaba con el llamado Pasaje Franco, donde un tío abuelo alquilaba accesorias perfectamente deprimentes a gentes de bajos recursos. Se trataba, por lo demás, de un espectro parlante. Solía mascullar con unción el avemaría y marchaba unos cuantos centímetros por encima del piso, como para prestigiar su rango sobrenatural. No todos podían ver a "la mujer del entresuelo", pero muchos la vieron. Más de cincuenta años antes de mi nacimiento, el bisabuelo Ambrosio topó varias veces con ella, cuya indiferencia hacia los vivientes no la hacía menos inquietante. Averiguaciones con personas ancianas permitieron establecer, por aquel entonces, que en tiempos del sitio de Morillo habitó el lugar una dama española, aparentemente muy acaudalada, que correspondía a la descripción general del fantasma. Don Ambrosio anduvo haciendo excavaciones en busca de algún tesoro oculto, sin éxito por supuesto. En alguna ocasión, invitó a uno de sus parientes Franco, residente en Barranquilla, y lo alojó en el entresuelo. A eso de las dos de la madrugada, los gritos del invitado alarmaron a la casa. No sólo había visto al espectro orante, sino que, sin antes oír jamás hablar de él, lo describió con minucia.

De niño, temblé no pocas veces cuando alguien, en mi presencia, aseguraba estar viendo a la mujer. Nunca pude comprobar nada, pero mis tías habían llegado a familiarizarse con la manifestación de ultratumba. Mis padres tampoco lograron la videncia. Cuando, allá a comienzos de los cuarenta, otro de mis tíos regresó de Medellín, donde había estudiado ingeniería, lleno de ideas modernas y racionalistas, no se opuso a dormir en el entresuelo. La mujer se le apareció varias veces y él le mostraba, según decía, su espalda atlética.

A mí el espectro me ha perturbado también, pero en sueños. En ellos me veo obligado, por motivos perentorios, a ir de noche al entresuelo. Aparezca o no (a veces lo ha hecho como una bonachona señora de moño en castaña), el acecho del fantasma me cubre de frío sudor y me despierta con el alma entre los dientes. En 1967, año en que permanecí por un largo período en la ciudad, me introduje en el carcomido caserón de mi abuela gracias a uno de sus nuevos ocupantes. Mi familia lo había abandonado diez años atrás y se había convertido en una populosa casa de pensión. Indagué entre los inquilinos, que desde luego carecían de antecedentes, y muchos me describieron con lujo de detalles al espectro, que aún demoraba en la casa. Lo hicieron casi con las mismas palabras que oía de mis tías en la niñez ya lejana.

Traigo a colación esta anécdota sólo para mostrar cuántos sobresaltos, que perduran en nosotros y nos acosan de tiempo en tiempo, quisiéramos trasladar a nuestros personajes ficticios para desembarazarnos finalmente de ellos. Sobra decir que mi familia provenía de una sólida cepa católica, en la cual no se escatimaban el pavor a los horrores infernales ni la más extrema mojigatería en lo que al culto se refiere. No creo necesario explicar el porqué, en esas circunstancias ajenas a mi voluntad, tienen origen mis aparentes obsesiones por el tema religioso, que en *Los cortejos del diablo*, por ejemplo, podrían ser tomadas erróneamente por expresión de un frenesí anticristiano. No creo que sea otra la venganza que practico en mis textos, y es lo cierto que aún me restan numerosos exorcismos por hacer, susceptibles de ser interpretados como meras exhumaciones escolares.

A nadie le gusta reconocerlo, pero la de escribir (como la de hablar, caminar, adquirir buenos modales, aprender a requebrar al sexo opuesto, o a boxear, o a competir) en el ser humano es, en principio, actividad imitativa. Todos comenzamos a escribir para imitar un modelo que nos ha impresionado. El estilo, la originalidad, las técnicas propias, suponen procesos *a posteriori*. Algunos críticos han creído encontrar en mis libros cierta inclinación estilística. Recientemente, el *Diccionario enciclopédico Cromos*, con suma galantería, me ha calificado de "reflexivo y brillante". Ya Uriel Ospina había empleado en cierta ocasión el término *brillante* para definir mi estilo, si es que poseo uno en verdad, yo que descreo de ellos. Me parece, sin embargo, que esa ilusoria brillantez deriva tan sólo de mi buen oído musical. De niño, soñé, por otra compulsión imitativa, en llegar a convertirme en un músico, empresa que devino otro de los sólidos fracasos que me han acompañado después. De ello me quedó un oído decoroso, suficientemente bueno para evitar los ludimientos cacofónicos en un área lingüística tan descomedidamente obsedida por la prosodia.

Hasta allí el pretendido brillo de mi estilo, en el cual reconozco herencias aparentemente imborrables de mis primeras lecturas, realizadas en la penumbra de la biblioteca familiar: fray Luis, Quevedo, Garcilaso, Rubén Darío, Leopoldo Lugones, que, entre otros, fueron los autores favoritos de mis años púberes. No me explico por qué ningún crítico —en esos artículos que muy esporádicamente se ocupan de mí en casi subrepticias revistas de literatura— ha querido advertir que, en cierto sentido, configuro un tipo de literato absolutamente anacrónico. No tanto por mi inclinación a remontarme en mis relatos a otros tiempos históricos, la cual creo haber explicado aquí sumariamente y, con mayor rigor, en una vieja ponencia ante un congreso de escritores y científicos sociales, como por mi insistencia en hábitos retóricos que desdeñan mis contemporáneos. Hace como quince años, Gustavo Álvarez Gardeazábal, en un artículo de periódico, me reprochaba mi pretenso delirio o afán experimentalista. Más recientemente, la sintaxis de *La tejedora de coronas* ha sido enjuiciada bajo el cargo de exhibicionismo vanguardista. Y, como decía León de Greiff, "yo tan desueto". Cuando, a ratos, he incurrido en la audacia de redactar en verso, no me he privado del placer de rimar, único pecado venial que, en opinión de la teología literaria de actualidad, merece la condena eterna. Además, me deprimen ciertos giros de mi prosa, heredados de Quevedo o de Valle-Inclán y, en general, de renacentistas y modernistas. Al escribir estas líneas, trato de imaginarlos a ustedes, que cuando las lea habrán de ser ya sobrecogedora de carne y hueso, y abrigo la previa sensación de que voy a resultarles pretérito hasta el espanto. Es una pena, pero *malgré moi* y la crítica, confieso mi inepcia para convertirme en un profesional de la modernidad.

Hasta en ello, descreo de los códigos estéticos. No sé de ningún escritor honorable que haya accedido jamás, al menos en el uso cabal de sus facultades, a proclamar un credo o código literario. Con algunas excepciones, los autores de evangelios o de manifiestos estéticos —mal crónico hace algunas décadas— no solían pasar de ese punto: se quedaban el resto de la vida redactándolos, uno tras otro. Explicaban, con incesante certidumbre, la manera como les parecía lícito o correcto emprender algo que, presentiblemente, jamás habían de emprender. Nadie, por lo demás, imagina lo peligrosa que puede resultar, a largo o corto plazo, la proclamación sistemática de dogmas literarios, por banales que sean. En sus trasegadas memorias, que tituló La *arboleda perdida*, Rafael Alberti prevenía, verbigracia, sobre la necesidad de destituir de todo uso literario la palabra *voluptuosidad*, a la cual decía juzgar charra o cursi. Sorprendentemente, una páginas más adelante, al referirse al pintor costumbrista Romero de Torres, escribía, sin embargo, que *"añadía voluptuosa gitanería de almanaque triste a aquel cuadro peninsular"*. La fulminada palabreja resucitaba, pues, muy fresca y debidamente desprovista, al parecer, de toda connotación sonrojante, máxime si se piensa en la contingüidad de un vocablo tan de verdad enrojecedor como *gitanería*.

En literatura, la teoría se da normalmente *ex abundantia cordis*. Si nos impusiéramos el sacrificio de hacer una lista más o menos completa de los *ismos* aconsejados por teóricos y profetas en el orbe occidental a partir del llamado futurismo italiano, veríamos que en ello se nos puede ir la vida sin llegar siquiera a resultados tentativos. Lo más curioso de todo sería que, si cotejáramos la apasionada prédica con la práctica de cada autor, no tardaríamos en encontrar alarmantes discordias. (Para no hablar del ridículo en que ciertas loables intenciones pueden caer a la vuelta de unos años; entre los más deplorables, aquel que envuelve precisamente los poemas del futurismo italiano, que pretendían ser anticipativos y que hoy leemos con la misma indolencia con que bostezaríamos ante una decoración *art nouveau*). Tampoco, pues, en literatura bastan las buenas intenciones. Y tampoco, en ese campo tan propenso a los énfasis doctrinarios, se practica con demasiado hábito lo que se predica. Quizá porque las recetas, tan útiles en farmacia y en culinaria, lo son menos en el ámbito de la creación artística. Y quizás asimismo porque, así como el universo fue simplificado por los zoroástricos mediante una técnica de alto contraste, el arte puede ser susceptible de un tratamiento similar, consiste en abrirlo en garganta, para usar una expresión quevedesca, o en separarlo, como Moisés al mar Rojo, en dos vastos volúmenes normalmente llamados clásico y barroco, dentro de los cuales caben todos los *ismos* y que, aunque parecieran rechazarse al modo del agua y el aceite, secretamente disfrutan de connivencias o de tolerancias casi lujuriosas. Como ya lo he sugerido, yo, que no me cansaría de prescribir la necesidad de una vuelta a lo clásico, me sé barroco al extremo de lo lastimoso.

Un barroco se distingue de un clásico, no como se acostumbra creer por su mero amor al ornato y al arrequive, sino por el amor a la minucia, no necesariamente ornamental, y por su hábito de filtrar el universo a través del tamiz subjetivo. Autores tan poco ornamentados como Juan Rulfo, no dejan de ser harto barrocos, a pesar de todo: no condescenderían, por una parte, a pasar por alto el más indigente vuelo de insecto que pudiera perturbar el escenario; disfrutan, por la otra, alterando la realidad, pasándola por cedazos afectivos u oníricos: desdeñando, en suma, la eficacia de la objetividad. Otra característica de los escritores barrocos radica, por lo demás, en la obsesiva gramaticalidad. Alejados de la lógica por razón del contenido, intentan preservar el equilibrio ajustando la forma a una hija tan palmaria de la lógica como lo es la gramática. Nadie quizá se figure hoy día, por ejemplo, hasta qué punto la corrección gramatical obsesionaba a un poeta tan arbitrario en otros aspectos como León de Greiff. Un error referente a la Dueña Gramática significaba para él, a despecho de sus frecuentes ironías sobre el particular, algo así como una indeleble ignominia. Yo, en cambio, recuerdo los esfuerzos de mi profesor de castellano por explicar ciertas incongruencias gramaticales de Cervantes. Finalmente, todo era remitido al criterio de autoridad, pero la verdad es que a Cervantes la gramática parecía importarle una higa, por la razón simplísima de que era un clásico de pies a cabeza. En otras palabras, porque se interesaba más en aquello que se proponía decir, que en la forma como iba a decirlo. No es, pues, meramente el adorno, sino el predominio del detalle, de la forma y de lo subjetivo lo que identifica, literariamente hablando, al ejemplar barroco. Un clásico informaría que fulano apuró un veneno.

Un barroco se demora pormenorizando que se envenenó "con un sahumerio de cianuro de oro", lo que equivale a envenenarse en buena prosa.

Pero no sólo es patrimonio del barroco la descripción prolija de circunstancias exteriores. También la muy cuidadosa de minucias interiores o psicológicas. Cuando uno lee autores tan aparentemente clásicos pero tan íntimamente barrocos como –dicho sea con el debido respeto– Thomas Mann, lo exaspera a veces la intrincada serie de motivaciones que precede a toda acción por parte de cualquiera de los personajes. Parece existir tras cada escena de Mann un laberinto de causales psicológicas. Nada para él resulta espontáneo. Todo lo es, en cambio, para un clásico como san Mateo, cuyo Evangelio no exige más que tres versículos para informarnos que María concibió del Espíritu Santo, que José por no causarle infamia quiso dejarla secretamente y que, entonces, un ángel se le apareció y le aclaró las excepcionales circunstancias de aquella concepción. Se me hablará de la necesidad de un poco de finura psicológica en la narración moderna. En ese sentido, creo que podría bastarnos un ejemplo del siglo VIII, época asaz anterior al psicoanálisis y en la que, sin embargo, el poeta chino Tin Tun Ling, con clásica sobriedad, nos ofrece esta finísima acuarela psicológica titulada "La sombra de una hoja de naranjo":

Sola, en su alcoba, una joven borda flores de seda.
De pronto, oye una flauta lejana... Se estremece.
Cree que un joven le está hablando de amor.
A través de la ventana, la sombra de una hoja,
de una hoja de naranjo se posa en sus rodillas...
Cierra los ojos... Se imagina que una mano
desgarra su túnica.

Me incomoda incurrir en temeridades, en afirmaciones absolutas. Pero en alguna parte de mí siento, o creo sentir, que en su totalidad los textos esenciales producidos por el hombre pertenecen a la estirpe clásica, participan del horror clásico por lo superfluo. Esos textos son muy escasos y me parece que, en su mayoría, no pertenecen del todo a la esfera literaria. ¿Son literatura los Evangelios, incluido el de Buda? ¿Es literatura el I Ching? Algunos de ellos, por cierto, se reputan escritos o dictados por la divinidad. De allí quizá la frescura con que pueden ser vertidos a cualquiera de las lenguas humanas. ¿Quién entendería a un dios que colgara adjetivos al mar o a la noche? ¿Que tratara de dar una medida a sus actos? ¿Que se rebajara a decir: *"hágase la vivificante luz"*? ¿O que entrara en pormenores acerca del sistema empleado por Eva para calzar en su pubis la hoja de parra?

No creo, pues, en la posibilidad de defender el arte barroco frente a la desnudez y al desenfado clásicos. Si acaso, en la de justificarlo. He intuido desde siempre que una época como la nuestra es incapaz de producir nada realmente clásico. Vivimos tiempos por esencia barrocos, tiempos de conflicto, de sobresalto, aun de desesperación. Nuestro siglo ha dejado por ello monumentos de barroquismo como el *Ulysses*, como *En busca del tiempo perdido*. Todos andamos inmersos en una prisión de complejas formas barrocas. Si de veras existen desasosiegos inspirados por auges eventuales de sus variantes manieristas o churriguerescas, como he oído afirmar, no es posible que impliquen otra cosa que conatos de autoabsolución. En *Bouvard et Pécuchet*, Flaubert postula dos estúpidos que, un día, descubren la existencia de la estupidez y ya no consiguen tolerarla. Pero creo que el mundo tolerará aún por un tiempo el barroco.

Respecto a mí, quien me haya leído recordará de qué manera me quita el sueño el visaje más exiguo en la expresión o en el mero semblante de cualquiera de mis personajes. Adoro, por lo demás, las correspondencias argumentales, tal como los simbolistas veneraban las de la naturaleza. Me encanta que un hecho aparentemente inocuo, insertado al comienzo de una narración, aparezca magnificado o transmutado hacia la mitad o el final. Soy entusiasta incorregible de mostrar los estados de ánimo a través de descripciones del paisaje, tratamiento que, entre nosotros, inauguró –si mal no estoy– el estupendo Jorge Isaacs. En cambio, no creo haberme merecido el epíteto de barroco por la simple prosa barroca de *Los cortejos del diablo*. Quiero decir, no por la prosa en sí, sino más bien por la intención con que la adopté. Resolví escribirlo así, porque era la manera más corriente del siglo XVII, época en la cual se sitúa la acción, y ello implica, por supuesto, una decisión de rancia prosapia barroca. Por puro barroquismo, además, un historiador de la literatura colombiana, el doctor Fernando Ayala Poveda, incurrió en un disparate estelar cuando quiso entrar a calificar el marco temporal de esa novela. Dijo que refería "la historia *medieval* del siglo XVII", que es algo así como hablar de una parte de la cabeza llamada tronco.

Son, claro, las desventajas de consagrarse a la crítica sin tiempo suficiente para ciertas preparaciones previas. O, en fin, las desventajas de querer opinar a todo trance, que yo señalaba al comienzo. Hace poco, en Popayán, alguien del auditorio me indicó, tras prestar escépticos oídos a una de mis conferencias, que jamás se había animado a leerme, dada la supuesta insistencia mía en narrar sólo facetas de la cotidianidad. A él, al parecer, la cotidianidad le causaba enfado, pero hubiese podido poner una pizca de cautela, antes de reprochármela, en averiguar cuáles han sido los temas predilectos de mis relatos. A puro título de información, diré aquí que, a lo largo de quince o dieciséis libros, algunos de ellos todavía inéditos, me he detenido en temas como el de la conquista del espacio remoto y sus implicaciones emocionales (en un microdrama titulado El *Arca de la Alianza*); el de la leyenda de la Atlántida, divulgada por Platón (en el relato titulado "El hundimiento"; el de la licitud o ilicitud de las manipulaciones genéticas, de las cuales por entonces nadie aquí tenía noticia (en el cuento "La noche de la Trapa"; el del homosexualismo en las comunidades religiosas (en dos relatos: "Fenestella confessionis y "Noticias de un convento frente al mar"); el del sentimiento de soledad y terror incubado por su propio poder en un inquisidor General (en *Los cortejos del diablo*); el de las connaturales contradicciones de la izquierda en la América Latina (en la novela *El magnicidio*); el del prejuicio racial y sus consecuencias psicológicas (en el cuento *En casa ha muerto un negro*); el de la tortura interior de un hombre escindido (en *Doppio movimiento*); el de cierta sagrada cruzada contra los cátaros mezclada con la búsqueda del Graal (en el cuento *El píxide*); el de las relaciones entre el Caribe, Europa y las sectas masónicas en el siglo XVIII (en la novela *La tejedora de coronas*); etc. Si esto fuera la cotidianidad, apasionante pesadilla resultaría este mundo.

No niego, sin embargo, haberme ocupado también de la cotidianidad, lo cual no es pecado sino virtud literaria. Si bien en *La tejedora de coronas* me detuve a relatar, como dije, las peripecias rocambolescas del asalto a Cartagena de Indias por la flota del barón de Pointis, resulta innegable que, en la narración de los días previos al asedio, introduje variados elementos de eso que pudiéramos llamar vida cotidiana del siglo XVIII, llena de aguadores, de muleros, de frailes mendicantes, de chismes de villorio. También en *El magnicidio* procuré rescatar, en el alma de Gedeón Núñez, la nostalgia por una cotidianidad más tranquilizadora que aquella que se vivía en el notable e imaginario país del Caribe donde ocurre la acción. Mas, si en alguno de mis relatos me he ocupado ardientemente de lo más cotidiano, fue en uno titulado "Las fábricas vidriosas", que figura en mi colecticia *Los doce infiernos*, cuya acción, relatada a lo largo de unas dieciséis páginas, no ocupa en el tiempo del personaje principal más allá de un minuto, durante el cual repasa las circunstancias de su vida, un infierno de monotonía.

Hace alrededor de medio siglo, uno de aquellos poetas a quienes sumergió y devoró el torbellino de la Guerra Española, escribió cierta parábola acerca de un albañil que deseaba levantar, en piedra, una imagen del viento. El monumento quería verse poblado de rocas de plumas y de mares de pájaros. Al erigirlo, el albañil cantaba y reía. Ignoraba que, en reali-

dad, estaba labrando su cárcel, en la cual habían de ser preci-
pitados él y el viento.

Ignoro si Miguel Hernández pretendió plasmar en ese
poema, titulado "Sepultura de la imaginación", el destino final del arte, condenado por la incomprensión a ser cárcel del
artista y de su fantasía creadora, o bien las contingencias a
que puede estar sometido cualquier arte que, en particular, as-
pire aún a solazarse en los temas intemporales, quiero decir
que propenda todavía al *quid divinum*. Carezco de mayor información sobre el pensamiento estético de Hernández y, aunque sé muy bien de qué manera denodada y con qué relativo
éxito trató de ganar las alturas de Garcilaso, no puedo pasar
por alto el hecho de haberse, en algún momento de su vida,
colocado físicamente al servicio de una causa temporánea, la
de la República Española. Me resultaría, pues, azaroso tratar
de dilucidar si el poema en cuestión traduce una defensa o un
alerta respecto al *quid divinum*, a lo supratemporal y a lo su-
praespacial en el arte. O en otras palabras, si Hernández consideraba excelso o vituperable el propósito, o más bien la vana
aspiración, de su albañil.

De cualquier forma, no se equivocaba el poeta al concebir el arte como una especie de prisión del artista, no sólo
en cuanto lo incapacita a menudo para otras faenas menos
portentosas, sino especialmente en cuanto no es hábil en sí
mismo para granjearle una comunicación aceptable con el resto de los mortales. Por regla general, el público exige del artista
ya sea un compromiso más o menos explícito con los acontecimientos sociales de su época, ya su inscripción en ésta o
en aquella corriente estética de moda, ya una notable capacidad para producir distracción, esto es, posibilidad de fuga de
lo real. En cualquiera de los tres casos, la exigencia rebasa los
fines primitivos del arte, pero se erige en condición *sine qua
non* para que el artista logre llegar a un público, por modesto
que sea.

A pesar de ello, y con muy escasas excepciones, el artista –pequeño dios o demiurgo en su circuito clausurado de

símbolos– no suele encontrarse asistido de poder alguno de acción sobre el mundo real. Sus concesiones al público pueden atraerle fama o popularidad, pero pocas veces poder. Aun en el caso de personajes tan aparentemente influyentes en su tiempo como Russell, como Sartre, en fin, como los que ya cité al comienzo, el pretendido ascendiente del artista o del intelectual sobre los hechos sociales no deja de ser ilusorio. ¿Qué decir, por lo demás, de su situación en estas postrimerías del siglo XX, la más consternadora, sin duda, de cuantas épocas haya conocido la humanidad? Nunca como hoy el artista, literario, plástico o musical, abstracto o concreto, se ha visto en tal medida aprisionado por la impotencia de sus palabras, de sus músicas, de sus manchas de color. Uno no deja de pensar en la maldición coránica sobre todo aquel que usurpe la imagen del universo.

En otros tiempos, yo al menos me complacía en reclamar, para la buena literatura, el don de hallarse constituida por una serie de visiones peculiares del hombre y del universo. Sin mucho disgusto, he visto que me equivocaba. No existen tales visiones *peculiares*, sino sumas de visiones previas que alguna vez nos cautivaron. En alguna parte de mí, perdura la visión individual de Darío o de Quevedo. En algún no muy íntimo recodo de la obra de este último, demoraban quizá la de san Agustín y la de Horacio. En éste, probablemente la de Homero y la de Livio Andrónico. Digo que concluí lo anterior sin mayor desazón, porque me sirvió para comprobar de qué manera las lecturas literarias resultan una especie de sucedáneo de la transmisión genética –diferente del legado consciente de la ciencia o de la filosofía–, ya que sin duda en mí reviven, junto a inaveriguables puntos de vista de mis antepasados, otros de estirpe lectoral y poética. A todos nos conviene ignorar en qué momento nuestras reacciones o apreciaciones exhuman las de un abuelo protohumano. También en qué momento el hallazgo que nos alegra, insospechablemente procede de un pretermitido y desdeñado texto de Xavier de Montepin o de Hugo Wast, que leímos al borde de la infancia.

En los tiempos que corren, abundan en el ámbito académico los teóricos que, intrincando sin saberlo el apremio de las exigencias populares, piden a la literatura, no ya convertirse en medio de propaganda política o en mero sofisma de distracción, sino o bien en campo de experimentación pura o bien en yerto instrumento de análisis. En gracia de la altura de donde tales reclamos provienen, vale la pena afirmar con cierto énfasis su absoluta inanidad. Pienso que la literatura —y en particular la novela— podría fortuitamente llegar a ser cualquiera de esas cosas, pero jamás de una manera excluyente. Es de celebrarse que la novela, o cualquier otro género literario, emprenda el agobiante análisis del hombre y del mundo, que renueve sus moldes formales, que se ocupe del asunto social, que distraiga, pero sin perder de vista su cometido final, que es de orden estético, ya que el texto literario de todo podría alejarse, menos de su inseparable condición de objeto de arte.

Aun podríamos arriesgar la hipótesis de que la novela barroca, vale decir, la de nuestros tiempos, pudiera llegar a transformarse, según la frase de Jean Ricardou refrescada hace poco por Claude Simon, en algo que no sea ya "el relato de una aventura, sino la aventura de un relato", a la manera que nos propusieron Joyce o Svevo. Pero agregando que, sin algo qué relatar, sin una historia verdaderamente digna de contarse, emprender esa aventura sería como apelar a un transatlántico para cruzar un charco o un *jumbo-jet* para atravesar la calle. Toda literatura exige un florecimiento de la fantasía, es fantasía pura, así se ocupe en narrar, celebrar o lamentar hechos de la vida real, o en permutar sucesos auténticos en parábolas. Homero sugería que las divinidades tejen las desdichas y las catástrofes con el piadoso fin de que las generaciones futuras tengan algo qué contar y no se hundan en el tedio. Al menos, los novelistas proponemos una opción menos devastadora: la de que tales peripecias y calamidades sean puramente ficticias.

PROCESOS CREATIVOS DESVELADOS
PARA ESCRITORES INCIPIENTES
Jaime García Saucedo

Estas reflexiones no serán una guía para que el lector de las mismas encuentre un sendero para escribir bajo el imperio de sentencias que no admiten discusiones. Todo lo contrario, aquí no hay nada de esto ni mucho menos un cúmulo de ejemplos para garantizar la validez de un estilo o fórmula escritural con ropaje canónico que debe ser acatada.

Hablaré, eso sí, de mis gustos, preferencias e intenciones a la hora de acudir a la palabra para ofrecerle al lector interesado cómo hice y fue posible haber parido una novela breve, libros de cuento y poemas. En esta labor de desvelamientos dejé por fuera otros géneros que he cultivado, me refiero a los ensayos, artículos periodísticos y teatro.

Emily Dickinson dijo alguna vez que era mejor decir la verdad, pero de manera sesgada. Este enunciado lo hago mío ahora que me comprometo ante los requerimientos institucionales; por ello, el lector puede percibir la sensación de que aquí se habla sólo de lo cotidiano. Confieso que mi intención ha sido socavar e irrumpir con otros asuntos que rebasarán esos límites.

En todo lo que he escrito como poemas, cuentos y novela, la música ha ejercido una poderosa fascinación. Amante del bolero desde la niñez, mi trabajo tiene mucho que ver con esa melosa intención que hay en las letras de los trovadores del pentagrama musical latinoamericano y que incluye, además, a los de otras lenguas, como el inglés.

Persuadido, pues, del bolero para escribir, me confieso antiecléctico en este terreno. A menudo he intentado capturar, mediante el lenguaje, la magia de los sonidos o reproducir estructuras musicales en la construcción o traducir en palabras la emoción que me ha suscitado alguna expresión o frase del cancionero preferido; por ello, cuando escribí que "Tayrona es una vereda fragante oculta tras la muralla del mar", estoy también diciendo "behind the garden wall where roses blue, you are in my heart" de *Stardust*, aquella melodía interpretada por Nat King Cole.

Esa melodía está en uno de los versos de mi poemario *Escrito en Coral Gables*. No sé si es acertado decir aquí que para hacer poesía es bueno cantar una canción primero para dar con el tono, ese tono que sirve para dar romanticismo e inmediatez al fluir de la pluma sobre el papel.

En el ejercicio que dediqué durante dos años a la creación de mi primera novela *El jardín de los dóberman*, también están los ingredientes del pentagrama. En ésta todo parece imbuirse de un son tropical, en un marco de celajes propios del Caribe, ciclorama ideal para incluir paisajes con palmeras cimbreantes, playas solitarias y rasgos que particularizan el ambiente deseado para los accionares. Y es en este ámbito descrito donde mejor se adecúan las peripecias del héroe, quien, enfermo de amor y soledad, va en búsqueda de su amada que está en Bogotá donde, finalmente, descubre que la ha perdido para siempre. Y es a esta mujer, que lo ha traicionado con el olvido a la que el héroe de la novela le deja un mensaje escrito y el cual es hallado en el bolsillo de su pantalón cuando la policía descubre su cuerpo flotando sobre las gélidas aguas de la laguna de Fúquene. El breve mensaje se inicia con esta frase: "Preso en la nostalgia se ahonda mi vida...". Pues, bien, esta frase no me pertenece, sino a un bolero del compositor argentino Charlo titulado *La volví a encontrar*.

Este bolero, una rareza muy pocas veces escuchada o incluida en un disco compacto, estaba esperando que alguien lo rescatara para ser incluido en una novela que fue la mía.

Hipotextos como este, que procede de la música, confirman lo que Milán Kundera dijo en el El *arte de la novela*. En esta obra, él afirma que cada parte de una narración corresponde a un movimiento musical y, por ello, deberían llevar una determinada indicación melódica. Yo prefiero conjugarlos como parte esencial del texto, en vez de anunciarlos como bien sabe hacerlos Carpentier en sus novelas. Recordemos, por ejemplo, *Concierto barroco*.

Todos los caracteres que he creado, no hay duda, tienen alma de bolero. En mi labor esto es inevitable. Un imperceptible deslizamiento hacia un registro interior sensible y preciso de esos seres míos tiene la subterránea incandescencia de alguna letra que anda rondando por los sagrados espacios de sus correspondientes realidades que son más bien una búsqueda obstinada y, por qué no, utópica que los transforma en almas en perpetua expectativa y en tensión existencial y que les sirve para justificarse en el trazo de un accionar, como acontece en el deambular de un verso cuando la luna de mi poemario *Escrito en Coral Gables* "anda a tientas hurgando por todos los rincones donde se durmió no hace mucho tiempo una canción de esas que a veces hacemos con el fin de ejercitar la piel para el olvido al galope del verbo".

Esta luna del poema es la misma que alumbra sobre "una noche plena de quietud" en el bolero *Vereda tropical* de Gonzalo Curiel y también la misma que "se quiebra sobre las tinieblas de mi soledad", aquella otra de la *Noche de ronda* del poeta mexicano Agustín Lara, el genial alimentador del inconsciente colectivo latinoamericano.

El lenguaje de este género musical también me ha servido para establecer con propiedad los vínculos que posee la diégesis literaria con las cargas de extrañeza en las que lo apacible se vuelve, de pronto, en laberinto.

A propósito de esto, cuando terminé la novela El *jardín de los dóberman* me di cuenta de que había creado un inmenso periplo de registros y caracteres en aproximadamente 350 páginas. Ante semejante ámbito de complejidades, el texto insistía por una poda inclemente; igual sucedía con el libro *Escrito en Coral Gables* que contenía más de 50 poemas.

El reto estuvo siempre en intentar dar con el tono musical adecuado para que ambas obras aterrizaran sobre el compás preciso, el que debía servir para decantar lo innecesario. En este proceso, el tiempo ayuda mucho. El compromiso que existe con todo lo que he creado está en haberlo dejado que se añejara como el vino. Para que esto se diera, logré frenar el ardor por llevar a la letra impresa, con excesiva prontitud, todo lo que he hecho en el terreno literario.

Para que la extensa novela quedara, finalmente, reducida a 90 páginas tuvo que transcurrir un lapso de casi diez años, en los cuales hubo cinco versiones en las que se fueron por la borda personajes, situaciones y, eso sí, innumerables adjetivos y gerundios, así como reacomodo de capítulos que inicialmente estaban al final y quedaron en el inicio de la obra.

En toda novela es preciso que cada personaje comunique su accionar con un compás determinado, tal como sucede en los filmes. Así, por ejemplo, en mi novela, Camilo, el asesino, se desplaza por toda la narración como arquetipo de una canción desesperada. No es casual que le agrade el bolero *Angustia* del cubano Orlando Brito.

De pronto, se puede pensar que en mi ejercicio literario ronda una relación trágica con la música. Es probable que sea así, debido a que quizá me resulta más cómodo apoyarme en lo trágico a la hora de estructurar los personajes.

Otro de los retos, ante los cuales me he enfrentado, está en la descripción de los espacios por donde habrá de transcurrir la acción. La credibilidad de cada uno de los caracteres está en la articulación minuciosa y referencial de cada uno de los resquicios por donde deambulan los mismos. En ello va implícita la alusión y abordaje detallado de sus preferencias y desafíos en el espacio que hemos elaborado para que sean lo que deben ser.

Este camino actual en el que se nos vuelven difusos los letreros que tienen relación con lo genérico no me asusta y lo acojo con beneplácito. No propongo aquí una fórmula híbrida de compases encontrados para un trabajo literario, sino una conjugación ideal que sirva para que la fluidez y ritmo interior de la obra no perezca. Esto es algo que hice cuando estructuré el libro de poemas y en el cual inserté tres brevísimos relatos sobre finales cinematográficos que hubiese deseado ver y cuya prosa no descontrola ni traiciona la emoción que surgía del estado anímico poético del libro.

Para finalizar estas desvelaciones que pueden servir como instrumentos para iniciados o no, tal como reza el título de esta jornada reflexiva me apropio de las palabras del chileno Antonio Skarmeta cuando nos dice que "la literatura es un modo peculiar de ver el mundo... para entenderlo mejor". Lo peculiar en mí está en el fraseo de las palabras que empleo surgidos, generalmente, de una reminiscencia o a través de la conjugación de un verbo en los que va la pasión para un *ethos* particular que es el de mis personajes que deambulan en tiempo de bolero soterrado.

PROCESOS CREATIVOS DESVELADOS PARA ESCRITORES INCIPIENTES

75

EL SILENCIO DE LA CREACIÓN:
UN ACTO RESPONSABLE
(LEER Y ESCRIBIR, ESCRIBIR Y LEER)
Luz Mery Giraldo B.

> *Como este pájaro*
> *que espera para cantar*
> *a que la luz concluya,*
> *escribo entre lo oscuro*
> *cuando nada hay que brille*
> *y llame de la tierra.*
> *Inauguro en lo oscuro,*
> *observo, escarbo en mí...*
>
> Ida Vitale

Seguramente más de una vez alguien ha dicho: "Dadme un libro para conocer el mundo" y el mundo presta su forma a muchos libros y cada libro habla de muchos mundos. Pero, ¿acaso un libro no es algo más que un conjunto de páginas escritas por donde caminan las palabras? Con ellos la historia recibió el encanto de un nuevo movimiento y la vida y los seres vivos conocieron la fascinación de ser contados, cantados, representados o reflexionados de manera múltiple. Real o virtual, en el caso que nos ocupa, la literatura como forma de arte nombra y dice, crea y recrea, construye y destruye a tono con el tiempo del autor –lector del mundo o de su tribu– y con la historia de los otros –también autores del mundo–. Crear es leer para los otros dándole voz a ese mundo que espera ser leído con la escritura. El libro, el texto, sería como una tierra prometida para el lector que escribe o que lee.

Hay quienes afirman que todos los creadores son un solo creador. En el caso del cultivo de la palabra, todos los escritores son un solo escritor. Lo que somos como autores se lo debemos a otros que nos han antecedido, a nuestros contemporáneos, incluso a los que nos sucederán. De ahí la idea de que todo texto es un palimpsesto. Ningún texto es único, es totalidad, suma de muchos otros que hablan y hablaron por nosotros, para nosotros y con nosotros. Esta permanente relación entre lo que es o lo que ha sido el arte o la creación hace pensar en su necesidad. ¿Para qué sirve? ¿Por qué es necesario? Ha sido entendido como sustituto de la vida, representación, recreación, reproducción, manifestación misteriosa y sin embargo habitual que define épocas y en ellas a sus autores en su propio estilo. Como necesidad expresiva se une a la también necesidad de atender al llamado de aquello expresado que apela al reflejar o ver reflejada la existencia. Cada expresión cuenta con su propio lenguaje y es éste quien señala a quien debe utilizarlo. El escritor quizá no elige ser escritor, la escritura lo elige, la palabra lo llama y se le hace no sólo necesaria sino una forma de compromiso y de responsabilidad.

Una leyenda cuenta que Hierón, tirano de Siracusa, prohibió hablar a sus súbditos. En ese instante, los ciudadanos conocieron el valor de la palabra, la urgencia de comunicarse, comprendieron la necesidad del lenguaje, de estudiarlo, dominarlo y domesticarlo, supieron cómo a través de él se expresan las ideas, los pensamientos, los sueños, la historia, el individuo y su pueblo, las verdades y las mentiras. El hilo de la imaginación creativa teje un puente entre la realidad y la fantasía. Cuando las cosas carecen de nombre y hay que señalarlas con el dedo, la escritura (cualquier forma de escritura) atiende a que sean consignadas para la memoria. Reconocemos así que el lenguaje reclama una forma y al recibir respuesta del acto creativo se traza la relación autor, lector (espectador) y obra creada.

Crear es repetir la vida y la muerte. La esencia de la una y de la otra. El continuo nacer o morir. Al autor no sólo se le imponen las cosas para que les dé forma, husmea en los secretos y misterios de ellas y de la condición humana indagando en lo grande y lo pequeño, en lo solemne o lo ridículo, en lo simple y lo complejo, en lo grave y lo irrisorio, en lo íntimo y lo extraño, en lo individual y lo colectivo, en lo único y lo diverso. Todo acto de crear reclama un lenguaje que logre dar morada a lo que somos no sólo como individuos creadores sino como seres abocados a la vida y a la historia. Y aunque la creación esté claramente vinculada a la infancia, a las huellas que ha dejado en el creador y a las que permanentemente se instauran dentro de sí, ese acto debe dar testimonio profundo de su época, de sus formas de ser y su cultura, de todo aquello que vibra cuando nace o renace a cada instante y en cada individuo. El resultado de ese acto, la pieza lograda, puede contener también la extraña dimensión de otros seres, tiempos o culturas. Exige compromiso y disciplina, un constante hacer y deshacer, buscar y escarbar, vivir, meditar y procurar que bajo el dominio de una forma se exprese aquello que se desea transmitir, aquello que se convierte en una urgencia, en una necesidad expresiva cuya convicción entraña algo más que una visión personal. De ahí la responsabilidad de cada uno frente al texto.

Indudablemente, todo acto creativo debe aspirar a la transmisión antes que a la permanencia, a decirse antes que decir, a encontrarse antes que encontrar, y la respuesta en la lectura es análoga. De ahí la responsabilidad. La literatura no es solamente un acto de dominar y de domar las palabras sino, además, una forma que puede contener el universo todo o ese fragmento de vida o de muerte que busca manifestarse. Asumido como soplo divino, legado de los dioses, acto sagrado y profético, don de los elegidos, el mundo contemporáneo

79

advierte insospechadas direcciones: creadores que en otro tiempo fueron considerados dioses o profetas preocupados por revelar lo sagrado se apagan ante los humanos creadores de hoy, quienes con lenguajes fugaces y transitorios muestran también lo que somos, lo que vivimos y lo que sentimos. Unos y otros han sido y son antenas de su tiempo y de su raza. Su lenguaje, la escritura, puede hablar desde sí misma cuando su forma logra dar albergue a unas ideas y unas sensibilidades que remiten a una época. Debemos reconocer que el texto de hoy no está concebido como un oráculo, que cada vez pierde más su carácter solipsista e inmutable, que el autor y sus propuestas se relativizan día tras día. Que su verdad no aspira ser la verdad de todos ni la única, sino tan sólo una versión de la verdad. El escritor de hoy no espera reverencia. En esto radica también la potencia y la diversificación de su palabra.

Hay quienes afirman que la escritura los eligió para dedicarse a ella. Otros reconocen que es el resultado de una vocación oportuna y responsablemente atendida con disciplina. Algunos la asumen como una *necesidad* de expresión que sólo puede realizarse a través de la palabra y según el género que pulsa su interioridad, sea esta épica, lírica o dramática. Su consecuencia es el diálogo permanente con lo que las palabras contienen al revelarse desde lo oral o lo escrito, sabiendo que la oralidad es fugitiva, pues responde a las leyes de la temporalidad, mientras la escritura puede permanecer en el espacio y el tiempo. Esto mismo vale para el acto de leer asumido tanto por el escritor como por el lector. ¿Qué le dice el mundo a un autor? ¿Qué, a un lector? Si el escritor es un lector del mundo, de los engendros de la vida o de la muerte, el lector no sólo lee lo leído y escrito por un autor sino lo complementa con sus propias maneras de leer y captar lo leído, según lo que la vida misma le haya entregado, lo que su experiencia vital le haya deparado, lo que su familiaridad con otros libros y otras lecturas le hayan otorgado y enseñado. El escritor dota de sentido las palabras al ponerlas en relación con su propia vida y lo que asume y aprehende de los otros a lo largo de su existencia, haciendo que en ellas la vida encuentre su morada. No es, pues, muy ajeno el lector a esta experiencia: al acercarse a un texto, un libro, un cuento, una novela, un poema, un fragmento, un ensayo o un texto crítico, debe estar dispuesto a estar en diálogo con lo que éste entraña; implica salir de la cárcel personal para atender u oír en ese texto lo que él mismo tiene dentro de sí, lo que despierta en él y lo que también tiene para decir. Una obra resuena en el lector porque ella tiene algo que está dentro de él. El texto (escritura o lectura) permite el circuito de la comunicación que abre puertas al escritor y al lector. Vivimos y morimos cuando escribimos o leemos. Nacemos o renacemos, nos renovamos.

Partamos de una premisa: si la escritura es un oficio, la lectura también lo es. Aprender a escribir. Aprender a leer. Hacerlo como profesión exige un grado esencial de compromiso. La lectura se enfoca generalmente como una actividad en la que se destaca más *qué* o *cómo leer* que *para qué leer*. La escritura se piensa a veces desde la lectura de sí mismo y la lectura como placer, conocimiento, información, recreación, fuente de desarrollo y disfrute personal. Se espera que el escritor sea modelo: quien conoce los libros o los mundos a los que hace referencia, lo que el libro o el mundo enseñan y el placer de entrar en relación con éste o aquel. El texto sería, entonces, algo entrañable y gratificante. De las entrañas, es decir, de lo más hondo que capta, transmite y recibe cada cual.

¿Qué distancia existe entre el lector y el escritor, si los dos están mediados por el texto, si navegan en sus mismas aguas? Reafirmemos que el texto de la lectura se abre sólo a quien se acerca a él amorosamente, a quien está dispuesto a encontrarse a fondo con él, a descubrirse en él. El texto de la escritura llama a su autor para que se comunique con el mundo y entregue esta comunicación amorosa a un lector potencial. Algo despierta al autor exigiéndole expresarse y hacerlo con oficio. El acto de escritura exige reciprocidad en el acto de lectura. Un texto sólo le habla a su lector cuando éste se dispone a entrar en sus páginas con amor o con deseo, allí se encuentra no sólo con su autor sino consigo mismo, despierta lo que hay dormido en él. Entra en comunicación artística, pues es una relación creativa, produce vida y resulta de la vida. Proust reconocía que la lectura es una amistad sincera, desprovista de cumplidos y reverencias, de mentiras inútiles y fastidiosas; una amistad que *a menudo nos devuelve su primitiva pureza* y cuyo silencio y soledad crean una atmósfera más pura que la palabra. Con los libros, dijo, *no hay amabilidad que valga. Con estos amigos, si pasamos la velada en su compañía, es porque realmente nos apetece*[1] .

El oficio de escritor o el oficio de lector no deben asociarse solamente con la realización de una labor, sino con una función artística. Esas son sus aguas. Allí navega el arte. El escritor nace y se hace. El lector también. Al dominio del oficio se llega con dedicación, pero no basta la disciplina y la voluntad si no se despierta en uno o en otro ese impulso de la sensibilidad que permite la expresión o la recepción profunda de lo que está en el mundo, en ese mundo. Quizás el escritor y el lector pueden ver lo que otros no logran ver, lo que permanece oculto para otros mortales. Es posible advertir que hay verdaderos escritores y verdaderos lectores. El verdadero escritor asume su compromiso con la escritura de manera responsable con sinceridad y rigor, y tiene como intencionalidad expresar de la mejor manera posible lo que cree que debe expresar, lo que tiene para transmitir y plasmar de ese mundo o esa emoción que lo apelan haciendo que el texto facilite una mirada. Ese escritor puede ser solemne o trivial. El calificativo no importa mucho. El verdadero lector mira a través de los libros, los lee con la gravedad o la liviandad con que el escritor los concibió y escribió. El caso contrario es el de lector sin sensibilidad, aquel que no va a la esencia de la forma sino al contenido, a los hechos, es decir, se preocupa más por buscar lo que cuenta o dice de manera inmediata el texto y menos

---

1. PROUST Marcel. *Sobre la lectura*. Pre-Textos. España. Traducción de Manuel Arranz, 1996.

por *mirar a través de él*. Los lectores apresurados, como los escritores de esta índole, apenas pasan los ojos por el papel como sus pasos por la vida, ciegos y de prisa. Es sabido que los grandes escritores han sido lectores que sienten un gusto profundo con los libros y la soledad y el silencio que rodean el bullicioso mundo que ellos entrañan. Cada libro es un mundo, hemos dicho, pero cada libro no es el mundo. Éste está en todas partes y cada libro registra algunos de sus fragmentos.

Hay que reconocer que la escritura y la lectura introducen en la vida, no la constituyen, más bien aproximan a lo espiritual que hay en ella. De ahí la vibración profunda de unos o de otros frente al hecho estético, de ahí el vacío interior del que proviene esa pulsión hacia la escritura o la lectura. Hay un instante en que la escritura o la lectura comienzan: aquel en el que la página en blanco va a ser invadida o en el que hoja plena puede ser recorrida. Cada obra dirige la atención hacia el acto de escribir o de leer.

Entre el oficio y el porqué se imponen dos situaciones que intervienen por igual. La primera se desprende de la necesidad, del deseo, de la urgencia de decir algo que está arraigado y busca cauce en la palabra. La segunda se refiere a la disciplina, al oficio, a esa otra voluntad de dar forma después de la reflexión, del análisis y de la revisión. El porqué se une al para qué: el uno es urgencia y el otro forma de la urgencia, sentido. Es más difícil hablar del oficio que del porqué. El oficio está ligado al ensayo y el error, al querer decir por o para los otros, al cuidar y pulir lo que se desea transmitir y el cómo hacerlo, a la profesionalización. El porqué es más expresión de lo que se es, de lo que se sabe, de lo que se quiere ser, saber o comprender. Escritura y lectura se encuentran en el intersticio del mundo y las palabras, pero se diferencian en su intención: en la primera hay una forma peculiar de la entrega y en la segunda hay deseo de recepción. La entrega del escritor es resultado de lo que le ha sido dado escribir. La vibración entre escritor y lector puede ser análoga pero no igual. El autor se debate entre contar o cantar el mundo que le es cercano recreándolo con fascinación o crítica como una apuesta contra el olvido, o como una forma de complacencia de los modelos establecidos. Algunos autores, como diría Elías Canetti, son *sabuesos de su tiempo* y otros mastines de unos apetitos. Allí estaría la sinceridad del arte: ¿por qué, para qué, para quién se crea? Se crea a partir de las relaciones que tenemos con nosotros y los otros, con la historia y con la cultura y sobre todo con las palabras. Lo que deseamos hacer de esa creación depende no sólo del compromiso con el oficio sino con esos elementos.

Algunos han afirmado que entre la escritura y la lectura existen distintas intenciones: *se escribe o se lee*, dice Umberto Eco; *se vive para escribir*, afirma Ricardo Piglia; y sentencia Tolstoi que *quien conoce el placer de crear no conoce otro mayor*. La escritura y la lectura son formas peculiares de autobiografía: nos escribimos a nosotros mismos o nos leemos a nosotros mismos en los textos que nos apelan y que nos permiten el placer de crear o de husmear. Si *escribir es vivir*, como dijo Roland Barthes, leer también lo es. En uno y otro oficio o disciplina la vida fluye. La escritura de la vida y su lectura se hacen dentro de la complejidad que es la vida. La escritura puede ser reflexión, profundización, manera de vivir, gozo, tortura. ¿No pasa lo mismo con la lectura? Hacer y leer literatura son parte del juego y la tragedia de vivir. El mundo creado por el autor proviene del real, es producto de una experiencia vivida y puede hacerla nacer o vivir en el lector. Digamos que el escritor vive lo que escribe y escribe manipulando lo que ha vivido, y espera la misma resonancia en el lector: vivir lo que lee.

Son tan cercanos leer y escribir que sólo quien no haya reflexionado sobre las dos acciones las considera diferentes. El mito de la página en blanco que tanto aterra a algunos cuando de llenarla de sentido se trata, no es sólo un problema de escritor. Esta página, según la personalidad de quien quiere y necesita habitarla suscita angustia, placer, entusiasmo y a veces desconsuelo. Una y otra páginas se recorren vistiéndolas poco a poco con el traje interior o con la desnudez del autor que se encuentra frente a ella al ser reclamado por la escritura. ¿No es semejante la experiencia del lector ante la página de un texto concluido, maduro, que se le ofrece? El lector, virgen aún de lo que la obra contiene, igual a una página en blanco se dispone a recorrerla, a conocerla, a seguirla, a dialogar, a encontrarse con ella. Ese encuentro puede ser amable, tortuoso y problemático. La página en blanco llama al escritor a despojarse y desenmascararse y el lector como página en blanco debe igualmente estar dispuesto a desnudarse de lo que lo cubre, de los pre-textos, para acceder de manera más sincera al texto. El resultado de ese encuentro genera no sólo una experiencia de conocimiento o reconocimiento sino de renovación, una especie de renacimiento catárquico y expectante. Es imposible desconocer la participación de nuestras experiencias en la realización de un texto (en su escritura o en su lectura, en el resultado de leer un mundo e interpretarlo). ¿Quién es cada cual después de la escritura o la lectura conscientes? Quiero, relacionando lectura y escritura como oficios que permiten la transformación del ser y del estar en el mundo y en la historia, traer un sugestivo texto de Eliseo Diego referido especialmente a la experiencia del escritor ante la página en blanco:

> Me da terror este papel en blanco
> tendido frente a mí como el vacío
> por el que iré bajando línea a línea
> descolgándome a pulso pozo adentro
> sin saber dónde voy ni cómo subo
> trepando atrás palabra tras palabra
> que apenas sé que son sino sólo
> fragmentos de mí mismo mal atados
> para bajar a tientas por la sima
> que es el papel en blanco de aquí afuera
> poco a poco tornándose otra cosa
> mientras más crece la presencia oscura
> de estas líneas si frágiles tan mías

85

que robándole el ser en mí lo vuelven
y la transformación en acabándose
no es ya el papel papel ni yo el que he sido[2].

La escritura nos marca, sí, como también la lectura. Cada texto escrito o cada texto leído otorgan una nueva forma de nacer, pues nos revelan lo que somos y lo que podemos ser. Nuestra condición inconclusa y dependiente de la historia que transcurre adentro y afuera deja, como la vida que fluye, huellas inaugurales. La página en blanco frente al escritor o página blanca el lector ante el texto, llegan a ser espacio vacío, abismo, oscuridad. *Inauguro en lo oscuro*, dice Ida Vitale. No solamente somos infancia marcada en el calendario sino, además, infancia que comienza y termina día tras día entre la luz y la oscuridad. Así también, no somos los mismos después de pasar por la lectura o la escritura: *no es ya el papel papel ni yo el que he sido*. La una y el otro ya no están en blanco. El escritor y el lector son responsables del "ábrete Sésamo" de su oficio, del poder de la palabra.

Que la infancia nos marca no es sólo un decir, pues es el punto de partida de nuestra historia personal, *la patria del hombre*, dijo Rainer María Rilke. En ella está el arraigo de la sensibilidad, el flujo de unas primeras imágenes, diría Gastón Bachelard. Pero nuestro proceso de desarrollo no es sólo individual, está referido a la historia, a los acontecimientos, a la evolución de las ideas y del pensamiento, al espíritu de cada época, a las nuevas sensibilidades, a los cambios, a esa forma de expresión que nos elige, a la escritura. Nos marcan también las lecturas, otras formas de arte o de comunicación a las que tenemos acceso (la música, el cine, la pintura o la escultura, la navegación por internet, los montajes efímeros...), aquello que permanentemente nos interpela (la historia que transcurre, los hechos que afectan el imaginario individual y

---

2. DIEGO, Gerardo. *Inventario de asombros*. La Habana: Letras Cubanas, 1982.

el colectivo, las pequeñas cosas que volvemos acontecimiento, las grandes y solemnes que minimizamos, lo cotidiano y lo extraño). Somos y estamos en la historia, somos contemporáneos del pasado, del presente y podemos serlo del porvenir. Somos responsables de lo que escribimos y leemos, de cómo hacemos lo uno o lo otro. En cada escritor hay una postura contra el silencio. En cada lector también debe haberla.

Escribir bien es replicar con responsabilidad a la complejidad de la vida. Leer bien es responder al texto, *"una equivalencia" que contiene los elementos cruciales de respuesta y de responsabilidad. Leer bien es participar en una reciprocidad responsable con el libro que se lee, es embarcarse en un intercambio total*[3]. El escritor escribe a partir de una provocación y para provocar una respuesta que puede ser incontrolable. El género en que se expresa depende de su sensibilidad: si el poeta tiene una base lírica, la del narrador es épica y, a tono con la modernidad fusionada con los demás géneros; el dramaturgo es trágico o dramático y el ensayista se mueve en ese punto intermedio de una actitud que se acerca a la reflexión y a la recreación de un género elegido o de un problema que lo apela. El papel del crítico, que requiere una vasta formación y atención, es parte de la producción humana y se propone el circuito escritura-lectura; su función iluminadora, reveladora también, es la de quien escribe sobre la escritura y exige la lectura de quien escribe sobre el acto de escribir, consignación rotunda de un oficio. De todas maneras, el autor no busca su género sino, por el contrario, éste lo busca a él, así como la escritura.

Cualquiera que sea la literatura, ella es una forma de conocimiento que se transmite en el acto recíproco de escritura o de lectura, biografía o radiografía de un autor o un actor frente a su tiempo y la época con la que se compromete vivir. Leer para conocer no es lo mismo que leer para saber. Ese acto apelativo de la vida, que encuentra respuesta en el len-

---

3. STEINER, George. *Pasión intacta*. Norma, Bogotá. Siruela, Madrid. 1997, p. 27.

guaje de la escritura, tiene su correspondencia en el lenguaje de la lectura y facilita la penetración en esa vida, en ese mundo que ha sido construido. La palabra lograda por el escritor responsable no solamente transmite el mundo sino despierta el mar que duerme en cada lector. Suscitar la perturbación ha sido función del arte, como la felicidad y la paz en el desasosiego. Aunque cada vez es más frecuente que las sensaciones se impongan sobre una evocación, una experiencia remota o inmediata, cada época reclama una expresión correspondiente a ese mar inquietante que despierta del mar congelado que está en la vida diaria. Los libros, los textos, pueden llegar a precipitarse sobre nosotros mismos como aquello que amamos o aquello que tememos. Esto es lo que esperan autor o lector cuando los construyen o reconstruyen. Ese acto humano y antes magnificado por la sacralidad y la profecía, impulso de la sensibilidad, más que un don o una voluntad, determina una vocación excluyente y exigente en la que imperan la soledad y el silencio. Sólo en esta atmósfera leer y escribir se hacen posibles, pues en ella la actitud receptiva se desliza hacia la transmisión que se ejercita con el poder de la escritura. La literatura abre las puertas al conocimiento: un autor, una época, la historia de un país, una cultura, en fin, están en las formas diversas de su escritura. La responsabilidad de sus escritores está, justamente, en el compromiso con su acto y con su oficio.

TRES DERIVAS A LA POESÍA

Julio César Goyes Narváez

Poiesis

Poesía es un crear permanente que es a la vez crearse, dispositivo del arte total, que teje las imágenes de la realidad convirtiéndolas en algo inédito, en permanencia de la infancia en nosotros, en instantes fuera del tiempo. Esta otra realidad se crea a través del lenguaje matérico de la palabra y su expresión.

La poesía es mucho más que técnica lingüística y la voz que poetiza se sostiene en el silencio que la deslumbra sin sonido ni sentido. Lo poético es la valoración que el poeta descubre y es mucho más que analogar imágenes formateándolas en la cadena sintagmática del verso; pues sin ritmo, tono y acentuación, el que habla no expresaría ninguna actitud y ningún estado de ánimo. Pero lo esencial en la poética es vivir (ser) palabra en toda su plenitud de sonido-sentido y sin-sentido, plasticidad y movimiento, puesto que la intuición que es visión vuela por encima del concepto. Por esto, lo poético intenta comunicar lo incomunicable, decir lo inefable en un combate con el lenguaje por imaginar lo imposible. De allí que lo poético —recuerdo las palabras del poeta Roberto Juarroz— es un estado de aventura hacia lo absoluto.

Quiero recordar la lección que nos da Marcel Detienne en los *Los maestros de verdad en la Grecia Arcaica*; refiriéndose a la poesía dice que ésta es posible por la relación *alétheia/lethé*, y que "el campo de la palabra poética se equilibra por la tensión de potencias que se corresponden dos a dos: por un lado, la Noche, el Silencio, el Olvido; por otro, la Luz, la Alabanza, la Memoria". Esta cosmovisión de encontrar en la parte el todo viendo al tiempo lo uno y lo otro, la identidad y la diferencia, más que sinécdoque es símbolo, estética que representa la totalidad pero fragmentada, sin divulgar su sentido secreto, su misterio. El símbolo comporta un reconocimiento del Otro como otro espíritu, capaz de captar detrás del significante un significado distinto.

La poesía es entonces imaginación creativa y no reproducción o repetición. La imaginación es espontánea, inconsciente y trascendental, mas que empírica y perceptual. Crear significa romper con los cuadros perceptivos impuestos por el entendimiento. El fin de la imaginación poética no es tanto que veamos mejor la realidad, sino que la veamos siempre de una manera distinta.

Poesía y oralidad

Don Antonio Machado, el poeta castellano, dijo alguna vez que la poesía es "canto y cuento". Nada más atinado, si pensamos en que nos iniciamos en este mundo escuchando, reteniendo y reelaborando las palabras con las cuales de forma lenta pero segura vamos jugando con la realidad hasta hacerla sufrir un crisis de identidad. Llegamos a la escuela con la lengua materna alborotada, de eso da cuenta la orquestación ambiental en la que crecimos. Entramos en las aulas riendo ansiosos de expresarnos, deseando la comunicación con los demás, diciendo sin decir "ya estamos aquí, mírennos", y ¿qué encontramos?, que ante los ojos de la disciplina nos volvemos invisibles como fuentes vivas; los maestros ven en nuestro rostro una réplica del adulto que creen seremos y que por consiguiente hay que moldear; nuestros cuerpos son controlados, los actos impedidos, la creatividad subyugada por el "deber ser"; nuestro laboratorio lingüístico es domado por la gramática que en principio queda reducida al "bien escribir" y a la "ortografía honrosa". Estas inquietudes pueden parecer juicios duros que ven la escolaridad como monstruosa, pero no hay nada en contra de la educación ni de sus docentes en sí mismos, sino en contra de las formas caducas que muchas instituciones y maestros continúan adoptando. No estoy sugiriendo que se elimine la ortografía, la preceptiva, la gramática, la normas del comportamiento social, ni tampoco creo que sean conocimientos caducos e inservibles, mi invitación es a ver estos principios como insuficientes, como niveles que requieren ser completados. La imaginación poética tiene que darse buscando las maneras adecuadas de acercarnos a estas teorías y prácticas. Si llegamos con el sabor oral de la leche materna, que es en palabras de Gastón Bachelard, la sustancia imaginaria, entonces ¿por qué no seguir alimentándola?, ¿por qué hacer más traumático el remplazo simbólico, o lo que Vigostky llama, la "implantación del signo"? La oralidad permanecerá en nosotros toda la vida, por eso cuando el niño madura la escritura complementa lo que de abstracción y de ordenación lógica ella no posee.

De la fase de espejo cuando niños, pasamos a la implantación simbólica o interdicción que media la realidad Otra con el lenguaje. Es así como nos vamos cargando de saberes y sensaciones que permanecen en la vida a través del lenguaje, pero esos saberes psicoafectivos resuenan no únicamente como eventos trascendentales e intelectuales en los que el adulto inicia al infante en su adopción de lo real, sino también como fiesta, sonidos, juegos, liturgia, ritos; en palabras más cercanas, como folclor y tradición. La acepción folclor deriva de *folk*, pueblo, y *lore*, conocimiento. El folclor es el conjunto de costumbres de un pueblo. En medio del espíritu romántico de la época, Herder y Grimm habían propuesto las ideas de *Volksgeist*, de donde se derivan *Volkspoesie*, *Volkslied*; es decir, espíritu, poesía, canción del pueblo. No obstante, en la modernidad, la palabra folclor ha sufrido una distorsión en boca de los etnólogos cientifistas que niegan su rigor y autenticidad, en la pluma de los letrados que no comprenden que oralidad no es sinónimo de analfabetismo, o en manos de empresas turísticas y mentes regionalistas que exaltan estereotipos como "lo folclórico". De manera que es desde la tradición cultural del pueblo, de su imaginería comunitaria y de infancia, de donde partimos para descubrir el significado y la función de la imaginación poética.

Este multisimbolismo y variedad expresiva nos da a entender que la palabra, además de enlace cognoscitivo, es una actitud ética y una disposición estética; hay algo en la forma que llama la atención tanto como el contenido. Las particularidades antropoestéticas de la poesía oral presentan una predominancia del ritmo y la respiración sobre la oratoria, la acción sobre la representación, la actitud del hablante sobre el concepto, el movimiento del cuerpo sobre las ideas. La poesía es una forma de juego con las palabras, pues éstas son para el que las pronuncia lo que el sonido es para el músico, la arcilla para el escultor. El poeta es un niño o niña, pues ambos encuentran en la lengua una verdadera escuela de la imaginación y la vida.

La escuela de la lengua como ámbito dialógico, sustentador de situaciones y vivencias, creador de otras nuevas es compleja, y su complejidad la podemos percibir en alguna medida cuando estamos atentos y compenetrados con el *performance* que afecta y efectúa la poesía oral en los seres humanos que participan de dicha representación. De allí que toda oralidad por ser obra de la voz —recuerda Paul Zumthor— es palabra proferida por quien posee o se atribuye el derecho a hacerlo, estableciendo un acto de autoridad único e irrepetible y confiriendo un Nombre que al tiempo que denomina el acto lo hace diciéndolo.

El verso es uno de los vehículos que transporta contenidos líricos y que al seleccionarse y combinarse con el ritmo y la imagen configura nanas, cancioncillas, rondas, refranes, chistes, adivinanzas, retahílas, trabalenguas, coplas, sarcasmos, metáforas, historias, y demás. Es en estas formas fónico-semánticas donde la creatividad se manifiesta. La imaginación altera y vuelve agónica la lengua estándar con las dificultades métricas, las dislocaciones estróficas, las incoherencias, los sonsonetes, las hipérboles, las extravagancias léxicas y morfológicas, las concordancias chocantes, los absurdos, etc., a fin de causar nuevas sensaciones y de expresar otra realidad. El poeta como el niño, emprende el domino de lo real con la composición musical reinventada con vocablos inéditos, con la rima que reitera el ritmo que viene del exterior, con el artificio creado que lo sujeta a una especial resonancia corporal, con onomatopeyas que mimetizan el mundo, y con esa magia verbal que vuela por encima de toda lógica y que constituye la sustancia de la lengua, evitando que la gramática convencional se enrarezca y la preceptiva petrifique las formas expresivas.

Lo que prima en la poesía oral es la agudeza, el ingenio y la espontaneidad. En esta reelaboración de la realidad por medio del lenguaje poético se presenta, además del ritmo, la imagen traslaticia; es decir, el lenguaje metafórico. Este nivel de elaboración propicia la destreza semántica y la inteligencia interpretativa, puesto que es críptico o posee claves de juego que es preciso descifrar o adivinar. Los poemas y las adivinanzas se ubican dentro de esta lúdica tropológica que a veces deslumbra a los chicos y chicas con imágenes ocultas y esotéricas.

El poeta oral posee un canal sensorial por medio del cual experimenta el mundo de forma consciente. Los otros sentidos están activos pero actúan desde el mundo inconsciente. Cuando trabajamos adivinanzas o poemas orales sonoros o de imágenes, por ejemplo, se activan los canales sensoriales experimentando su forma y contenido de forma integrada: oído, gusto, vista y tacto; este último se manifiesta cuando el ritmo atraviesa el cuerpo y éste no tiene más remedio que moverse o tocarse, como ocurre en los juegos de manos o en los poemas que representan o expresan partes del cuerpo.

Además de las adivinanzas, los trabalenguas y las retahílas, el poeta oral experimenta la agudización de los sentidos a partir de la discriminación y amplificación de los mismos. Para ello es preciso ejercitar los órganos auditivos, visuales, táctiles y del gusto apoyándose en instrumentos musicales (conunos, quenas, maracas, claves, etc.), casetes con sonidos de la naturaleza, materiales de diferentes dimensiones, con olores, texturas, sabores, etc.

Al darse el cruce de los sentidos traspasando un sentido al otro aflora la sinestesia. Una de las expresiones a través de la cuales se plasma esta experiencia es la metáfora. La imaginación lingüística sufre un proceso de selección y combinación que integra dos realidades diferentes en otra semánticamente novedosa. Las metáforas tienen dos niveles que inscriben estructuras diferentes que influyen en quien las profiere o la reciben, una superficial y otra profunda. La superficial tiene lugar cuando la verbalidad se enuncia: frases, sonidos y secuencias de oraciones. La estructura profunda hace su sitio en los significados profundos del inconsciente. Cuando las imágenes se activan se presenta una transderivación o traslación en la cual la memoria busca en las experiencias pasadas las analogías y relaciones; por consiguiente, cada evocación es diferente, cada niño un capital simbólico. La metáfora al principio empuja a la memoria a repetir el modelo con el cual compara y generaliza, pero pronto se abandona a una trasgresión que implica desechar el antiguo modelo y abrirse hacia una nueva experiencia que a su vez volverá a tener otra generalización y así sucesivamente. Metáfora muerta / metáfora viva. La derivación translaticia o transderivación es muy importante, por cuanto agencia las competencias nemotécnicas y mantiene la imaginación en alerta. Por ejemplo, cuando alguien cuenta un chiste e inmediatamente éste termina empieza otro a contar, o cuando alguien cuenta algún suceso callejero de robo o violencia, inmediatamente otro responde contando su experiencia. Lo que ha ocurrido es una búsqueda analógica de recuerdos vividos e imaginados. Lo propio pasa con la oralidad poética, los juegos van despertando y reviviendo viejos poemas, canciones y formas fonicoestéticas, a medida que los recuerdos afloran el cuerpo se distensiona y el ambiente se vuelve agradable y amistoso.

Con las retahílas y los trabalenguas, pasa otro tanto, pues al no desfallecer la voz porque el tropiezo silábico significaría perder el juego, los poetas (niños y niñas) están convidados a adquirir afectos y efectos de la lengua creativa poco usuales, tales como combinaciones bilabiales, guturales, laterales, rehilantes, palatales, etc.; la repetición en su mecánica eufonía, llega sin duda a alcanzar momentos de belleza poética.

No estoy previniendo la práctica de la poesía "culta", no hay interés alguno en proscribir la lengua elaborada estéticamente por poetas o escritores de oficio; por el contrario, la alentamos, porque en la media que no se descuide la imaginación poética de la tradición oral o se invalide como inadecuada, la poesía escrita tendrá lectores. La coexistencia de los matices, los estilos y las facturas poemáticas vengan de donde vinieren ayudan a desarrollar polifónica e integralmente los afectos y efectos de la lengua materna. Practicando la lengua que es el cuerpo, porque mana de él, el poeta se torna en infancia, diversidad y libertad.

La poesía como ironía y extraña ternura

Tengo el recuerdo de que esto ya lo han dicho otros, pero intentaré decirlo una vez más, con mi respiración y voluntad. Si hablar es escuchar, leer es escribir. Experimento una extraña ternura al apalabrar los silencios, al borrarme en la ironía que pregunta sin encontrar respuesta alguna.

La poesía no únicamente está en el poema, aunque éste sea su génesis y espacio más concreto de lenguaje. La poesía está en todas partes y en ninguna. En todas partes porque su fuerza nos recorre dando aliento y lumbre; porque es vista, tacto, oído, gusto, olfato. En ninguna, porque a no ser por una experiencia excepcional, ni los ojos ni los oídos ni el tacto ni el gusto ni el olfato la ven la oyen la sienten la saborean la huelen; no se hace visible pero está allí como una presencia que viene de todos los espacios; no es propiedad, no podemos deshacernos de ella como una mercancía en buen estado pasada de moda. La energía poética espera que la inquietud, la emoción, la inteligencia la descubran, que la sacralidad revenida suba hasta ella, la alcance como el éxtasis de un niño que mira a su cometa del hilo soltarse. La poesía es jugar a las escondidas pero en riesgo y regocijo. Nunca se está a salvo con la poesía pues ella revela el "yo" y al mismo tiempo lo oculta, lo estalla hacia el "nosotros"; da alegría porque se puede compartir el amor, el dolor y la soledad; poco importa que nadie aliente el duelo.

La poesía es inatrapable, por ello mismo imaginable como oxímoron de una existencia que jamás se resuelve. En su claroscuro no tiene más remedio que ser lectura y escritura, oído y mirada, voz y cuerpo, gesto y silencio, memoria y olvido. Esta maravilla universal es una verdadera Escuela para el ser humano, puesto que es fuente y matriz que guía para lo autónomo como una decisión recóndita que brota de la intuición; para lo tolerante, en su capacidad de comprender mas no de soportar; para lo solidario, porque estar allí con el otro en el justo momento dignifica; para lo creativo y riguroso, en la medida que el azar configura otro orden, más ágil y llevadero; para la observación e interpretación, puesto que lo científico, lo artístico y lo social se tejen no únicamente en vigilia sino también en sueños. Si bien no se puede enseñar a ser poeta, sí se puede transmitir una disposición de ánimo, un afecto y un efecto de la imaginación de ciertos autores, libros, experiencias y situaciones de la vida de éstos y otros días.

Podríamos pensar que para escribir poesía se requiere la condición previa de ser poeta, pero el poeta se hace escribiendo, esto es, viviendo la vida como un don maravilloso de libertad e independencia, de ironía y extraña ternura, puesto que el poeta presiente lo que tiene que hacer, no importa si

los demás creen que está mal o no lo comprenden. Su finalidad no parece tener un fin inmediato, tangible, contable. Ser
poeta implica bucear en sí mismo como condición para aprender a navegar derivando en la Otredad como condición para
purificarse con sus sales. Esto no quiere decir éxito psicológico ni claridad sobre la conducta social, únicamente acercamiento, aproximación, aventura, diálogo. El convencido de su
condición poética entabla un combate contra esa figuración
social que llamamos egolatría, supera la pena y comparte la
alegría como un regalo a ningún precio. El acto poético es el
compromiso del poeta. El poeta nace haciéndose. Es un ejercicio contra el deterioro de las cosas que encuentra a su paso,
por eso se hace niño e intenta reciclarlas y figurar nuevos juegos de sentido. Para el poeta como para el niño, la vejez y la
infancia no son condiciones inamovibles del ser, sino problemas de conocimiento, por eso trasmuta como el alquimista,
lo viejo en nuevo y lo nuevo lo hace aparecer viejo; así cree el
poeta-niño aproximarse a los orígenes. El origen es un ambiente que aunque humilde está dotado de un profundo deseo
imaginario. Para perfeccionar la poesía es preciso un trabajo
poético que sea dialógico entre la lengua y el habla, un ocio
que se deja estar y que propicia la visión. Pasión e ironía son
las fuerzas que matizan sus afanes. El poeta se ríe de sí mismo, intenta alejarse de su propia imagen para retornar a ella
enriquecido. Cuando el poeta es auténtico no puede tomarse
en serio, corre el peligro de quedarse en las profundidades
narcisistas de su resonancia verbal, allá donde los límites oscuros y fríos sellan el gesto con serio pontificado. Cuando el
poeta se desliza por las superficies corre iguales peligros porque todo tiembla y se mueve. Las superficies prometen algo
que eran pero que ya no son. El poeta tiene que aprender a
deslizarse, no puede caer como plomo atraído por la gravedad; no puede anclarse. Con sentimiento, sinceridad e ingenio llega a puertos espontáneos, sutiles, amables, dignos, pero
partirá en seguida sin legitimar ninguna verdad o realidad; no
es sacerdote ni político; no es tendero ni vigilante; acaso con-

jurador, taumaturgo, apalabrador de silencios, "obrero de sueños", nómade. El poeta ama la contingencia porque le recuerda que no puede perder ni un solo instante, ama la diversidad porque ama las diferencias, no quiere ser águila acechando ninguna presa, ama su vuelo y el aire en que ondula la imagen. El poeta encuentra en las ideas de la ciencia un lugar para observar; agradece su seguridad pero sospecha de su poder, sabe que la exactitud no es posible más que como cifra que al fin y al cabo se descifra; hay otros saberes que manan del misterio de estar vivos imaginando cómo y por qué cuando todo comienza se acaba la vida.

La poesía es certeza de que algo más fuerte que el proyecto de la razón está allí, aunque no la veamos ni podamos publicitar; es un acto de dignidad como resistencia frente a lo que sí se puede tocar y asir hasta destruirlo. La poesía es reconocimiento de la espiritualidad milenaria que carga todo ser humano, porque si alguien se enmudece o clama por una imagen, metáfora verbal, no verbal o plástica, es porque un dios todavía baila en su sensibilidad e inteligencia. La poesía es prueba de la edificación imaginaria del hombre en su tradición e historia, en su infancia abatida y regocijada. La poesía es danza, juego, agonía; tensión y arranque, siempre arranque, deriva, navegación; por ello inefable, imposibilidad posible.

La poesía hace que el hombre se descifre en el laberinto de la naturaleza y cifre su temporalidad reconociéndose en el Ritmo; es decir en la repetición, continuidad en la discontinuidad. El ritmo es tambor ejecutado en un silencio que canta, que reitera el rito de una fuerza tremenda, una respiración o hálito o viento convocado por el ánimo estremecido, por la reverberación del alma en el cuerpo o por el deseo de estar de Otro modo sin dejar de ser el Mismo. El poeta toca su infancia en los tambores, sabe que está en presencia del árbol del cual están hechos, siente que cuanto más los toca se conecta con las selvas de su sangre y una liana de lenguajes desconocidos crece entre el cielo y la tierra. Entre este toque y el otro, hay un vaivén temporal que muestra su máscara como imagen, como forma verbal o poema. Las expresiones verbales son tropos y retórica: analogías, paralelismos, aliteraciones, comparaciones, símiles, metáforas, juegos de palabras, paronomasias, símbolos, alegorías, mitos, fábulas. La imagen valiéndose del ritmo comparte ese reconocimiento, lo anticipa, lo participa, lo dialogiza. Esta dialogía no es otra cosa que un ritual múltiple y diverso, una recreación del instante original. Cada vez que se lee-escucha el poema volvemos al lugar, al momento de su creación; en ese sentido la poesía se conecta con la imaginación mítica a través del rito de la lectura-escucha. Entonces, ¿qué será lo sagrado?; difícil respuesta, no obstante sintamos su dialogía, el encuentro de voces y epifanías entre ritmo, imagen y comunicación alquímica. Estas tres potencias intentan reconstruir la zona sagrada que es silencio original y cuando éste se escucha no tiene más remedio que apalabrarse, poetizarse encontrando el asombro ante la presencia en ausencia del Otro.

La poesía es el paisaje interior que se exterioriza, que cobra objetividad en la imaginación y se vuelve autónomo. El inconsciente configura el régimen lunar, nocturno de la vida humana; está allí recordándonos nuestra antigua condición, cuando espíritu, alma y cuerpo eran uno solo; cuando razas y sexos podían convivir contándose cuentos bajo la lluvia y ante el fuego. Para la ciencia ese recuerdo es frustrante, porque no es más que un "obstáculo epistemológico" que impide alcanzar la racionalidad "adulta", como si ser adulto fuera desterrar la infancia imponiendo claridad solar. El adulto olvida que es el niño la razón de sus intenciones; el niño le dice cómo es, cómo fue, cómo algún día será. La poesía integra al niño, al adulto y sus intermedios, los hace coexistir y permanecer en un diálogo siempre renovado. El poeta intenta por todos los medios alcanzar la infancia como un ejercicio contra sí mismo, una práctica que destruye y transmuta todo en algo distinto, y sin embargo reconocible en su original. La infancia no está antes, no es lo que hay que abandonar sino lo que es preciso conquistar; es trance hacia el porvenir.

El creador es un niño, el crítico un adulto; ambos son el hombre viajando y atravesando puertas de silencio, donde todo está dicho y sin embargo reclama lo nuevo, lo no dicho. Al científico le incomoda esta revelación, esta vibración o desacomodo, pues lo diagnostica como locura, anormalidad y neurosis. En cambio el poeta ve en esta dimensión una purificación, un retorno a la puro y elemental, un retorno redimido. El poeta aprecia la fugaz existencia viviéndola intensamente, "vivamos cada minuto como si fuera el último" –dice–, y se instala en la memoria o en el olvido; sabe que es posible vivir en un mundo regido por la imaginación y los sueños. Sólo allí las diferencias no clasifican ni la unidad homogeneiza. Allí tiene cabida lo uno y lo otro, lo múltiple y lo unitario, lo bonito y lo feo, el acaudalado y el pobre, la vida y la muerte. Los contrarios están juntos pero no se excluyen ni se disuelven. El poeta es capaz de ver lo uno al tiempo que lo otro, pensar la Unidad en la Diversidad. La poesía actual intenta superar la contradicción de la ironía romántica, anclada en la dialéctica de lo negativo que excluye y avanza inconforme hacia un único extremo; supera también la fenomenología de "los modernos", que encuentran en la lengua el malabarismo suficiente para rodear lo incognoscible, poniéndole una trampa simbólica a los contenidos de la conciencia. El poeta de últimas horas no puede evitar ser lo anterior, pero va más allá, intenta asumir la ambigüedad de los extremos y los acepta con todos sus matices y grados; su ironía no es ya trágica sino inclusión de las diferencias afirmativas. El poeta es capaz de sonreír bajo la crueldad, descargarse de culpas y como niño del futuro crear una extraña ternura que juega a construir otros mundos al tiempo que muere en éste.

Pero el poeta presiente el fracaso en los límites de su deslizamiento diario, sabe que si obtuviera algún fondo se petrificaría, pues todo aquel que ve la verdad-divinidad fenece, lo Tremendum lo ciega y enloquece, haciéndolo entrar en un silencio que va al silencio. El silencio del poeta es distinto, porque sintiendo el abismo canta el derrumbe. El silencio del poeta no es posible más que como grito apalabrado, máscara que disloca su castigo en sonrisa leve. El poeta verdadero danza en la búsqueda pura, en el desinterés lúdico; es un estar-siendo siempre renovado, suceso no fenómeno ni esencia. La estética es al mismo tiempo ética, no parte de un principio determinado, ni aspira a un fin práctico donde puede comercializar su alma, sino a un diálogo con la Otredad. Esta finalidad sin fin se da como silencio original que de tanto escucharse se apalabra. El grito brota de allí, se expresa como lenguaje que a su vez encarna en la lengua, es decir en el poema, en la técnica combinatoria y selectiva, en la sustitución de la realidad por otro mundo creado a imagen del universo.

El poema es un acontecimiento de lenguaje, de voz elemental, de pneuma o aliento sagrado; es deseo, pasión, ideal. En esta medida es voz del pueblo mas no en el sentido demagógico o democratero. El poeta, se ha dicho, es el vocero lúcido de la comunidad, es el chamán moderno que revitaliza el lenguaje de la tribu. En realidad, el pueblo no tiene voz sino tono; sólo el poeta tiene voz y con el tono del pueblo ordena el caos, luego cuando es cosmos lo desordena y lo vuelve a construir, a veces no le alcanzan las fuerzas y dona su herencia a otro. Es así como permanece viva la imaginación popular, el hombre y la mujer de todos los días, de aquí y de allá, de esta región, de esta raza o de las otras, la universal. Por esto el poeta tiene que amplificar los sentidos y resonar con la comunidad; si esto no es así, se quedará hablando solo, balbuceando en el espejo.

La experiencia de la poesía es lingüística. Aquí nos referimos a lo verbal y por ello es sonido que convoca, invoca, evoca sentidos; tiene tono, ritmo y acento. El tono lo da el pueblo, porque el habla es la identidad en la diferencia de la comunidad (raza, lenguas, credos). El poeta resuena en el pueblo como oralidad agonística, empática, homeostática, ritualizada y ética; esto lo hace representación sublime, automirada donde la comunidad se ve a sí misma y avanza, danza o lanza su cultura.

Pero el poeta como voz original también habla desde fuera de la cultura y del canon; tiene que hacerlo si quiere dislocar la lógica o la sintaxis del pueblo, y si no quiere someterse a la academia que selecciona y excluye según contextos, muchas veces, ideológicos. Es desde afuera de donde habla y dice algo renovador, y cuanto lo consigue vuelve a la fiesta popular a la que siempre está invitado; entra, saluda, la contagia de su estar-siendo y transforma sus valores. El poeta no puede negar la cultura porque es el acontecimiento, la transacción de significados, el tejido de creencias, deseos e intenciones (fábulas, cuentos, mitos, chistes, juegos verbales, nanas, repentismo, canciones, hábitos, visiones de mundo, rituales, y demás.). La cultura la entendemos por fuera del concepto de lo "culto" y "elitista"; para el poeta la cultura es el tejido imaginario en el cual los individuos se reconocen como dadores de sentido y seres creativos. De la cultura popular el poeta recoge el capital simbólico que es onírico, cósmico y poético. Lo poético es interpretación, lectura lúdica; de manera que hemos pasado del autor al texto y ahora del texto al lector. Sin el lector no hay poesía, hasta puede haber poema pero nunca se experimentará su poética, es decir su actividad Creativa, Vívida, Real. A la poesía y no al poema es a lo que aspira todo poeta, la pura técnica no es imaginación poética; de allí que haya inumerables autores de poemas pero y ¿poetas? Con esto no quiero decir que el poeta descuide el trabajo sobre la lengua, al contrario, esa honda laboriosidad tejida con los hilos significantes y los cruces de significado, puede hacer que algún día el poema se torne poesía, o al menos algunos instantes de ella. El poema puede extinguirse, la poesía jamás.

EL TALLER DEL SILENCIO*
UNA POÉTICA DE LA ESCRITURA
Henry Luque Muñoz

1. El caos transformador

La escritura constituye una forma de la reconstrucción utópica. Podemos entender la creación literaria como un fracaso, en la medida que evade críticamente la servidumbre impuesta por las instituciones. No hace falta acceder a cierto legado moderno, heredero del romanticismo, para entender que el arte vigoriza, ni acceder al marxismo para que el creador practique la solidaridad. La creación como lucidez del sufrimiento nos ilumina sobre los sentidos ocultos del fracaso. La poesía: un fracaso que da vida.

No es vocación de la tinta dar ni recibir muerte. Es verdad que bajo la luna paradójica del romanticismo, poetas acostumbraban a morir jóvenes. Pero eran otros tiempos y resulta difícil afirmar que su arte los liquidó. Algunos autores románticos fueron borrados por la inconformidad, la moda de sucumbir en duelo, el prestigio de la tuberculosis, el empeño de

---

* Aparecido originalmente en *Armas y Letras*, México: Revista de la Universidad Autónoma de Nuevo León (ene-feb, 2002), pp. 11-19.

una soledad temblorosa, la vanidad de no quedar decrépitos en el naciente daguerrotipo, el ansia metafísica de saquear a la muerte, el anhelo de reencontrarse eróticamente con la amada (Novalis, Von Kleist, ¿Silva?), la celebridad de la palidez, la reputación de los fantasmas y el ansia de parecerse a ellos, el lujo de querer convertir el acabamiento en una forma de la notoriedad póstuma, la voluptuosidad ultramundana...

La naturaleza de estas páginas y el afán de quienes las animan, me ha comprometido a hablar sobre mi experiencia personal ante la creación poética. En un mundo pavorosamente disociador, el poeta debe dar cuenta del deterioro. ¿Cómo ha obrado esta noción en mí? El caos son los otros dentro de mí; no yo, encapsulado en mí mismo. Ingresar en la poesía significa renunciar al yo envanecido por su propio reflejo, renunciar al deleznable cuarto de espejos de las apariencias. Al profundizar en mis catástrofes, me encuentro con los vencidos, los vencidos vivos y los vencidos muertos. La poesía emerge como una sala funeraria donde los cadáveres respiran.

En otro sentido, parecido y distinto, lo veo así: puesto que la estética de la ruina es una averiguación sobre el destino de todos, y no de unos pocos, resulta inimaginable prescindir de los otros. Aunque el proceso de configuración de un camino estilístico o de una sintaxis personal implique un taller, el lenguaje es nada si carece de esa fuerza que lo engendra y lo consolida. Sería como un cascarón reluciente, pero vaciado de contenido. Por ello, creo que la poesía no se hace sólo con palabras. Menos con discursos ni con efectos escénicos. Hacer poesía no es sólo escribir. Es, también, una manera de comportarse ante el mundo.

2. Hacia una zoología de la creación poética

El nacimiento de la poesía suele tener filiaciones con el misterio. En mi caso, nunca he terminado de darme una respuesta cabal sobre este asunto, aunque tenga a mano señales, pistas. Alguna vez recogí aquella experiencia sencilla que me recordaba la seductora fuerza del azar, venida en buena parte de la minuciosa combustión surrealista. El azar, frente al papel, no era la dejadez ni confiarse a la inspiración, sino una forma del rigor, una manera de intelectualizar el lenguaje y la realidad. En el campo, mientras bosquejaba algunos versos, teniendo por techo el cielo, me retiré brevemente y al regresar vi que una columna de hormigas atravesaba ordenadamente el texto. Me sentí orgulloso de ser leído por esas hermanas laboriosas, por esas anónimas de voluntad industriosa. Intenté descifrar el ejemplo. En su trabajo, las hormigas sólo cargan en la espina dorsal lo necesario, lo cabal, nunca lo inútil. Traspuesto a mi oficio, la verbosidad era el riesgo, la economía verbal el pulso justo. Aquella empresa colectiva de los insectos entrañaba, asimismo, un sentido solidario. Y una disciplina instintiva.

Fue Brecht, tal vez, quien afirmó que al optimista le faltan datos. Como este asunto ha desempeñado un papel importante en el oficio creador mío, señalaré algo. Andado el tiempo, el pesimismo de la infancia se llenaría de razones. Se hizo una especie de pesimismo optimista, aunque veo que el universo que nos rodea invita más al cultivo del desastre. La felicidad contemporánea, armada a fuerza de artefactos tecnológicos y repartida selectivamente, constituye una rotunda forma de injusticia. Configura una incursión en la barbarie. La embriaguez neoliberal es el nuevo totalitarismo. Referido el tema del pesimismo a los escritores, no creo, por ejemplo –para mencionar un caso significativo–, que Ciorán sea un pesimista absoluto, aún y con su desesperanza canibalesca. Para ser caníbal se requiere al menos la ilusión de devorar. No me extraña que Ciorán sea rumano: parece una filial de su paisano mítico, Drácula, aquel conde-murciélago; de ahí su afición a succionarle la sangre al lector, a empalarlo con sentencias demoledoras.

Tal vez el pesimismo verdadero sea dejar de escribir. El encanto y el desencanto pueden suscitar una tinta arrebatada. El poeta es un animal de sangre caliente cuando vive, pero debe ser un animal de sangre fría cuando escribe. Y suele ser 105 débil: vive con frecuencia aplastado por su biografía y por los horrores de la época. Escribir es su manera de respirar. Su reto se asemeja al destino del atleta solitario, sin galería, sin aplauso, ni competencias: no se trata de vencer, sino de nutrir un ritmo tenaz y sostenido. La creación y la lectura son, en alguna medida, una vuelta al estado de gracia de la niñez. La paradoja de la poesía radica en sobrevivir a fuerza de descifrar la catástrofe.

Quizás una felicidad eficaz, es decir que nos abarque justicieramente a todos, sin adulaciones neocoloniales a la abnegación, no sea más que el esfuerzo solidario por participar en la transformación de la realidad. En este empeño, por distintos caminos, se acercarían santo Tomás y el Marqués de Sade; sor Francisca Josefa del Castillo y Guevara y Jorge Gaitán Durán. En Colombia —país que pone cerca de 30.000 muertos anuales—, además de la agresión explícita regular del cuerpo, el corazón y la cabeza de los ciudadanos, existe una metafísica silenciosa, agresiva y despiadada: aquella que promueve la pasividad, el subjetivismo endogámico, la dejadez como principio de vida, el retorno a un egoísmo aderezado con sentencias fosilizadas. El pacifismo: un pretexto para ejercer la indiferencia. La pereza posmoderna se inscribe en tal contexto: en el ámbito de los jóvenes dinosaurios.

La aspiración a retornar a la esencia es un modo de rescatar el origen. El poeta vuelve sagazmente a lo animal, a los instintos prohibidos o controlados para extraerles inteligencia y agudeza. La intuición primaria constituye una manera de volver a los comienzos. El triunfo de los instintos y de sus fuerzas mediáticas, los sentidos, induce al triunfo del conocimiento. Desde los simbolistas, el poeta moderno entiende que las sensaciones desempeñan el papel antes asignado al alma romántica. El poeta quisiera *oler* la realidad con la agudeza del perro, *ver* la lejanía inabarcable como el águila, aventurarse en el *tacto* de las tinieblas con la seguridad del murciélago, *oír* la música de lo invisible; dominar el arte del búho: dormir con los párpados abiertos, de cara al libro; ser voraz como ave de presa para ahondar en todos los géneros, tiempos y culturas;

internarse bajo tierra, en inaccesibles dominios, para arañar el caparazón de la muerte, allí donde reina el gusano y crece la raíz de la mandrágora.

3. El cuerpo como escritura

Cuando niño, fui una arcilla desleída que se avergonzaba de estar viva. Intuía el tiempo futuro como una vastedad atroz. Lo peor era estar solo entre tantas gentes: la escuela, los parientes, los vecinos. La soledad impuesta es una desdicha; la soledad anhelada, un lujo. En mi cuerpo, el deporte del fútbol opuso una audaz gesticulación a las tensiones autoritarias que los dogmas propagaban. Mi cuerpo hallaba su manera de cultivar la fantasía: quería salirse de sí mismo, ser otro, ya no aquella rigidez itinerante. Es verdad, llegué tarde a los libros, pero trataba de leer un destino en las líneas de la frente de mis padres. Una de las sugestiones poéticas que con el tiempo aclamaría mi memoria, me llegó con la resonancia oral, no con el texto escrito. Niño, por el oído izquierdo ingresaban las canciones que a diario mi madre, con su insobornable instinto artístico, entonaba en casa, ejercicio de su vocación de soprano coronada en el Conservatorio Nacional. Por el otro oído, por el derecho, me llegaron las historias de la selva, sobre tarántulas y anacondas, que mi padre me contaba con ese frenesí de quien ha acariciado con sus propias manos el embrujo. En su memoria se agitaba un jardín zoológico venido de la jungla real del Amazonas.

En la adolescencia, comprendí sin entenderlo que escribir era un proceso de autodestrucción, que soñar en triunfos significaba, quizás, empobrecimiento mental. Después comprendería mejor este asunto cuando leí que el inefable Samuel Johnson escribía sobre el clérigo Jonathan Swift: "Pronto comenzó a sentir parte de la miseria de la grandeza".

Tal vez se trataba de seguir el ejemplo de los pájaros: emprender el vuelo sin que nadie lo notara. Adolescente, tras mucho batallar redactando esforzadamente, al cabo de arduos meses, logré construir una página legible de ocho líneas que logró presentarse en sociedad en un suplemento de amplia circulación. Era un lujo de juventud. Cierto día, con los zapatos enfangados arribé a casa y mientras pisaba alegremente papeles que alfombraban el piso, descubrí que eran las páginas de mis versos publicados: el azar me pasaba, así, la primera factura por envanecimiento. Borraba de momento con los pies, lo que había escrito con el corazón.

Entonces pensaba que amor y literatura eran invenciones de adolescencia. Y no estaría tan descaminado, pues ambos sugieren una vitalidad perpetua. ¿Qué relaciones percibiría entre la literatura y el inevitable amor? El amor es una escuela del conocimiento; la poesía: el amor a las tensiones del silencio. En las relaciones hombre/mujer, bajo la fuerza de un exaltado corazón, el instinto configura esa dualidad insólita: oráculo voluptuoso y exquisita cámara de torturas. El amor es la desnudez del silencio compartido. La literatura y el amor son inconcebibles sin la intensidad. La intuición enamorada forja un ámbito propicio a la creación. La escritura supone un fervor amoroso, un idilio instintivo con la realidad y con el lenguaje, no exento de esa racionalidad crítica que permite construir deformidades como el *Ricardo* III de Shakespeare –deformidad ajena a la evidencia histórica– o la célebre cucaracha kafkiana. Ser poeta significa adicción a la vida, aunque los temas que visiten la escritura tiendan a recoger el luto de los hombres.

Imitar ejerciendo una copia de espejo significó en los comienzos introducirme secretamente en la creación. Nada nuevo: la imitación era, lo afirmó Aristóteles, una manera de abrir las puertas hacia la creación artística. Dibujar las letras aplicándoles mi propia fuerza, provenía de cierta afición familiar, en la que, curiosamente, mis padres coincidieron: el gusto por la caligrafía, la pasión por conferirle a lo impalpable una silueta perfecta. Cada letra: un cuerpo vivo. Al escribir, sentía cómo la tensión de la mano transfiguraba la sangre en esa leche hermosamente oscura que es la tinta. Me figuré que había escrito *Poeta en Nueva York* porque lo había puesto todo en mi puño y letra. ¿Era copiar, sin mediaciones, una forma de la escritura automática? Sin duda, uno de mis primeros ejercicios fue la copia simple, ni siquiera la imitación. Puro trabajo de amanuense. Después, asumí el oficio de copista, de una manera consciente. Y lo emprendí con moldes venidos del surrealismo. La *Antología de la poesía surrealista* de Aldo Pellegrini, me acercó a esta práctica tan antigua. Recuerdo a los colegas de la llamada Generación sin nombre, como una especie de biblioteca itinerante, una biblioteca tan desordenada como útil, fervorosa y empecinada. Recuerdo al poeta Aurelio Arturo: un Homero local en la mesa de la amistad y de la sabiduría silenciosa.

En la ardua búsqueda de un lenguaje personal, me acerqué a vanguardias poderosamente sugerentes; me instalé en un gusto, en unas preferencias: el protagonismo de la imagen, el inicial empeño automático, la dicción propensa al absurdo, la alianza moderna entre sueño y realidad. Saber que la escritura poética plasmaba un diálogo con el inconsciente y, por tanto, con fuerzas latentes del mundo; sospechar que la realidad estaba ahí, agazapada bajo la mediación del ardor imaginativo, me descubrió nuevos horizontes. Entonces –pensaba–: la función de la poesía es mostrar la cara oculta del mundo, sugerir la porción de misterio que contribuye a hacer lúcida la realidad. Pero jamás me satisfizo abandonar el lenguaje a una mera eficacia formal. La intensidad de lo real compromete mi lenguaje y no sólo la intensidad de las palabras.

La lección que creí entender y que he cultivado hasta hoy radica en que de una mano deben ir las propuestas sensibles de la vida y de la otra las propuestas de los libros. De la síntesis orgánica de estas experiencias surgirá la escritura. Para mí, la creación poética no funciona si falta alguna de los dos. El cuerpo y sus miradas deben ponerse de acuerdo para realizar estos cruces, sin excluir la contradicción. Una poesía libresca, me huele a orín, a texto escrito por la polilla. Y sin embargo, no descarto a aquellos poetas cuya letra viene lúcidamente de los libros.

Memorizar poemas insinuaba, al comienzo, apenas una aeróbica sensible que, más tarde, me permitiría descubrir sus ocultos significados: en realidad, quería fijar versos y poéticas en el cuerpo, imprimir vocabularios en el sistema nervioso, anegar la memoria de ritmos, músicas, imágenes, que luego regresarían a la tinta para modelar mi escritura. Recuerdo las declamaciones de la época escolar: las palabras salían de la boca y provocaban el movimiento de los brazos, la cabeza giraba en la órbita del lenguaje, la voz sacudía el esqueleto entero, suscitando a la vez contraídas gesticulaciones en el jovencísimo auditorio. Memorizar poemas era, en verdad, una manera de comenzar a escribir. La voz no era menos importante que las palabras. Conservar la memoria de otros, me conduciría a la necesidad de identificar mi propio pasado. Fijar poemas era, en cierto modo, construir una arqueología de la subjetividad y de la experiencia, el modo de prolongar los viejos ímpetus del romanticismo, estrategia involuntaria para actualizar el pasado.

Para mí, ser adicto a los libros traduce una manera de interesarse por los hombres. No entiendo a quienes leen para justificar la indiferencia o el odio; a quienes adoran a la humanidad, pero no pueden ver a nadie. Tampoco a quienes viven el amor como pretexto para ejercer la dictadura sentimental o la adicción a la servidumbre. Entiendo actitudes así por las iniquidades que impone nuestra vida y, por supuesto, constituyen jugosa materia literaria. Admiro esos personajes en cierta literatura, no tanto en la vida. Cela decía, repitiendo a su manera a Goethe, que el amor es una enfermedad del sistema nervioso. La forma como Shakespeare potencia la venganza hasta adquirir una rara dignidad por fuera de todo canon, sin caer en la tentación fácil y simplista del moralismo, nos instala ante el prodigio, pero repudio a los vengadores reales y profesionales.

Ahora, me desplazo hacia el recuerdo. Ignorante de sí mismo, aún nadando en el océano de la biblioteca, el hombre comenzó a ofrecérseme como Píndaro cifradamente lo llamó "el sueño de una sombra". Homero, Milton y Borges ciegos, constituyen ejemplos emblemáticos de una manera única de ver la luz, de una lectura peculiar de las sombras. Me urgía buscar una identidad móvil. Algún lenguaje de partida. Como la realidad palpable existe, el diálogo entre palabra y vida me propuso este armisticio: el lenguaje constituye una manera de forzar a la caótica realidad a transformarse, escamoteando las endurecidas representaciones mentales y sus máquinas de justificación, las instituciones.

La noción de caos en Colombia conduce a una estética de la carencia, a un arte de la ruina. Por este camino, terminaría yo convencido de que la poesía y el arte se ubican en el extremo opuesto de la violencia. Pues toda sensibilización crítica, activa, hacia el mundo, implica un rechazo de esas catástrofes programadas o alimentadas por la deshumanización institucional. Por este camino, la visión de Mathew Arnold me cobijaría: la poesía es una crítica de la vida y de la sociedad. Así que mi actitud mental y literaria podría definirse como el tránsito de un frenesí soñador a un saqueo regular de la experiencia. Es decir, de una especie de paleolítico de la subjetividad a un renacimiento de intención moderna, sin que crea haber llegado a ninguna parte. Por supuesto, se necesita una certeza fundamental para escribir, pero también la humildad de reconocerse en la incertidumbre, esa niebla acosadora e inevitable de transitar en el vacío, porque estamos rodeados de precipicios y, tal vez, el mayor abismo está en nosotros mismos.

4. Viajar: un palimpsesto

Viajar constituye el anhelo de buscar y descubrir nuevos lenguajes. Así comenzaba a identificarme con aquel empeño moderno: la necesidad del hombre de abrirse a distintas culturas y a diversas épocas. Una prolongada permanencia de años en Rusia y Europa, me convenció, en buena parte, de la eficacia de ese proverbio oriental: "Más vale ver una vez, que oír mil veces". Viajar ha sido también una forma de la emancipación, la huida del doble pecado original de mi infancia: el conflicto familiar y las penurias económicas. ¿Huía del país, acompañado de la mano de Sara? Lo ignoro, pero con absoluta certeza escapaba, sí, de una época. Haber sido invitado a trabajar en los archivos literarios rusos, no borraba mi condición fugitiva. Aceptar casi irreflexivamente una invitación soviética, sin exhibir carné del partido comunista, me ha convencido de que se trataba casi de un designio. Nunca tomé una decisión más instintiva y más sabia, nutrida desde luego, por una consciente ambición cosmopolita, por el afán de ilustrarme con nuevos mundos. En el cruce del viaje liberador y de la letra escrita, conseguiría ahondar en el proceso de una redención, una catarsis, un exorcismo, tarea que no ha culminado, que jamás se termina. He aquí una utilidad de la poesía: lavar las heridas e intuir sus causas.

La literatura y los viajes se asemejan en diversos aspectos: cuando se escribe una página o se emprende el peregrinaje, es como si fuera la primera vez. Cada poema, cada viaje, inauguran un mundo. Y cada vez que se visita una ciudad, un país, ya son otros; a veces ni siquiera conservan el nombre, como en esos ejemplos conocidos: Constantinopla se ha transformado en Estambul; Abisinia en Etiopía. San Petersburgo ha sido Petrogrado y Leningrado... Tampoco están siempre en el mismo lugar, ni del mismo modo, hay pueblos itinerantes. La Unión Soviética ya no existe. Y ello sin evocar sugerentes ámbitos de otro orden: la ciudad que soñó Campanella, las ciudades invisibles de Italo Calvino. Pero en la poesía y en el viaje hay también una cuota de muerte: en los dos casos algo se abandona, algo se rompe, algo se transforma, algo queda abolido. Viajar por la página en blanco o hacia nuevas latitudes geográficas es emprender la búsqueda del paraíso perdido.

Alejarse es una forma de acercarse. La experiencia de cambiar de escenario, de idioma, de amigos, en esa lejanía, le impuso a mi cabeza el oficio fervoroso del recuerdo. Cultivar la nostalgia era, entonces, una manera de ser colombiano. La vuelta sobre las heridas personales y la herida que ya en sí misma es Colombia, se afirmaba cada vez más como el afán de releer el deterioro para hallarle una respuesta desde la poesía. El riesgo del exilio interior y exterior es la amnesia y con ello la renuncia a ofrecer alguna luz sobre los orígenes profundos de una tragedia. De la tragedia y el goce de estar vivos en un tiempo concreto, bajo la combustión de fuegos cruzados. Querer suprimir el pasado es caer en el fanatismo de la nada.

¿Qué traería de esas lejanías tangibles? Lo que me ocurrió en tierras vastísimas, conformadas por Repúblicas que se estiran hasta el oriente, fue rescatar parte de la imaginación que en la niñez opuse a la soledad. Sé que, en lo profundo, fui deportado a la lejanía por voces oscuras de la infancia; la represión escolar fue para mí como un campo de concentración. La rudeza feudal de los gobiernos de la época me llegaba en la vara del maestro. El castigo impone el miedo; el miedo, la soledad. Y la soledad invoca a la muerte.

La lección de la mano que escribe con su índice, me devuelve en la memoria, a una antigua experiencia rusa: Mijaíl Lérmontov poeta romántico, feudalmente privado de su pluma y su papel, debió bosquejar sus versos, con el dedo encenizado, en las paredes de la prisión. Al encerrar su cuerpo, pretendían también hacer cautiva su tinta. El fervor con que, ya en nuestro tiempo, se reúnen en Rusia multitudes enteras a declamar espontáneamente en el aniversario de poetas desaparecidos, en torno a sus tumbas, me acercó una bella manera del erotismo de ultratumba. Los cementerios se doblan de teatros. Los muertos hablan por la lengua de los vivos. El buen lector, como no: un ave de presa, un devorador de agudos cadáveres.

En Rusia, cuando alguien muere, es llevado a hombros el cadáver, la cabeza del muerto ligeramente levantada, sobre un almohadón, en un féretro sin tapa. Antes de la cremación, un fotógrafo dispara ese retrato en que el finado posa con los dolientes. Y, después, en casa o en un restaurante, aguarda la *paminka*, esa especie de cena funeraria, ese ritual de mesa en que los parientes y amigos se acompañan e intentan mitigar su pena, mientras consumen unas viandas que ya no parecieran de este mundo. El muerto tiene obligatoriamente un lugar en la mesa con su copa ceremonial para los brindis. En verdad la preside. Una corporeidad tan vehemente como invisible. Esta comunicación tan natural con el allá, me pareció vivamente impregnada de poesía y siempre que asistí a una *paminka*, volví a casa con la sospecha de haber tenido una cena en evanescentes e indescifrables dominios. Nunca fui ciego a los extravíos del sistema soviético, pero, al mismo tiempo, algunas de mis prevenciones se desmoronaron en el propio terreno, ante evidencias que ignoraba. Esta carencia provenía de esquemas construidos por esa afición capitalista y occidental: el cultivo casi fundamentalista de los prejuicios, el desdén gratuito por otras culturas.

Pero accedo al llamado del tren para fugarme a una nueva lejanía. Llegados mis pasos al oriente, por la vía del Transiberiano, unos huesos de mamut, milenariamente sepultados en el desierto de Gobi y recién descubiertos, me indujeron a sospechar un magisterio nuevo. Vi en esos animales, macho y hembra, un amor que sobrevivía bajo tierra: pudrición majestuosa de los cuerpos, pasión viajera que doblegaba al invencible tiempo. Los fósiles me remitieron también a la necesidad de ordenar el caos. Se podía *vivir*, aún bajo el acecho de ignoradas fuerzas, en este caso telúricas, para buscar un orden personal en el cual sobrevivir. Ese orden sólo podía procurármelo el lenguaje. Aquel suceso polvoriento imponía su lección, confirmándome que la lectura del caos implica forjar un camino, ajeno a la miopía de las emociones personales y al autoritarismo de los cánones. La ulterior enseñanza me la confirmaría el Ganges: una vaca muerta abrigaba su ternero vivo en las entrañas. Como en el mamut, la muerte contenía vida. En él respiraba vivísimo el tiempo. Estaba furtivamente preñado de futuro. Así entendí una secreta forma de la esperanza. La osamenta del mamut era como una pluma seriada que imponía su facsímil al polvo.

Viajar es emprender una vuelta a la imaginación infantil, allí donde lo soñado se convierte en evidencia ante la mirada: lagos como mares, días y noches que se funden en una sola franja en el cielo, ciudades con islas flotantes –como San Petersburgo y Hangzhou–, pueblos itinerantes como aquellos de Mongolia que puntualmente escapan de los vientos –cada mongol toma su casa de fieltro bajo el brazo–; trenes como juguetes perpetuos que hacen sonar sus fierros infatigables por países helados y ciudades que arden; lejanías selváticas donde en un claro de la espesura india un aviso impone las bodas del peligro y el hechizo: "Cuidado con los tigres"... Y entre tantos paisajes, el regreso a Colombia, la fatiga del hielo aún volatilizado bajo el esquí, soñar con el corazón mundano y perpetuo de la primavera tropical, el convencimiento de que se había cerrado ya la aventura minuciosa del peregrinaje para abrir las puertas del éxodo sobre la cultura y un nuevo viaje a la poesía.

Rusia –o la Unión Soviética– modificó, entre tantas cosas, mi percepción de la audiencia poética: allí, acudía a los recitales un público tan nutrido que, en ocasiones, a las puertas de un estadio o de un teatro resultaba inútil buscar entradas. Por lo común, la nutrida asistencia sabía de memoria los poemas recitados por sus autores y algunos asistían casi sólo para ver al poeta teatralizando sus propios versos. He ahí la poesía como una manera de ser del cuerpo, como una entonación de los sentidos. Había, en lo inmediato, una diferencia con Colombia y América Latina, además del volumen colosal de asistentes a los eventos: los poetas saben de memoria sus incontables páginas. Creen en el poder comunicativo de la palabra y de la poesía. En su actitud frente a la audiencia, el poema no es una construcción mendicante, sino un airoso reflejo de la vida.

La experiencia rusa desvaneció para siempre mi prejuicio sobre la presunta inutilidad de la creación poética. En nuestro tiempo, Walter Benjamin lo afirmó a su manera: "La desdicha tiene su utilidad". Quienes promueven el arte como inútil, le prestan callados servicios a la violencia. Por este camino, podría entenderse que no vale la pena iniciarse o profundizar en el arte y la literatura, y que leer libros es una estupidez, con lo cual se entendería que sensibilizarse deriva en torpeza. Por el contrario, el rigor estético sugiere una verdad: el mundo debe ser mejorado. Para ello, debe ser *reescrito* por una memoria rigurosa y sensible que lea en su interioridad lo esencial, rebasando la falacia de las apariencias y de los tecnicismos.

5. La confluencia de las aguas

Por todos los caminos esbozados en estas páginas, concluyo que la construcción de un mundo poético traduce el esfuerzo por volver a la infancia, por rescatar la primera mirada, y con ella, la vuelta al primer hombre, a la intuición primigenia. Volver al despojo, a la desnudez crítica. He señalado que la poesía es también una actitud, una manera de vivir. La fantasía cobra vigor gracias a su aptitud para ahondar en lo real, sospechando su misterio. Resulta posible emprender un vuelo subterráneo. Así, el cuerpo es un médium de las energías más ocultas y su gesticulación constituye una forma de la escritura. El poeta sentado frente a sus papeles comienza a dibujar un círculo, se acerca a la forma que le imprimió originalmente el saco amniótico y a la redondez del mundo. Comienza a buscar una órbita en la cual girar. La escritura traduce una forma del erotismo, pues toda creación alcanza su voluptuosidad por la vía de lo intenso, al tiempo que compromete la intimidad entera.

El poeta sólo se encuentra cuando mirándose en el espejo, descubre en el *sí mismo* a los otros; cuando aprende copiando, como esos amanuenses de la antigüedad que, mientras transcribían, alteraban creadoramente el original. Convencer al cuerpo de consagrarse a lecturas y escrituras, configura una manera de entregarse al mundo. La joven escritora china Shan Sa sugería en reciente entrevista, la relación entre disposición corporal y creación: "Mi literatura es un arte marcial".

Quien escribe lejos del respiro de la vida corre el riesgo de ahogarse en un océano de tinta y quien intenta recoger la vida sin un lenguaje, quedará reducido a letra muerta, asfixiado por exceso o ausencia de oxígeno. Extraviarse en otras latitudes es una tentación saludable; le ayudará al poeta a reconocer opuestos, a descubrir despojos y maravillas, y a rescatar sus raíces. La lectura de las ruinas es una lectura de nosotros mismos. La invocación literaria de una nueva vida se logra, con frecuencia, por el camino de la negación crítica. La negación conlleva el sentido interno de una reconstrucción renovadora. Renovar el lenguaje es cambiar el mundo. El azar estructura una forma moderna del destino, allí donde todas las opciones son posibles. Ignorar el ayer es olvidar la infancia —la infancia propia, la del país y la de la humanidad—, olvidar la palabra primera: sería como incendiar de nuevo la Biblioteca de Alejandría. El designio del lenguaje poético es la lucha, no para triunfar, sino para concretar una redención crítica, para indagar causas, sin ceder jamás al abandono. En apariencia, la escritura no tiene finalidad, escribir es buscar un fin, pero ya generado un texto, sugiere respuestas y, sobre todo, interrogaciones.

Falta decir, en respuesta a las preguntas propuestas por quienes motivaron este balance, que la actividad docente ha significado en mí una práctica creadora, una extensión eficaz de la poesía. La interacción del rigor y de la imaginación en un espacio abierto, facilita una circulación del conocimiento, que propicia esa sensibilización interdisciplinaria sin la cual no sería factible el compromiso. El compromiso con la realidad, con nuestro tiempo. Sin duda, el pizarrón se siente mejor cuando se propaga el derecho a soñar, en este caso, sobre la base de una ilustración organizada. El aula de clase me ha enseñado que la academia y la creación poética no son en absoluto contradictorias, sino vitalmente complementarias y necesarias. Se trata de vasos comunicantes en que la ausencia de uno de los dos, suscita una carencia, un vacío irremediable. (Acaso este puente sea el otro nombre del compromiso). En los autodidactos, la ausencia del pizarrón es sustituida por la consagración y la disciplina. Hallamos Maestros dentro y fuera del aula: Shakespeare no fue a la universidad. Sí fueron, en cambio, Donne y Milton.

Una universidad sin compromiso, insensible a los cambios, resulta impensable. Sería someter a la juventud a un esquematismo dinosáurico; sería desplegar el vejamen silencioso de la fosilización académica. El alumno es el pizarrón en el que el maestro escribe; el maestro, otro pizarrón, en el que el estudiante le devuelve contrapropuestas de su imaginación alerta: de esta interacción surge el oficio de una creación conjunta.

Es este carácter creador el que convierte una cátedra en extensión viva de la poesía, el negarse a transmitir mecánicamente contenidos literarios. La creación colectiva es un ideal antiguo: nos remite a los talleres que durante siglos prepararon esa síntesis prodigiosa: las pinturas rupestres de la cueva paleolítica de Altamira, y menos lejanamente, a la tradición bizantina de la lectura familiar en voz alta. Todo ello nos informa sobre el irrevocable carácter plural de la poesía: la inteligencia sensible se reparte, por igual, como el pan indispensable para la sobrevivencia, ese pan amasado con la mano de todos. Escribir entraña un acto de entrega que supone el ejercicio de una apasionada humildad.

El poeta moderno tiene cabeza y su corazón sólo funciona conectado orgánicamente con el cerebro y con sus contenidos. Así surge una sensibilidad crítica. Tal vez, el misterio de la docencia esté en comunicar cabalmente una madura emoción perdurable. A partir de ahí, el conocimiento y el osado rumbo hacia la escritura o la crítica, ya casi podrían andar solos, pero nunca sin ese oxígeno necesario: la realidad, la actualidad, hacia atrás y hacia delante, vale decir las propuestas investigativas, la confrontación, los problemas del hombre y su entorno. Participar en el cambio es, en últimas, el verdadero privilegio de la docencia sensible. Un cambio en el que ingresan absolutamente todos los hombres. La cátedra es el ejercicio a través del cual se rompen los espejos, en que la temblorosa imaginación de las juventudes diversas logra poner sobre la mesa del conocimiento su visión invertida, inestable, cóncava, su temor al vacío, estableciendo y reflejando esa aguda diversidad: la tolerancia de la lucidez y la búsqueda de una verdad.

Sobre la jubilosa aventura de narrar*

R.H. Moreno-Durán

Contra los estragos de la solemnidad, la ironía me ha hecho libre. Porque si la solemnidad tiene sus gradaciones siempre grandilocuentes y retóricas, siempre opresivas, también la ironía tiene las suyas, aunque a menudo se confunda con la parodia, la mordacidad o la sátira. De cualquier forma, decir aquí ironía es tanto como decir juego y, en el caso específico de la literatura, todo juego involucra la triple conspiración de autor, texto y personajes. Por eso, la reflexión de un escritor sobre su propio quehacer conlleva una reivindicación lúdica del mismo, una exaltación de sus instancias más gratas ya que cualquier calificación que él haga no lo excusa por cuanto es el máximo promotor de la aventura.

El que yo me incluya en el juicio constituye además un gesto irónico, que aspira a la desmitificación de mi propio trabajo a costa de mi memoria y mi experiencia. Por eso la ironía que define mis textos extiende su jurisdicción al ámbito de lo biográfico aunque esto nada tenga que ver con la materia de mis libros. Es una irradiación al revés: no el autor que sublima su existencia a costa de la obra, sino la obra que sugiere a

* Conferencia dictada en la mesa redonda "*El oficio de escribir*" en el acto cultural de los 25 años del Departamento y la Carrera de Literatura de la Universidad Javeriana, mayo 24 de 1995.

posteriori una mirada sobre el autor. Mis vivencias al escribir, mis emociones al contemplar lo escrito no escapan del clima que predomina en mis libros. Pero, si bien como novelista carezco de prehistoria (es decir, de obra de ficción publicada antes de **Femina Suite**, la trilogía narrativa que avaló mi ingreso en la República de las Letras) sí poseo en cambio una amplia crónica personal que, apoyada en mi memoria, revive mis orígenes literarios. Y es a esa memoria a la que acudo a la hora de valorar el mayor o menor goce con que la escritura ha gratificado mi sensibilidad a lo largo de los años, es decir, merced al paulatino conocimiento y práctica de un sistema de signos cuyo ejercicio ha dado posteriormente lugar a ese juego, a esa fiesta, a ese placer que yo llamo literatura.

Pero hablar de placer es una forma de hacer autobiografía. Por eso, para evitar el riesgo de caer en el fetichismo o la mera egolatría, prefiero hablar del momento en el que comencé a tomar conciencia del oficio de narrar. Convencido de que la memoria también es verbo, renuncio a la tentación de valorar mi obra presente (tarea que, por cierto, corresponde a la crítica) para sumergirme en el ámbito de mis orígenes, donde con toda seguridad se encuentran los primeros síntomas de ese gusto que, convertido en razón de ser, ilustra mi tránsito hacia la escritura.

Pero la escritura supone, a su vez, una abierta expectativa sobre su futuro, es decir, la lectura. Asumida la posibilidad de hacerme escritor, ¿cómo no pensar en mi interlocutor, en el destinatario natural de mi trabajo, en el lector? Un texto bastante explícito de Goethe, a quien desde muy joven frecuento con irrenunciable devoción, me dio la clave: "¿Qué clases de lectores yo deseo? / Pues los libres de todo prejuicio, / capaces de olvidarme y olvidarse / y vivir solamente para el libro…" Entonces, a partir de mis primeros trabajos supe que la presencia anónima del otro me asediaba. Y así, a tenor de las pautas de mi lenta pero aplicada iniciación cultural adquirí la certeza, como todo el mundo, que del vasto y complejo mosaico que conforman las actividades humanas, el arte es tal vez el medio que más ostensiblemente supone un receptor que justifique su propia existencia. El arte, en este caso la literatura, existe siempre en relación a una dimensión ajena a su propio proceso, pero que en muchos casos gesta él mismo. La literatura suele aprovechar un destinatario común a otros medios, a otras actividades, pero se da también el caso de que un autor, es decir, un libro, cree su propio lector. Esa otra parte no sólo es el intérprete del contenido que encierra un libro sino que, al encarnar la alteridad del producto, se convierte en su máxima justificación: únicamente este agente, al acusar mediante la lectura recibo del universo que el autor ha incluido en su obra, da el toque final a un proceso que une a dos sujetos hasta entonces desconocidos entre sí.

En mi caso particular, ese innominado lector está presente en el instante mismo en que concibo una obra, pero no en tanto destinatario específico, pues creo que escribir para alguien en particular –sea la *élite*, un individuo o la masa– implica una primera y gravísima concesión. Es por eso que concibo el libro como una forma de libertad que incide en el ámbito de otras libertades: se acepta o se rechaza mi obra, pero esa aceptación o ese rechazo determinan el reconocimiento de mi trabajo como un objeto que se libera de mi subjetividad y adquiere vida propia ante los ojos de los demás. Existo, pues, como libro gracias a la receptividad que encuentro en la subjetividad ajena, que ante la autonomía de mi texto deviene objetividad. En cuanto al sujeto de esa alteridad es fácil advertir un proceso curioso: empieza como ente individual y termina convirtiéndose en una entidad social. Entidad que, consciente o inconscientemente, precede ya mi propia obra. Sin embargo, esta aparente paradoja es lo que confirma los incontables estudios que han hecho de la cultura una sucesión de vínculos entre el individuo (y sus productos) y el cuerpo social (y sus lecturas).

A lo ya dicho sobre la voluntad de no escribir para un lector determinado por las obvias razones de libertad, confieso que siempre soñé con encontrar o engendrar un lector ideal, un interlocutor que no sólo entendiera mi obra sino que al mismo tiempo participara, disfrutara y se identificara con ella. Alguien que fuera evidentemente plural e igual, *"hypocrite lecteur, mon semblable, mon frere…"* Pero surgió entonces otra inquietud, debida en gran parte a una serie de tópicos de uso obligado casi siempre, aunque en mi caso su tentación se vio incrementada por la época y las circunstancias en que yo reflexionaba sobre la cuestión: la década de los años sesenta del siglo XX y el grave revulsivo social que conmovió por igual a mi país, al continente y al mundo. Sin desconocer la trascendencia de las llamadas "circunstancias sociales", que entonces se esgrimían como carta de salvación o anatema, parto del hecho de que si mis libros son válidos y el baremo de esa validez lo da la receptividad del lector es gracias a la innegable verdad de que mi obra ya lleva implícitos dichos elementos y que todo intento para ponerlos de presente no es más que un alarde de demagogia o retórica.

En este sentido, me interesa fundamentalmente buscar una mínima cuota de participación (y sólo se participa en lo que de alguna forma nos es familiar, aunque no estemos de acuerdo) porque esa participación es la justificación de mi visión del mundo, es decir, de mi comunión con la realidad y mi tiempo. Fue entonces cuando tuve la certeza de que si me decidía a escribir en serio debía hacerlo para un agente activo y lúcido, afín en la ironía y la voluntad de juego del autor, y al que un día pudiera aplicarle las palabras de Angelus Silesius: "Ya basta, amigo. Si quieres seguir leyendo, transfórmate tú mismo en el libro y en la doctrina…"

LA PROSA ANTE EL ESPEJO
R.H. Moreno-Durán

En mi adolescencia, la lectura de una extraña tarjeta de Camnitzer me cautivó para siempre. Decía: "Esto es un espejo. Usted es una frase escrita". Mis relaciones con la escritura apenas comenzaban pero lo significativo del hecho fue que, a partir de entonces, mis indagaciones en pos de una identidad tan propias de esos años no se centraban en lo que cada mañana decía el espejo sobre mi rostro sino en el sentido que creía intuir en todas las frases que escribía.

Lo cierto es que la página en blanco se me antojaba el espacio idóneo en el que finalmente habría de reflejarse mi semblante. La visión no fue nítida al comienzo, aunque con los años paciente, esforzada, paulatinamente cobró forma a medida que la escritura se hacía estilo sobre el esquivo azogue, hasta que un día, por fin, al mirarme en el espejo descubrí y acepté mi verdadero rostro. Debo decir que ese día no fue otro que aquél en que ese peculiar rito bautismal que llaman *copyright* apareció por primera vez bajo la forma de la letra *c* encerrada en un círculo. Quiero pensar que esa *c* es el común comienzo de las palabras cara y creación y que el círculo no es otra cosa que el marco oval del espejo donde los demás apreciarán las peculiaridades de mi aspecto.

Esa página en blanco que poco a poco, preñada de signos, se labra su propio *copyright*, es el testigo que ha visto cómo se afianzan año tras año, texto tras texto, los rasgos de mi identidad: los mismos que ante la mirada ajena me definen. No niego que mi estilo delata los más íntimos secretos de mi rostro aunque al respecto siento más vanidad que aversión o culpa. Con frecuencia se me ha reprochado la insolente pasión con que mis ojos asedian el ámbito de las mujeres (las de la ficción, las de la realidad) o el deseo con que mis labios abordan los fueros femeninos o el timbre de mi voz que ante su presencia se hace tórrido, al extremo de que la conversación pronto recupera su acepción de cópula. No me importan tales reproches. Vuelvo la mirada al espejo y allí encuentro —como un asterisco en medio de la frase que soy— una agresiva, impertinente, carnal hendidura en mi mentón. Ya está escrito: "Soñador y lascivo, / quien conozca mi esencia conoce un adjetivo…"

Escritura: espejo cuya luna me devuelve el rostro de mis obsesiones; página que día a día se torna voluntad de estilo; texto que se reconcilia con todos los secretos que tú, hipócrita lector, crees advertir en mi semblante.

LA PROFECÍA DE FLAUBERT
Rodrigo Parra Sandoval

Quiero comenzar haciendo un paralelo de índole muy personal sobre dos escritores franceses del siglo XIX que desempeñan un papel de primer orden en las reflexiones sobre la novela y la ciencia: Julio Verne y Gustave Flaubert. Ambos intentan una tarea de proporciones desmesuradas: escribir la novela de la ciencia. Ambos son autodidactos y dedican largos años al estudio del conocimiento científico de su época. Verne lo hace al comienzo de su vida cuando concibe de manera clara su gran proyecto de escribir la novela de la ciencia y Flaubert en los últimos años de su existencia para escribir *Bouvard y Pecuchet*. Verne se promete dedicar a este proyecto toda su vida y Flaubert trabaja en él los diez últimos años. Para ponerse al día, Flaubert estudia 1.500 volúmenes de trabajos científicos durante cinco años antes de sentarse a escribir, como le cuenta a Louise Colette. Y sin embargo la concepción de la ciencia de estos dos escritores, su manera de transformarla en novela y la recepción del público han sido radicalmente diferentes. Verne entendió la ciencia con una visión que podría llamarse positivista romántica, como la abanderada del progreso, como la aventura de la conquista del mundo por científicos, ingenieros y exploradores. Solamente hacia el final de su vida transformó su mirada optimista en mirada crítica y desde los *Quinientos millones de la Begun* hasta *El eterno Adán* vapuleó el uso que el hombre hace de la ciencia contra el hombre y contra la naturaleza. Flaubert, en cambio, entendió la ciencia de una manera escéptica, crítica, empujado por la curiosidad de descubrir ese otro camino, atraído por el orden del método científico y por su desprecio a los dogmatismos. Verne, en la parte fundamental de su obra, cuenta el éxito de la aventura exterior del hombre en sus viajes extraordinarios, mientras Flaubert se centra el fracaso interior del anhelo de creatividad en el campo de la ciencia. Verne ha sido admirado y alabado por su trabajo y reconocido por muchos científicos que conceden la paternidad de sus vocaciones a la lectura juvenil de sus novelas. Según estadísticas de la Unesco, Verne es el escritor que más libros ha vendido después de la Biblia. Flaubert, en contraste, ha sido acusado de ser enemigo de la ciencia y *Bouvard y Pecuchet* calificada por algunos críticos como la novela floja de Flaubert, su gran fiasco. Los lectores también han escogido: los jóvenes leen a Verne y los adultos a Flaubert. De los dos, Julio Verne fue el que más amó la ciencia y Flaubert el que mejor la comprendió. Por eso, aunque Verne predijo muchos desarrollos tecnológicos como el submarino y el viaje a la Luna, fue Flaubert quien hizo la profecía más acertada sobre lo que sucedería en el futuro con la relación entre la ciencia y la novela cuando dijo: "La novela y la ciencia, que se separaron al principio, se unirán nuevamente, en un momento más alto de su desarrollo". De la profecía de Flaubert quiero hablar en este ensayo, de la manera como la novela y la ciencia se reúnen nuevamente después de un largo divorcio. De la manera como esa profecía nos concierne a los novelistas colombianos contemporáneos. De las relaciones que la novela colombiana tiene o podría tener con la ciencia social que se hace hoy día. De las preguntas que esa ciencia le plantea a la novela.

Las preguntas

Tal vez la característica más definitiva y más prometedora de la novelística colombiana contemporánea sea la apertura de sus búsquedas en un barroco delta de temas y formas de tratamiento, en un desenfrenado arco iris de lo posible. ¿Es esta diversidad la riqueza de un mundo que se descubre múltiple y se dispone a explorarse, a construirse con la abierta libertad que ofrece un génesis? Esa ausencia de dirección, ese desperdigarse hacia todos los horizontes, nace tal vez de la debilidad de la tradición novelística nacional que no ha tenido la oportunidad de marcar caminos inevitables. Pero precisamente esa inmadurez, como diría Gombrowicz, es su mayor ventaja, ser inmaduro significa gozar de una mayor libertad, tener la opción de madurar en incontables direcciones.

Sin embargo, dentro de esa diversidad de la novela colombiana me parece que toman fuerza dos tendencias polares: la que plantea que ante la desintegración de los valores que llega con la modernidad, ante la invasión del lenguaje estándar de los medios, ante la avalancha de lo visual, es necesario un repliegue a las formas tradicionales de escritura, a los caminos de la narración original, a una búsqueda en la isla del tesoro literario del pasado para contar el presente. La otra tendencia, por el contrario, postula que la incertidumbre del presente, la pérdida de centro y de totalidad, la fragmentación de la vida, la aceleración de la velocidad del tiempo social, el caos del ser, son desafíos que es necesario narrar con nuevas herramientas literarias, con nuevas arquitecturas novelescas, con lenguajes que se revitalicen bebiendo en las múltiples maneras de hablar del hombre contemporáneo. Ambas tendencias se enfrentan con un abismo: la primera al angosto abismo de la insuficiencia para contar la creciente perplejidad del hombre con las herramientas del pasado y la segunda al abierto abismo de lo desconocido que puede acumular sobrepeso en la estructura novelesca y hacer que se derrumbe como un castillo de naipes. Aunque tal vez el colapso de esa arquitectura sea una acertada metáfora del hombre contemporáneo, este aventurado camino de la novela colombiana actual sugiere dos consecuencias, una muy probable y otra insoslayable. La consecuencia muy probable, y por supuesto muy deseable, es que en el caldo de cultivo de estas búsquedas inciertas y contradictorias estén gestándose obras de hondo calado que transformen radicalmente el panorama de la novelística colombiana. La consecuencia insoslayable es la necesidad de refrendar, como valor fundamental de su trabajo, la libertad del escritor de novelas para escoger cualquier brazo del abierto delta de opciones para contar sus historias. Kundera lo ha dicho hermosamente: el novelista no debe dar cuentas a nadie, salvo a Cervantes.

Deseo referirme en seguida a algunos aspectos de la segunda tendencia, la que busca en la misma naturaleza esquiva del mundo contemporáneo las herramientas más aptas para contarlo. Y dentro de esa tendencia intentaré comentarles de la manera más suscinta que pueda algunos puntos de la relación de la novela con uno de los lenguajes más rápidos y cambiantes del presente: la ciencia, y particularmente la ciencia social contemporánea.

La herencia literaria de Verne y de Flaubert nos permite hacernos sin más preámbulos las siguientes preguntas: ¿qué sentido tiene interrogarse hoy día por la relación entre ciencia y novela? ¿Tiene esta pregunta consecuencias sustanciales e ineludibles para la escritura novelesca o es una erudita inutilidad académica? ¿La presencia de un nuevo paradigma en la ciencia cambia de manera significativa su relación con la novela contemporánea? ¿Podemos los novelistas colombianos actuales prescindir de la noción de mundo social construida por la ciencia? ¿Cuáles son algunos caminos por los que la ciencia social puede ser fagocitada por la novela para su provecho y su alimentación? Éstas son, obviamente, preguntas complejas con las que cada época y cada novelista se enfrentan de manera diferente. No existe una respuesta definitiva sino múltiples posibilidades de acercamiento, porque tanto la ciencia como la novela son entidades históricas, construcciones sociales, que se transforman constantemente.

Más allá de los claros planteamientos de Verne y de Flaubert, las opiniones sobre la relevancia de la relación entre ciencia y novela están divididas tanto entre científicos como entre novelistas. Galileo Galilei afirmó que lo más importante y decisivo de su trabajo para llegar a la teoría heliocéntrica había sido la metáfora que lo llevó a pararse en el sol para mirar desde allí el sistema planetario. Freud afirmó que en cada espacio de su disciplina donde exploraba ya un poeta o un novelista había estado con anticipación. Valery pensaba que un novelista que no incorporara en su trabajo los planteamientos centrales de la ciencia de su tiempo no podría ser un buen testigo de su época. El matemático y psicólogo Robert Musil escribió El *hombre sin atributos*, la más ambiciosa novela después de Joyce, donde utiliza, transformándolo maravillosamente, el ensayo científico como forma narrativa. El sociólogo George Perec emplea las técnicas descriptivas de la antropología para mostrar la cultura material del hombre francés en su deslumbrante hipernovela La *vida instrucciones de uso*. Claudio Magris utiliza formas de mirar de la historia y el análisis cultural al narrar en una serie de estampas relampagueantes la vida del río Danubio desde su nacimiento hasta su desembocadura, y Predrag Matvejevic se vale del ensayo antropológico o, como él mismo afirma, de la gaya ciencia para contar la vida de las playas del mar Mediterráneo. El químico italiano Primo Levi narra la vida de un químico judío durante la segunda guerra mundial de una manera luminosa y desgarradora, valiéndose de la metáfora de la tabla periódica. Italo Calvino, tal vez el más grande escritor de la segunda mitad del siglo, construyó dos hermosos libros, *Tiempo cero* y *Cosmicómicas*, a partir de conceptos científicos.

Pero muy posiblemente una mayoría de novelistas contemporáneos piensen que la ciencia es irrelevante para su trabajo debido a su naturaleza racional y abstracta, a su búsqueda de un lenguaje unívoco, a su radical manera de excluir la afectividad. Como dice Calvino: "No podrá nunca existir una coincidencia entre los dos lenguajes, pero sí puede existir, justamente por su extremada diversidad, un desafío, una apuesta entre ellos. La literatura puede servir de muelle para el científico como ejemplo del valor de la imaginación para llevar una

131

hipótesis hasta sus extremas consecuencias, y el lenguaje de la lógica formal puede salvar al escritor del desgaste en que han caído palabras e imágenes".

Pero antes de considerar las preguntas planteadas aquí sobre la relación entre la ciencia y la novela es necesario hacer algunas reflexiones sobre la cambiante naturaleza de la ciencia contemporánea.

La novela y la ciencia del caos

Las últimas décadas han presenciado una transformación radical en la manera de concebir y hacer ciencia. Esta transformación ha significado el comienzo de la muerte del denominado paradigma clásico de la ciencia y el nacimiento de la llamada ciencia del caos. ¿Qué caracteriza estos dos paradigmas y qué hace tan radical su diferenciación? Es necesario mencionar por lo menos cinco elementos que constituyen el centro de la diferencia.

La *desintegración del yo*

En primer lugar es necesario tener en cuenta la crítica de los planteamientos de Descartes que afirman que el mundo del objeto es el mundo de la ciencia y que el mundo del sujeto es el mundo de la filosofía, el arte, la literatura. La nueva ciencia recupera el sujeto, el yo, sabe que no es posible la objetividad, que no existe una realidad externa sino una lectura que el sujeto hace de esa realidad, una construcción que es subjetiva. Construimos la realidad, las realidades y de acuerdo con esa construcción nos definimos en ella, el nuevo mundo, como sujetos, como yos. Antes, la vida y la ciencia estaban separadas, ahora se han unido. Se ha hecho realidad la profecía de Flaubert sobre el divorcio y la reconciliación de la ciencia y la literatura. Pero ¿qué le ofrece la sociología, la psicología social, la antropología, a la novela con sus nuevas visiones del yo? Le ofrecen claramente un juego, le ofrecen un banquete de yos y un lenguaje particular que le hacen múltiples y preocupantes preguntas al narrador novelesco.

Los estudios del yo parten de una observación fundamental: la manera como la sociedad moderna está gestando la muerte del yo romántico que reposa sobre un eje valorativo, emocional, centrado, permanente, de una sola pieza, al que ahora se llama yo encapsulado. Este yo encapsulado, es ahora acusado de construir una cárcel que aprisiona la libertad del ser dentro de sus límites rígidos. Ya Octavio Paz había dicho: "Ser uno mismo es condenarse a la mutilación, pues el hombre es apetito perpetuo de ser otro". Los estudios plantean también el surgimiento con la sociedad moderna, con las tecnologías rápidas como la televisión, la informática, el transporte ultraveloz, de lo que se ha denominado la colonización del yo, es decir, el surgimiento de múltiples y dispares posibilidades de ser y una forma del yo a la que se ha denominado yo saturado y que responde a muchas ofertas diferentes de identidad, a múltiples voces que hablan en su interior, a la multiplicación de las verdades que se relativizan y compiten, generan conflictos. El yo pierde la validez universal que ostentaba y su validez se fragmenta, cada yo sólo es reconocido en un tiempo y un espacio dado, dentro de una determinada red de relaciones. Fuera de ese espacio sociotemporal, de esa isla de la vida, otro yo puede remplazarlo. Estaríamos frente a la identidad archipiélago. Se habla de un yo *pastiche* que nace de la imitación superficial de los yos de otras personas, una especie de yo camaleón que adopta las pautas de ser que llevamos en la memoria tomadas de personajes de televisión o de otros espacios vitales o virtuales. Por este camino se puede llegar a lo que se denomina conversación de espectros sociales o sea conversaciones de esos yos prestados dentro de uno.

El mundo moderno, con su naturaleza veloz y fragmentada, nos ha transformado en un hervidero de yos, ha generado un nomadismo del yo, un yo como tienda de beduino que se arma cada noche y se desarma cada mañana. Se habla del yo enciclopédico construido con los libros que se han leído, las películas vistas, los cuadros admirados, la música que danza en el cerebro. En términos literarios ha sucedido una trivialización del yo y la narración de su historia ha pasado de ser la historia de un destino a contarse como una biografía y a esquematizarse como un *curriculum vitae*. Las ciencias sociales están planteando pues un yo mutante, múltiple y variado, práctico y racional, pero también liberador de la cárcel del yo rígidamente construido, un anillo de asteroides que gira alrededor de un planeta pero sin que exista dicho planeta, el anillo de Clarisse del que habla Claudio Magris.

Esta manera de ver el yo contemporáneo que ofrecen las ciencias sociales, una visión científica que tiene una apariencia fantástica, le plantea sin lugar a dudas preguntas de la mayor importancia al novelista: ¿qué tipo de sociedad exige un B*ig* B*ang* del yo sin que haya necesidad de hablar de esquizofrenia múltiple? ¿Cómo narrar seres de yo nómade, fugaz, mutante? ¿Qué consecuencias puede tener esta multiplicidad de yos que habitan en cada ser para el diseño de los narradores en la novela? ¿Cuál sería el papel en la novela actual de los narradores tradicionales, unívocos, centrados, coherentes, verosímiles, omniscientes? ¿La verosimilitud perdería su verosimilitud en este contexto? ¿La omnisciencia se volvería inverosímil? Si un narrador tiene dentro de sí de la manera más natural una multitud de yos que además se pelean la palabra y compiten ¿cómo transformaría ese hecho la manera de contar historias? Si cada uno de esos múltiples yos de personajes y narradores tienen dentro de ellos diferentes tiempos sociales y en consecuencia diversas visiones del mundo ¿qué preguntas debe plantearse el novelista ante esta sobredosis de opciones? El novelista mismo, como ser expuesto a la multiplicidad del yo mutante, ¿qué consideraciones debe hacerse para pensar su escritura? ¿La novela tomaría el camino de un multidrama, de un festín de historias que permitan saborear un desfile de emociones y puntos de vista contrapuestos, yuxtapuestos, veloces, para satisfacer el nomadismo del yo? ¿Habría que guardar en el cuarto de san Alejo la idea de artesanía novelesca que obliga a disimular las costuras de la narración y remplazarla por una reflexión novelesca sobre la construcción novelesca, por la autoconciencia novelesca para que el lector juegue y participe libremente y no para que se trague acríticamente un ocultamiento, una trampa narrativa?

La *complejidad*

El segundo elemento fundamental de la diferenciación es la complejidad, la naturaleza compleja del conocimiento de la ciencia del caos en comparación con la visión simple, lineal, del paradigma clásico. El paradigma clásico buscaba construir una teoría general, central, unitaria que explicara la totalidad. La ciencia del caos sabe que eso no es posible porque simplifica lo que busca explicar y reduce su aplicabilidad a circunstancias muy circunscritas y aisladas. El nuevo paradigma se centra en la comprensión de la multiplicidad de las relaciones, en el estudio de las ligazones y las articulaciones, en los detalles y las diferencias, las zonas limítrofes, en la diversidad, en los hallazgos locales, localizados espacial e históricamente. Desaparecen las leyes generales inmutables de la naturaleza como el centro de la búsqueda. Se abandona la simplicidad del discurso en que hay un origen, un punto de partida y otro de llegada. Se vuelve esencial la reflexión sobre la reflexión. Se vuelve así aceptable también para la ciencia la afirmación de Kundera sobre la novela: "El espíritu de la novela es el espíritu de la complejidad". La ciencia y la novela que se habían separado inicialmente se encuentran de nuevo en el mundo de la complejidad como manera más apropiada de comprender la vida del hombre. Y si el haber conservado y desarrollado la visión del sujeto y las manifestaciones del yo en la comprensión del mundo se constituye en una gran ventaja para la novela con respecto a la ciencia durante el paradigma clásico, ahora la ciencia del caos ha igualado las circunstancias: ciencia y novela están en pie de igualdad. Surge en esta situación un nuevo desafío para la novela: ¿cómo definir ahora el espacio propio de la novela? ¿Cómo novelar los nuevos tipos de relaciones sociales, por ejemplo, el paso que experimentamos de vivir preponderantemente relaciones primarias en la comunidad contenida en un espacio y un tiempo delimitados, en una vereda o en un barrio, en que las personas conocen e interactúan con seres totales, con su historia personal, una biografía vista y vivida por todos, a vivir una comunidad urbana en que se rompe el espacio y la unidad del yo y las relaciones se dan entre roles, pedazos de personas, aspectos parciales, el cajero de un banco, el vendedor en un almacén, el médico en un hospital, hasta experimentar lo que se podría llamar una comunidad electrónica en que las relaciones se dan, por ejemplo vía internet, rompiendo el espacio, el tiempo y el yo, entre personas que no se conocen, no se ven, pero comparten intereses específicos con gran intensidad emocional? ¿Qué le sucede al yo, al narrador, al personaje, en estas circunstancias?

El *desorden*

El tercer elemento de la diferenciación entre los dos paradigmas de la ciencia es el desorden. La ciencia clásica ha buscado fundamentalmente conocer el orden de la naturaleza o de la sociedad, sus patrones de repetición, la manera como se estructura, como funciona en sus regularidades. Para la ciencia clásica el desorden es una ilusión. La ciencia del caos sabe que el desorden existe, que coexiste con el orden y que son elementos extraños, relacionados dialógicamente y que se rechazan, que son heterogéneas y que por medio de esa relación dialógica se producen las organizaciones existentes en el universo y en la sociedad, se crean nuevos mundos. El desorden es el huevo de la creación. Hace un poco más de tres décadas murió la idea de un universo mecánico, estable, incambiable. La idea de la deflagración universal, del B*ig* B*ang*, mostró que el universo nace en medio del orden y el desorden. Las teorías de los sistemas sociales en que cualquier desorden constituía una desadaptación sucumbió ante el papel central del conflicto y del desorden creador, de la incertidumbre. Uno de los desórdenes que las sociedades aceptan en mayor o menor grado es lo que llamamos libertad. La libertad, cuna y leche de la posibilidad de escribir novelas, es en realidad un desorden social, el planteamiento de que la sociedad no es simple y unidireccional, cierta, sino compleja, incierta, difícil de comprender, y que en su seno tranquilo el desorden social, el caos como forma de ser, fermenta su transformación. La teoría del caos rescata el azar en el rígido tren de la historia, rescata la turbulencia como forma de conocer, la impredecibilidad de la sociedad y del sujeto. La incertidumbre es la marca de esta manera de conocer, conocer dentro de la nueva ciencia es enfrentar la incertidumbre que engendra la complejidad, mientras que en la ciencia clásica el conocimiento era generar la certidumbre por medio de la simplificación .

La nueva visión de la ciencia social descarta la causación lineal de las acciones del ser humano, el férreo orden de causa y efecto, porque constituye el mecanismo formal por medio del cual se plantea la simplificación, mediante el cual se crea la ilusión de que se puede comprender de manera cierta el ser humano, de que es posible la precisión en ese conocimiento, de que esta ciencia produce la verdad. Al descartar la causación lineal, la nueva ciencia hace que el novelista se pregunte por uno de los cerrojos tradicionales de la narración: la verosimilitud. La verosimilitud es a la novela lo que la causación lineal es a la ciencia clásica: el camino del orden, el pensamiento simple que dictamina que para que aparezca C deben antes aparecer A y B, el hombre en línea recta para que nadie se sorprenda y crea por medio de este truco de pensamiento simple que todo es creíble.

Tres elementos surgen ahora de la consideración de la verosimilitud novelesca. En primer lugar, la idea de que lo que importa en la novela es la verosimilitud y no la verdad. No es posible plantear científicamente una verdad que sea la verdad absoluta, por supuesto. Pero se trata en este caso de la verdad de la novela, la verdad novelesca se refiere a su capacidad de develar la circunstancia del ser humano, aspectos de su mapa existencial y social, del asunto del descubrimiento como tarea de la novela y de su capacidad de contar ese descubrimiento con historias que narren nuevas construcciones del mundo y de la vida. Se trata de la única ética de la novela, la ética del descubrimiento. Este descubrimiento debe enfrentar la perplejidad, la incertidumbre del hombre en el mundo. ¿Cómo podría afirmarse que lo que importa es la verosimilitud, es decir la causalidad lineal, el pensamiento simple?

Un segundo asunto se refiere a otra verdad que de tanto repetirse se ha convertido en una verdad de a puño: el buen novelista es el que desde la primera página acogota al lector y lo reduce a la impotencia hasta que termina la última página. La misma imagen da una idea de avasallamiento, de esclavitud, del lector por medio del truco de la trama, del suspenso, del pensamiento simple. La ciencia del caos plantea entonces algunas preguntas al novelista: ¿no será la tarea del escritor ofrecer nuevas interpretaciones, nuevas construcciones del mundo que renueven y liberen al lector? ¿La diversión que ofrece la novela no podrá estar en la apasionante posibilidad de que el mundo cambie con la nueva comprensión, que al terminar la lectura de la novela el lector se encuentre en un mundo diferente, que su yo haya experimentado una metamorfosis, que se encuentre lleno de preguntas, como si hubiera realizado un viaje a otro planeta? ¿No será que la novela debe brindar el complejo e incierto placer de la liberación y no la alegría simple y fácil de la trama?

Una tecera pregunta se refiere al concepto de omnisciencia y consecuentemente al narrador omnisciente. ¿Qué papel juega la omnisciencia en la novela si se está planteando

138

que el único pensamiento que puede ser verdadero es el que se enfrente con la incertidumbre, con la complejidad? ¿Habrá que preguntarse si en estos tiempos posmodernos el narrador omnisciente será posible solamente como ironía del narrador, como narrador irónico? Habría que pensar en lo que los científicos sociales llaman el efecto mariposa: la compleja red de relaciones entre los seres del mundo, las turbulencias de sus efectos y lo impredecible de sus dimensiones pueden describirse con la siguiente imagen: una mariposa que mueve las alas en Australia puede desencadenar una tormenta en el Caribe.

El *tiempo social*

Un cuarto asunto de importancia que debe considerarse en la nueva ciencia es el tiempo social. La ciencia social clásica dio una gran importancia al tiempo, principalmente de dos maneras: en primer lugar como dimensión en la cual tenía lugar el movimiento, cambio social, la dinámica de la organización, particularmente en el estudio de procesos sociales que por lo general estaban enmarcados en el tiempo histórico. En segundo lugar, consideró el tiempo como variable abstracta, como medida teoricoempírica de duración, con capacidad de explicar o ser explicada por otras variables. La novela comprendía mientras tanto el tiempo de una manera más compleja y más rica, y hablaba no solamente del tiempo cronológico e histórico, sino del tiempo interior o psicológico, del tiempo del recuerdo, del tiempo del sueño, del tiempo de la locura, de la ausencia de tiempo de la eternidad, mezclando diferentes tiempos que tenían lugar en diferentes espacios, jugando de manera más cercana a la vida con tiempos de diferentes naturalezas. El tiempo en la novela ha sido en algunas de sus expresiones más ricas un tiempo exhuberante y barroco, un *frivolité* de lo potencial. El tiempo novelesco es sin lugar a dudas más humano y vital que el de la ciencia clásica. Pero en los últimos años la nueva ciencia ha rescatado la vitalidad del tiempo que la novela ha hecho suya durante siglos y ha empezado a trabajar en lo que se llama el tiempo social.

El tiempo social es fundamentalmente el tiempo del caos, del desorden. El tiempo social nos habla de que todos los hombres que viven al mismo tiempo no viven necesariamente en el mismo tiempo y que en un mismo hombre coexisten diferentes tiempos, que somos al mismo tiempo premodernos, modernos y posmodernos, como se diría hoy, en diferentes proporciones e intensidades y según las circunstancias. La misma sociedad tiene espacios cuyo tiempo es más lento como las instituciones sagradas, el Estado y la religión, por ejemplo, cuya naturaleza es la duración, la lentitud, la permanencia, lo que se desea incambiable. Al mismo tiempo coexisten instituciones de velocidad media como la familia o la escuela que oscilan entre la tradición y la renovación y ámbitos cuya característica temporal es la rapidez, el cambio constante, lo efímero, la fugacidad. La presencia de estas temporalidades que se mueven con ritmos tan diferentes es un elemento de caos porque los hombres que se cruzan en las calles de una ciudad pueden estar viviendo con diferentes partes de sus yos en tiempos distintos y porque dentro de todo yo múltiple cada yo que lo compone puede estar separado de los otros yos por décadas o centurias y como cada temporalidad no es solamente un fenómeno cronológico sino que implica visiones diferentes del mundo, construcciones radicalmente separadas u opuestas de la realidad, la turbulencia que se genera dentro de cada yo y dentro de la misma sociedad está muy lejos de poder ser pensada con los planteamientos simplistas del orden de la ciencia clásica.

¿Plantea nuevas posibilidades a la novela colombiana contemporánea esta especie de tiempo mestizo de la ciencia del caos? ¿Puede la novela pensar nuevos tinglados, nuevos escenarios a partir de estas ideas del tiempo social, del tiempo del desorden? ¿Puede el tiempo de la novela ser lineal, unidimensional, sólo mítico, sólo recuerdo, sólo velocidad, solo sueño o sería conveniente o necesario plantearse una temporalidad mestiza, caótica, que pueda colocar al hombre contemporáneo colombiano ante la complejidad, ante la incertidumbre de su temporalidad, ante la angustia del caos del tiempo?

El *lenguaje*

Un quinto aspecto que conviene considerar en la transformación contemporánea de la ciencia es el lenguaje. Para el paradigma clásico el lenguaje era unívoco, es decir que cada palabra tenía solamente un significado, lo que constituía la base de una transmisión precisa del mensaje. El lenguaje era representacional y se constituía en un vehículo para comunicar algo que estaba afuera, el objeto de la ciencia. En la ciencia del caos, el lenguaje es algo muy diferente: la univocidad desaparece y el lenguaje ya no representa el mundo sino que lo construye, lo convoca. Nombrar algo es convocarlo a ser como uno lo ha nombrado. La función primordial del lenguaje ya no es transmitir mensajes de un lugar a otro sino construir la realidad. La comunicación se convierte en el asunto primario del lenguaje: la ciencia natural es una comunicación con la naturaleza y la ciencia social es una comunicación de los investigadores con los grupos humanos, con los individuos que desempeñan el papel de sujetos de la investigación. Se habla de eventos comunicativos, de juegos de lenguaje y no de transmisión de información. El diálogo como constructor de la realidad.

La nueva ciencia se aproxima por este camino a la novela que había conservado, en sus expresiones menos apegadas al realismo, la idea del lenguaje como generador de la realidad novelesca. Ahora la ciencia del caos ha rescatado también la vieja idea de que la ciencia es una historia, de que existe una narración conceptual o de que es necesario regresar aunque de manera diferente a la versión narrada, a los textos biográficos, a la mirada etnográfica que expresa el mundo desde el punto de vista cultural del narrador, como camino de comprensión. La ciencia, y particularmente la ciencia social contemporánea, comienza a definirse cada vez con mayor fuerza como una historia, como una narración, como una novela. Se aproxima así el reencuentro de ciencia y novela, la fusión en un abrazo de viejos amantes. Esta fusión, por supuesto, no puede significar la confusión de las dos maneras de narrar la vida.

¿Qué consecuencias tiene este abrazo nupcial para la novela contemporánea? ¿Cuáles son los caminos para conservar la identidad al lado de un cónyuge tan poderoso? ¿Con qué armas cuenta la novela para que el abrazo de la ciencia sea de enriquecimiento y no de opresión? ¿O será mejor ignorar lo que sucede en la ciencia y seguir el camino sin hacer caso del altivo compañero de viaje que avanza a nuestro lado? ¿Qué actitud vamos a tomar ante los desafíos que nos plantea el cumplimiento de la profecía de Flaubert?

La profecía

La profecía de Flaubert contiene una enseñanza y un desafío que nos lanza a través del tiempo. La enseñanza la comparte con Julio Verne: ambos nos indican cómo vivir una separación entre ciencia y novela, ejemplifican dos maneras de enfrentar la relación crítica de la novela hacia la ciencia. Verne divide el amor y la crítica temporalmente, primero ama la ciencia ingenuamente y luego la critica acervamente. Flaubert integra los dos sentimientos, ama la ciencia con un amor honesto que proviene del conocimiento, de la comprensión de su naturaleza y, al tiempo, es escéptico y crítico con ella. Ambos reflexionan sobre lo que aman. Lo que no se permiten es ignorar lo que aman. El desafío de Flaubert, me parece, es la necesidad de que los novelistas construyamos una conciencia ilustrada sobre el saber científico, es coger en las manos la bola de fuego de la reconciliación entre la ciencia y la novela. ¿Cómo vivir esa reconciliación en nuestros países de tiempo mestizo, países donde no se ha inventado la ciencia y donde su práctica es aún precaria, aunque su presencia en la vida cotidiana sea concreta y avasallante? ¿Cómo vivir el atraso de nuestros sistemas educativos que nos han transmitido una noción rezagada de la ciencia, una ciencia anclada en paradigmas ya moribundos, una ciencia del orden, de la certidumbre, de la simplicidad, de la quietud? Me parece que el mejor camino es escuchar la profecía de Flaubert y aceptar su desafío. La conciencia ilustrada sobre la ciencia nos permitirá tomar el destino de la novela en nuestras manos y nos evitará ser manipulados por concepciones inconscientes de la ciencia heredadas del atraso de nuestro sistema escolar. Como dice Raymond Quenau, el matemático y escritor francés, fundador del Taller de Literatura Potencial que reunía a escritores y científicos, entre ellos a George Perec, para buscar nuevas maneras de escritura mancomunadamente: "El clásico que escribe una tragedia observando cierto número de reglas que él conoce, es más libre que el poeta que escribe lo que le pasa por la cabeza y que es esclavo de otras reglas que ignora".

La profecía de Flaubert nos cuenta que quien tiene en sus manos una nueva visión del mundo tiene también en sus manos la materia prima para escribir una novela nueva. Claro está, pensando en que la novela tiene una característica fundamental: es omnívora, puede incorporar toda clase de conocimientos como la mantis religiosa que devora al macho mientras éste la fecunda o como el creyente católico que recibe a Dios en la comunión y lo hace carne de su carne. Así el novelista actual puede devorar la ciencia del caos por múltiples caminos: utilizando su rico lenguaje para remozar o remplazar metáforas e imágenes ya gastadas por el uso; empleando las visiones, las construcciones del mundo que hace la ciencia para colocar el personaje novelesco en ese mundo recién inventado; usando las formas de descubrir de la ciencia, sus maneras de buscar para investigar los mundos que desea contar; teniendo en cuenta los hallazgos de la ciencia y la tecnología para buscar nuevas estructuras, nuevas arquitecturas narrativas, formas de contar; utilizando su conocimiento de las nuevas relaciones que se establecen en la interacción cotidiana entre la ciencia, la tecnología y el hombre; recurriendo al humor, a la ironización de los aspectos débiles o inaceptables de la ciencia y de la sociedad; buscando en ellas la cultura en que se mueven los científicos, los tecnólogos, los académicos; y tantos otros caminos posibles según las necesidades y los deseos de los novelistas dispersos en el abierto delta de sus preferencias.

Parece en consecuencia importante tener conciencia de que estamos en los días que anuncia la profecía de Flaubert y de que si queremos tenerla en cuenta debemos saber que el novelista colombiano no puede ser hijo del atraso de su sociedad, debe ser consciente del atraso, puede superar el atraso, puede utilizar novelísticamente el atraso, puede aprender del atraso, puede devorar el atraso, puede escoger el atraso, pero no puede ignorar el atraso ni sus consecuencias culturales. Para escuchar la profecía de Flaubert debemos hacer lo que hace la oruga. Transcribo la historia de la oruga en las palabras de Edgar Morin, el sociólogo francés, epistemólogo de la complejidad de la ciencia del caos: "Para que la oruga se convierta en mariposa debe encerrarse en una crisálida. Lo que ocurre en el interior de la oruga es muy interesante: su sistema inmunológico comienza a destruir todo lo que corresponde a la oruga, incluido el sistema digestivo, ya que la mariposa no comerá los mismos alimentos que la oruga. Lo único que se mantiene es el sistema nervioso. La oruga se destruye como oruga para construirse como mariposa. Cuando la mariposa consigue romper la crisálida, la vemos aparecer, casi inmóvil, con las alas pegadas, incapaz de desplegarlas. Y cuando uno empieza a inquietarse por ella, a preguntarse si podrá abrir las alas, de pronto la mariposa alza el vuelo".

Así pues, la profecía de Flaubert se nos aparece como un banquete de nuevas opciones. La mesa está adornada con

el incierto y desordenado ramillete de lo nuevamente potencial. La novela humea ante nosotros, desafiante y misteriosa,
como un nuevo mundo que es necesario explorar. La pluri-
vocidad de la lengua de la ciencia se nos ofrece con ironía y
hondura, como un moderno festín de Esopo. Es hora de sen-
tarnos a manteles con Flaubert.

LO RARO ES ESCRIBIR
Lina María Pérez Gaviria

Parodiando las palabras *Lo raro es vivir*, título de una novela de Carmen Martín Gaite, la fallecida narradora española, resumo mi historia literaria diciendo: "Lo raro es escribir". Y lo es porque mi educación en un colegio "bien" me auguraba un destino profesional de vestido sastre y tacón puntilla. Y si sigo con lo raro, me salvé de las deficiencias escolares, refugiándome en las lecturas del bachillerato. Y más raro es, que cuando tuve uso de razón, es decir, a los diez y seis años, y no antes, perdí la razón al quedar obnubilada para siempre con las sorpresas de la literatura con las que desde entonces entablé una larga historia de amor.

El paso a la escritura fue un lento acto mezcla de curiosidad y de un secreto complejo de inferioridad ante la capacidad de los escritores para robarse, manipular, deformar, y reinventar la realidad a sus antojos. Mi acto también tuvo una cuota de rebelión, de insatisfacción, de un complejo de persecución de aquellos talentos que siempre han estado delante de mí serpenteando en las más sorprendentes direcciones. Finalmente, el pasmo ante el infinito poder de la palabra, se fue resolviendo y surgieron así mis primeros tanteos literarios escritos en la forma desafiante y misteriosa del cuento.

Entonces recuerdo aquellas tardes en la que presenté mis cuentos en sucesivos concursos. Creía que esos actos de presentidos reconocimientos eran arrebatos del poco uso de razón que aún me quedaba. Tenía sentimientos vergonzosos –lo raro en los escritores es no sentirlos– pero tampoco estaba exenta de un tímido complejo de audacia. Lo raro también es no tenerlo. Las noticias sobre las distinciones que se reciben son efímeras y casi clandestinas. Pero para esa opción de soledad y silencio que hemos escogido resulta una motivación secreta, casi morbosa que renueva los entusiasmos creadores.

Para entonces, muchos años de ferviente y feliz escritura habían acumulado un buen número de cuentos, pero no disponía de los alientos para mendigar la hospitalidad de las editoriales y someterme a lo que se ha llamado el "síndrome de la evasión y de la ambigüedad" y al maltrato con el que algunos editores irrespetan los derechos de autor. Un escritor amigo me decía: "Cuanto más conozco a los editores, más quiero a mi perro". Así las cosas, ¿qué podía hacer si no estaba dispuesta a enfrentar la batalla que me permitiera vivir decorosamente de la literatura? Se me encendió el botón de la caja mágica, para abusar de la metáfora, y me hice libretista de televisión. Perdón: fue la televisión la que me hizo libretista. Ella, con su poderosa maquinaria, signada por la tiranía del *rating*, dictó sus pautas y sus vicios, sus descarnadas leyes antipedagógicas, sus abusos y agresiones, sus trampas, y otros etcéteras de silicona y demás degradaciones. De esta experiencia capitalicé una férrea disciplina de escritura diaria y el convencimiento de que mientras no se nos permita aportar imaginarios inteligentes que posibiliten acercamientos a territorios estéticos, los escritores no debemos formar parte de ese juego pervertido.

Cuando presenté mi cuento *Silencio de neón* al Concurso Internacional de Cuento Juan Rulfo, convocado por Radio Internacional de Francia en 1999, pensaba en aquel cronopio que conoció a una tortuga enamorada de la velocidad, y le dibujó una golondrina en su caparazón. La sensibilidad de una nómina de escritores mayores juzgaría si yo había dado en el blanco con esa tortuga-golondrina que se iba en el buzón del correo sin que ya nada pudiera detenerla. El acta del jurado le otorgó el premio en la modalidad de relato negro. Experimenté una emoción agradecida por el cariño entrañable que habita en el nombre del premio, pues los lectores de Rulfo sabemos que Comala es siempre un paisaje de voces y de sombras, de nidos y de lluvias en el que siempre encontramos renovados alientos vivenciales y estéticos. Los nombres de Juan Carlos Botero, Enrique Serrano y Julio César Londoño, los colombianos que me presidieron en esta distinción, resonaron con complicidad compartida.

"Premio, luego existo" fue el imperativo que me obligó a sacar mi trabajo de muchos años y se hizo realidad en *Cuentos sin antifaz* en el que se incluyen algunos relatos que obtuvieron distinciones como El *bello durmiente* finalista en el Concurso Internacional de Cuento Max Aub en España, y *Sonata en mí* primer premio en el Concurso Nacional de Cuento Pedro Gómez Valderrama en el 2000. Dediqué la antología a quien lo debo: a mis padres literarios que han alumbrado mis emociones como lámpara maravillosa. Son ellos, Bergotte, que fue faro de Marcel el narrador del tiempo perdido en la búsqueda tormentosa del sentido de su escritura; Pursewarden que enseñó a los personajes del Cuarteto de Alejandría que la escritura consiste en interpretar los silencios; Comala, ese territorio de milagros en el que uno puede "traspasar la maraña del sueño, llegando hasta el lugar donde anidan los sobresaltos"; Horacio y La Maga que inventaron el glíglico para amarse y odiarse; los versos clandestinos del coronel Aureliano Buendía que le dio la orden a Úrsula de encender el horno con ellos; y Genoveva de Alcocer que logró el milagro de tejer coronas de plenitud vital.

A los cuentistas se les acosa con el asunto de la escritura de una novela. No escribo novela, lo mío es el cuento, por ahora. Ahí están, señalándome el camino, nombres entrañables como Felisberto Hernández, más conocido por sus cuentos, y Jorge Luis Borges y Augusto Monterroso que no tuvieron que escribir novelas para asombrarnos con su maestría en el dominio de la narración. Y escribo cuento porque establezco con mis historias un pacto con la cuota de perversidad que todos llevamos dentro y que acecha mi imaginación para modular tragedias aletargadas, comedias vibrantes, gritos o carcajadas sin nombre, sofocos tumbales o el absurdo como espacio de emociones. Lo negro me seduce pero no como un regodeo en la búsqueda de claves consabidas; intento, desde la "negrura" de un territorio estético, indagar aquellas contradicciones humanas, resultado de la fascinación de esa dialéctica entre lo real y lo irreal, y entre lo perverso y lo convencionalmente aceptado como "bueno". Reconozco en mi escritura mis propias perplejidades y las certezas que pregonan mis ensueños.

Me encontré con el género negro sin buscarlo. Mis historias fueron invadiendo los terrenos en los que se entrecruzan géneros tradicionales: la novela, la prosa poética, la crónica, el genero epistolar, el documento, el ensayo, el periodismo, lo policíaco, la ciencia ficción y el cine, el vídeo y la publicidad. Lo que caracteriza al género negro, y es en donde se ubican hasta ahora, la mayoría de mis cuentos, es la convivencia de multiplicidad de elementos: amor, violencia, odio, maldad, humor, lumpen...; es el reflejo de un mundo en descomposición en el que se visualiza el mundo contemporáneo con sus contrastes y paradojas. En los escenarios de las historias negras que conviven en mis relatos prevalece el irrespeto por los códigos morales, legales, sociales; es una muestra de una anarquía física, social y ética.

Imagino un cuento a partir de una frase, de una noticia, de un personaje de la calle, de un fragmento de un sueño; un cuento puede habitar, sin saberlo, en un retazo de algún recuerdo de infancia, en un renglón de la novela que estoy leyendo o en un verso que se asomó del estante de poesía de mi biblioteca. El cuento comienza a existir como una conmoción y se instala en mi mente, en mi piel, en la espina dorsal; me invade de día, se apodera de mí en las noches, me persigue inclemente hasta que se impone y ya no puedo huir de él;

entonces se inicia un combate de deleite y tormento a la vez; los primeros lances se dan entre el argumento y los personajes, luego se desencadena una batalla con el lenguaje, con el tono, con el ritmo, con la atmósfera. Es un ejercicio descarnado por lograr "la unidad de impresión" a la que se refería Poe, y la "intensidad y unidad interna" que menciona García Márquez como condiciones del cuento. Me obsesiona el impulso de narrar, de fabular; me empeño en moderar los personajes para que no se me desboquen en su loco deseo por existir, y en transmitir de manera contenida y concreta, ese poder de persuasión con que ellos se me sugieren para inventarlos. Sólo espero que mis intuiciones hayan acertado en sintetizar la inmensa fuerza que debe derivar de su totalidad. Cuando escribo la palabra FIN a mis relatos invoco las palabras de Vladimir Nabokov, al intentar explicar adecuadamente a sus alumnos de literatura las facetas de una buena lectura: "Confíen en el hormigueo de la espina dorsal: es el que realmente dice lo que sintió el autor y lo que quiso que los lectores sintieran".

A pesar de las resistencias de los editores en acoger a los escritores inéditos, nuestra narrativa navega segura en un mar de riquísima estética vital. Para aterrizar a quienes se dedican al solitario oficio de la escritura con la esperanza de convertir sus papeles en libros, tendré que advertir que lo raro no es escribir sino editar. Aquí habría lugar para robarse el título del ensayo de Álvaro Mutis: *Tópico de la desesperanza*. Tenemos una nutrida producción narrativa pero son pocos los autores que logran reconocimiento. En este país el escritor, léase poeta, narrador, dramaturgo, ensayista, traductor, tiene cada vez menos oportunidades sobre la Tierra.

No sabría señalar las rutas hacia donde se dirige la narrativa colombiana. A los autores sólo debería importarnos la verdad de nuestra escritura. Reconozco en mi propio trabajo y en la mayoría de narradores colombianos actuales la herencia de una tradición, desde la transición entre la provincia y la urbe, el cambio del personaje rural al habitante urbano, y las exploraciones y apropiaciones de lenguajes y atmósferas con los que apelamos a los nuevos lectores y a la crítica académica.

Como lectora siento una narrativa vitalísima, efusiva en sus riesgos, generosa en sus sondeos. La diversidad de imaginarios sorprenden y deleitan. ¿Cómo no mencionar, por ejemplo, las señales que nos hace Héctor Rojas Herazo con una densa obra de múltiples títulos que al contrario de Celia, no se pudre sino renace en maravillosas experiencias de lecturas? ¿Y el universo de Maqroll, el personaje arquetípico de Mutis? ¿Y las indagaciones y atrevidas construcciones de Rafael Humberto Moreno Durán con sus féminas, madonas y damas? ¿Y la escritura persistente de Nicolás Suescún y Policarpo Varón que refuerzan, como tantos otros, las temáticas del hombre y la ciudad? ¿Y un Germán Espinosa que desde los territorios de la historia nos ha tejido una pasmosa mirada poética en sus cuentos y novelas? ¿Y Enrique Serrano, que con su lenguaje sereno nos obliga a visitar la historia desde lo filosófico y lo sagrado? ¿O Roberto Burgos Cantor, Helena Araújo, Laura Restrepo, Jorge Franco y Julio Paredes con sus sensibilidades filtradas por la problemática urbana? ¿Y Santiago Gamboa y Héctor Abad Facio Lince cuyo reconocimiento nacional e internacional nos están marcando el camino a las nuevas generaciones de escritores? No terminaría de mencionar a muchos colegas. Qué fea palabra para hablar de una comunidad de ilusos que vivimos en la lenta y silenciosa comarca de la soledad y en la que, gracias a nuestra mirada perpleja, hacemos uso de la sinrazón en nuestras aventuras privilegiadas por la palabra, por el contacto con el misterio en los ámbitos del símbolo literario y el entusiasmo creativo orientado a la sensibilidad, esa facultad que nos permite mirarnos, sorprendernos, interpretarnos...

Escribimos dentro de una multiplicidad de tendencias modernistas y posmodernistas que tan bien explican los exégetas. Coexisten variadísimas tendencias, unas más apegadas a la tradición, otras ceñidas a modelos convencionales o lanzándose a propuestas experimentales. Hoy se habla de metaficción, autoconciencia escritural, autorreflexión, intertextualidad. Existe, palpita, una dinámica que alberga y proyecta muchos narradores y narradoras, jóvenes y veteranos que enfrentan sin temor las paradojas y certezas de un mundo que atropella y sorprende a la vez.

La palabra "vocación" ofrece el argumento para esa opción de soledad y silencio en la que desempeñamos el oficio feliz de la escritura. Solo sé que la autenticidad de un escritor está en su honestidad; creo en el rigor, en la obstinación, en la disciplina, en no soltar el impulso; en entregarse con pasión y sin compasión, y como premisa, no creer en el viejo cuento de las musas... Entiendo la literatura como una de las posibilidades de la felicidad humana: leerla y hacerla, ahí está el hondo significado de mi vocación. Uno tiene que prescindir de todo lo que no sea asumir el acto ritual de la escritura con toda la desmesura del caso, para transmitir una subjetividad forjada a base de sus conmociones espirituales nacidas de las lecturas que han acompañado su vida. Esa resonancia de los mundos estéticos es la única que permite mostrar la poesía que hay en la calle, en un recuerdo, en una emoción. Pero el oficio de escritor se caracteriza por una terquedad sin límites, la mayoría de las veces ejercida en combates inútiles contra la deformidad de los medios para los que no resulta rentable publicar un poema o un cuento.

Escribir es un oficio cotidiano de descubrir y descifrar los parajes de la imaginación. Protejo mi disciplina diaria hasta el punto de que ahora sólo puedo decir: lo raro es no escribir. Soy consciente de que voy contra viento y marea, como tantos contadores de cuentos, contra el desdén por el género del cuento, y que defiendo al lector que busca, acoge y acepta nuestros relatos.

EL TRABAJO ARTÍSTICO EN LITERATURA
Augusto Pinilla

Considero que debo responder para una pregunta sobre trabajar en arte literario y se me ocurre que por hoy puedo hablar del oficio de escritor, a propósito de probables motivos de algunas de mis obras y sucesos que parecen haber garantizado su realización, es decir, el medio para llevar el sueño del libro a su realidad.

Mis primeras escrituras distintas de los lenguajes habituales y las notas de estudiante, fueron ilusiones adolescentes de cartas de amor. Las segundas, algunos días de diario, casi nunca más de tres meses seguidos, pero al menos veinte veces en la vida. Las terceras, intentos de relatar, estimulados por ciertas circunstancias y quizá por la previa lectura de las muy bien llamadas historias extraordinarias de Edgar Poe. Las circunstancias eran, por ejemplo, haber sufrido la creencia solitaria de que estaba contaminado de hidrofobia. Había razones casi directas, una hermana acababa de vivirlo y padeció las vacunas.

Muchas lecturas, que no fueron las obras de la biblioteca de mi padre, los Dantes, Cervantes y Platones leídos más tarde, sino las de la más agitada publicidad de entonces, que era para Faulkner, Hemingway y Neruda, así como todo el cine posible, alimentarían la pasión de fabular. Fueron para mí el color y el gusto que faltaban en la vida ordinaria y su lenguaje casi siempre estrecho, si el arte y la belleza y la voluntad de pensar no lo descubren y transforman.

Quiero detenerme un poco en el suceso de las horas de escritura y el acto mismo de escribir. Es bien improbable que puedas autoconvencerte para permanecer sólo y concentrado en hacer vivir imágenes con palabras que escribes durante largas horas. Demoras en aprender la renuncia a varias oportunidades, para consagrar casi a diario algunas horas frente a la página. Es tan distinto a leer y a los trabajos irresponsables con que evitas rajarte, que me cuesta trabajo hallar un ejemplo. Creo haber logrado poemas antes de acceder a una disciplina eficaz de escritor. Poemas y relatos. Ellos mismos vuelven a publicarse todavía. También escribí ensayos sin conocer la concentración y dedicación que exige novelar. Creía poder vivir relativamente sintonizado en cosechar poemas de la experiencia, pero renuncié un tiempo al verso para buscar la novela.

Imposible estar todo lo inmerso que novelar exige y menos estarlo el tiempo suficiente, no obstante lo anterior. De modo que decidí atar los pies a la silla, con nudos complejos y la norma de desatarlos para hacer toda otra cosa, salvo fuerza mayor. Eso empezó a garantizar intentos cada vez más prolongados de escritura y fue una extravagancia que duró poco. Después la amistad con pintores que pasaron por la Universidad Nacional me hizo entender mejor cómo se convierte la experiencia en arte. Yo los veía producir todo el tiempo algo entre el paisaje y sus imaginaciones, pintar siempre. Es verdad que hay diferencias con la literatura, pero si se trata de convertirla en obra de arte, hay que trabajar con la misma constante aplicación.

Leer es como comer y escribir como cocinar. Por eso se engañan los que suponen que pasarán de la lectura a la escritura artística, por arte de familiaridad. Cocinar y comer son etapas con cuidados y resultados muy distintos, pese a su inevitable relación de sucesión. La escritura deberá llegar a ser una aventura tan sorprendente como las aventuras relatadas por la literatura de viajeros y héroes. Para llegar a sentirla así es necesario sujetarse inicialmente a algo como poco más de tres horas diarias de escritura, hasta que las palabras mismas lleven tu experiencia a un hecho sorprendente, que tú sabrás identificar. Pero tengo la impresión de que casi nadie confía en esforzarse hasta ese punto y casi todos se conforman con publicar libros anteriores a ese prodigio.

Se supone que hay unas mejores horas del día y que son las de la mañana, pero la escritura, como el amor, puede ser superior al tiempo y a los ritmos corporales. La concentración puede superar la incomodidad y algunas veces el cansancio y quizá existen páginas a las que sólo pudo servirles la noche como fondo. De todas maneras el hombre casi nunca puede dedicar tiempo regular a empresas distintas al sustento y menos disponer de mañanas para aventuras tan inciertas y exigentes como el arte, así que toca robarle horas al sueño y soledades a la vida. El escritor será como el estudiante que ahora sí prepara y realiza una tarea que es mucho más que un ejercicio preparatorio y que es íntegramente responsable porque se relaciona con el ser entero.

Escribir es un lenguaje distinto de hablar, aunque emplee la misma lengua. Hablar es como caminar y escribir sería algo como nadar o bailar o volar. Hay que pasar por una disciplina para aprenderlo y mantenerse en ejercicio continuo para perfeccionarlo. Aparte de que es mejor no entregarse a la esperanza en recompensas y, como indica la sabiduría, considerar que ya es bastante premio poder hacerlo. El circo hace patente la disciplina continua de cualquier arte para entretener e impresionar un público indefinido. El trapecista de Kafka necesita vivir en el trapecio y Kafka mismo se propuso representar la disciplina y la ética y la naturaleza necesarias para un arte verdadero, esto es, cumplido con todas sus condiciones, con personajes de circo como el Artista del hambre.

Es fácil demostrar que para un arte tan vano, en apariencia, como el malabarismo, cualquier abandono en los ensayos necesariamente continuos haría perder la presteza. Dada la dignidad de un arte como la poesía, es claro que debes ensayar mucho y los poetas dan la impresión de un ejercicio menos continuo y responsable que los músicos y los pintores, aún si son estudiantes o artesanos menores, si bien es cierto que la poesía debe mucho al pensamiento y al silencio. La imagen del estudiante eterno en viaje permanente por medio de la construcción de un relato o de un orbe poético, puede ser la que mejor conviene al artista literario. Lo de estudiante, porque sin un saber siempre renovado, ¿cómo pretenderías autorizarte la palabra? y sin una construcción continua, ¿cómo alcanzarías lo que falta?

La primera página para publicar fue una reflexión de mis dieciocho años sobre aquel trabajo que el cineasta Federico Fellini tituló *Ocho y Medio*, que sigo admirando. Se publicó firmado por Agustín Pinilla, porque el socarrón periodista decidió burlarse de mi Augusto nombre. Después, los dos grupos literarios con que coincidí, la Academia de los Jóvenes de Bucaramanga en 1965 y la ya casi histórica generación sin nombre desde 1967, determinaron una intensa dedicación a la búsqueda del poema, que se suspendió por la certeza de falta de preparación y el surgimiento de todo tipo de afanes, varios en ambos grupos. Todavía me admiro de la intensidad en lecturas y debates y la extensa y accidentada geografía de las preocupaciones. Con los de Bucaramanga conocí a Whitman, García Lorca, Pablo Neruda, algo de Paul Nizan y bastante de Camus, Sartre y Beauvoir. Después autores como Borges, Cortázar y Thomas Mann en un sector del grupo, así como la presencia de James Joyce, desde el principio, en otro sector. Todos leímos a Lagerkvist en novela y relato y lo mismo a Kafka. Fuimos amigos del nadaísmo, al punto que uno de nosotros es ahora uno de sus novelistas y su único cantautor.

En la generación sin nombre pudimos coincidir con los sobrevivientes de Mito: Valencia Goelkel, Mutis, Charry Lara, Héctor Rojas Erazo, Fernando Arbeláez y Rogelio Echavarría, y leerlos y oírlos. Participamos muy de cerca en los últimos años de Aurelio Arturo, astro solitario entre los nuevos y el piedracielismo y de avanzadas poéticas como la empresa de Mario

Rivero en su obra; y su revista *Golpe de Dados* ha estado relativamente cerca de algunos. Quizá seamos pioneros aquí en el rescate de la poesía vanguardista de Luis Cardoza y Aragón, del descubrimiento del excepcional Lezama Lima fuera de Cuba, del seguimiento de los españoles amigos del grupo Mito como Valente o Caballero Bonald y de tomar en cuenta a Eliseo Diego, Gonzalo Rojas, Enrique Molina y Alejandra Pizarnik. Conocimos con abundancia el surrealismo y a César Vallejo, Vicente Huidobro y Octavio Paz. En la raíz de aquella experiencia está Antonio Machado y un referirse continuo a la generación española del veintisiete en pleno, que aún persiste y prodiga sorpresas. Por ejemplo, Jorge Guillén y Vicente Aleixandre me son mayor asombro ahora que entonces. Creo que todos aquellos días hablamos de Eduardo Cote Lamus y Jorge Gaitán Durán. Algunos pasamos por la Universidad de los Andes sobre la huella reciente de Jorge Guillén, que había sido profesor invitado y varios años después vivimos en la cátedra literaria principalmente a partir de la Javeriana. Entre todos, la conversación con Rojas Erazo me resultó siempre la más eficaz provocación a la actividad artística.

Vino entonces el trabajo novelesco que era para mí la aventura propia del destino literario, su compromiso más correspondiente. La puesta en marcha para escribir novelas pretende estar determinada por sucesos que permiten ver la vida desde códigos que no son los de los dominios político y económico y el de la apariencia social. Por ejemplo, *La casa infinita* se inicia al descubrir, años después, que un amor adolescente acaba por vivir un destino análogo al de la relación entre los personajes de una película vista por el novio el día inicial de tales amores. O también, un actor universitario habla en plena representación de técnicas para evitar todo tipo de accidentes y, al tiempo, estalla cerca, en el aire, el encontrón de un avión de línea con una avioneta privada y el piloto de ésta es un compañero de colegio de aquel actor. Tales incidentes permiten avanzar por una escritura que interroga la realidad, antes que juzgarla.

159

El trabajo para avanzar en esta primera novela, empezó por escribir breves memorias de cuatro o cinco páginas sobre personajes, lugares y sucesos de mi relación personal, que pudieran por algún motivo referirse a la relación del protagonista con la novia muerta. Después leer lo recogido, lo pescado, por todas esas páginas, hasta descubrir sorpresas como las coincidencias entre amores de dos horas en la película y un año en la realidad, o entre prevenir accidentes en una escena teatral, mientras se están sufriendo en el aire real. Es posible que tales relaciones, que entreabren la certeza de una gama mucho más compleja entre causas y efectos, sean imperceptibles antes de pasar la experiencia por la escritura.

Más tarde, con parecidos medios de aproximación preparatoria, estudié los mitos que se reflejan en los alzamientos populares de la historia hispanoamericana y abordé el desarrollo por separado de algunos personajes y sucesos, hasta descubrir detalles como que la palabra *bochinche* fue la principal entre las que pronunciaron Miranda y San Martín cuando tuvieron que ceder la empresa a Bolívar o la presencia del nombre Francisco en las relaciones históricas del Libertador. Estos detalles desarrollan un lenguaje que prolonga el enigma como corresponde al lenguaje novelesco y evita optar por conclusiones que no nos corresponden. Después escribí otra sobre un actor teatral que se hará poeta y de quien se duda si será un inmortal y la última, hasta hoy, sobre los relatos acerca de la vida del Cristo.

Las novelas son producto de varias escrituras, hasta que el libro mismo consigue su publicación. Son como la creación del hombre por los dioses del Popol Vuh. Crean una humanidad de barro y después otra de madera y ninguna puede comprender sus creadores. Finalmente logran el hombre de maíz. Entretanto que se trabajan estos murales del lenguaje, algo avanza forjando cuentos, ensayos y poemas. Baudelaire escribió, con entera razón, que la inspiración es hermana del trabajo diario. Así, la insistencia continua en el trabajo sobre ciertas obras, provoca también la maduración de frutos imprevistos, que originan otras obras. Creo que la tensión en que me dejan las obras de largo aliento es lo que me permite ingresar en el universo del poema y el relato breve. Quiero explicar que mi arte busca algo desconocido que está en la relación entre mi imaginario y lo real y que sólo cuando es lo real quien cede y le reconoce realidad al imaginario se justifica la obra.

Escritura, computadores y literatura
Testimonio de una experiencia posmoderna
Jaime Alejandro Rodríguez

Nunca pensé que mi vaivén personal, mis búsquedas intelectuales, literararias y políticas, mi propia inestabilidad laboral pudieran tener algo que ver con la posmodernidad hasta que me encontré con el terminacho en un seminario de la Maestría de Literatura, en la Universidad Javeriana, a finales de los ochenta. Desde entonces he aprendido muchas cosas acerca de mi aleatorio y a veces frenético trasegar por las distintas áreas del conocimiento y del desempeño profesional.

Veo dos dimensiones de esa trashumancia intelectual y vital que podrían servir a la hora de poner sobre la mesa las tensiones que se desprenden y se viven en torno a la posmodernidad: de un lado la vacilación entre compromiso político y escapismo; de otro, la secuencia que va desde mi "desencanto" por la tecnología hasta ni reencuentro con ella, pasando por un optimismo humanista que se derrumba.

1. Computadores

Inicié mis estudios de ingeniería química en la Universidad Nacional a mediados de los años setenta. Allí tuve mi primer encuentro con la programación de computadores que entonces requería un soporte físico muy incómodo: las ya míticas tarjetas perforadas, alrededor de las cuales existía toda una cultura. Para mantener el ritmo académico (era la época en que a lo sumo se podía cursar un semestre en todo el año, debido a la violencia estertórea de un movimiento estudiantil agónico y ya decadente), ingresé a estudiar ingeniería de sistemas en otra universidad. No llegué sino al sexto semestre, pues la situación en la *Nacho* se normalizó al fin, y mi capacidad (aunque también mi motivación) ya no daba tanto como para atender las dos carreras al mismo tiempo. Pero obtuve el flamante título de programador de computadores.

Programar significaba entonces conocer a fondo los códigos de comunicación con la máquina, desde el lenguaje de ensamble hasta el Pascal y el "C", pasando por el Fortran y otros más técnicos, hasta algunos más enfocados a las aplicaciones financieras. Programar era sobre todo una actividad preconcebida y con reglas muy claras. La manera correcta de programar era lineal y lógica. No por capricho se hablaba entonces de una programación "estructurada".

La imagen del ingeniero de sistemas entonces era la del tipo encerrado en una sala de computadores, envuelto en una nube mágica, capaz de entenderse con un aparato al que podía pedirle que hiciera cualquier tipo de cálculo matemático o que realizara cualquier algoritmo. El ingeniero de sistemas era un tipo que simbolizaba la promesa modernista de explicar todo, clarificarlo y reducirlo todo. Incluso algo tan revolucionario como la aparición de los primeros computadores personales a comienzos de los ochenta estaba predeterminado por esa lógica que podríamos llamar modernista. Estos primeros aparatos (los Apple) eran transparentes y potencialmente reducibles a sus elementos esenciales: "Eran, citando a Turkle, sistemas que invitaban a los usuarios a imaginar que podían comprender sus engranajes en la medida en que estos cambiaban, a pesar de que muy pocas personas se habían planteado alcanzar ese nivel de comprensión".

Manejo del software esencial y comprensión profunda del hardware, es decir, *tecnología transparente*, era lo que predominaba como paradigma computacional de aquella época. Pero vino el acontecimiento: la introducción en 1984 del mecanismo icónico de Macintoch, esto es, la propuesta de una interfaz que invitaba a quedarse en la superficie y que ya no hacía nada por sugerir la comprensión de las estructuras subyacentes ni de los programas, ni de los ensambles mecánicos. Y con esto, la extensión de una *tecnología opaca*. Las nuevas interfaces opacas simulaban un espacio más cercano a la cotidianidad (el escritorio) y establecían un vínculo altamente interactivo. Al dejar de ser necesaria la comprensión de los lenguajes y de la máquina, al sustituir la realidad (programas y ensambles) por sus representaciones (entornos), las ideas computacionales estaban dando el paso de la modernidad a la posmodernidad. De la realidad a la simulación: "La cultura de la simulación, nos recuerda Turkle, anima a interpretar lo que se ve directamente en la pantalla según el valor de la interfaz". En la cultura de la simulación, si algo funciona, quiere decir que tiene toda la realidad necesaria, dice Turkle.

A la par con esta "banalización" del secreto del computador, se produce un efecto secundario, pero no menos importante: si ya no se necesita la programación, si la interacción con la interfaz es suficiente, la aureola del programador y del ingeniero de sistemas se pierde, rueda por el asfalto como antes le sucedió al poeta. Desde una perspectiva más general, podría afirmarse que la funcionalidad del "intermediario" moderno se merma: ya no se necesitan tanto especialistas, como ultraespecialistas. Una curiosa mezcla de democracia y elitismo se estaba configurando: ya no hace falta "saber de computadores" para interactuar con ellos (democracia), pero alguien tiene que programar los paquetes y éstos sólo pueden ser diseñados y desarrollados por quienes tengan los recursos adecuados (elitismo).

Pero volviendo a la relación entre modernidad y posmodernidad, y que en el caso de los computadores, como lo hemos visto, se puede describir como el paso de una cultura del cálculo a una cultura de la simulación, quisiera agregar algo 165 más: en realidad, las ideas computacionales de los primeros años correspondían a ese *metarrelato* moderno de la ciencia que pretende proporcionar imágenes unitarias y descomplicar las cosas, analizándolas y descomponiéndolas por partes, es decir, yendo al fondo mismo de ellas. Las de ahora corresponderían más a una cultura de la simulación en la que la gente en vez de analizar, navega, interactúa con superficies cambiantes, juega y se conecta con una comunidad en la que tiene amigos, colegas y amantes virtuales... y esto es la posmodernidad. En vez de reglas para aprender, entornos para explorar; en vez de lenguajes complejos y sintaxis herméticas, la forma, el color, el sonido, los objetos virtuales.

Más tarde me encontraría con que esa nueva dimensión de la interacción mediada por el computador se podía comprender como la "encarnación" de las ideas postestructuralistas de Lacan, Foucault, Deleuze y Guattari. Yo mismo pude comprobar que la interactividad vía computador afirma la creencia posmoderna de que el yo es múltiple, fluido y constituido en interacción, que está hecho y transformado por el lenguaje, que la comprensión proviene de la navegación y del bricolaje más que del análisis o la interpretación final. O para expresarlo en palabras de Sherry Turkle: "La tecnología está trayendo un conjunto de ideas asociadas con el posmodernismo —en este caso ideas sobre la inestabilidad de los significados y la ausencia de verdades universales— a la vida cotidiana".

Pero dejemos por un momento las máquinas y entremos en la literatura

2. Creación literaria

Por la misma época en que todo esto sucedía, me arriesgué a hacer otra apuesta personal: decidí, después de hacer una especialización en ingeniería nuclear, dedicarme a la literatura (las razones para explicar ese cambio son un poco complejas de narrar, pero baste decir que, como le sucedió a Ernesto Sábato, a mí me hastiaron las verdades prepotentes de la ciencia "dura"). Mis primeros intentos tuvieron que ver con la escritura de versos. En realidad, a la manera de Orfeo, necesitaba encontrar un sucedáneo del amor perdido y creí encontrarlo en la poesía; en su lectura primero y, después –temerario– en su escritura. Sin saberlo, se había puesto en marcha eso que Barthes llama el oculto deseo de escribir que hay tras todo gusto por la lectura.

(Un *paréntesis*: *las razones*)

La palabra es mágica: ejerce un poder de influencia sin igual. Saber usar la palabra da poder. Da el poder de comunicar eso que todos esperan expresar pero pocos logran hacer con eficacia. Saber usar la palabra da distinción. Quien escribe es admirado. Pero escribir no es simplemente trasladar el pensamiento o repetir lo dicho oralmente. Es explorar, es batallar con la palabra misma, es anticipar los efectos del verbo, es seleccionar lo adecuado y lo oportuno de entre el magma pegajoso de la insignificancia y la reiteración. Es también errar, no sólo en el sentido de emprender una trashumancia continua por lo tortuosos caminos de lenguaje, sino en el sentido menos gratificante de fracasar. Escribir es confiar en el poder de la palabra, es también saber tender la red verbal de la seducción sobre el otro, una red que puede caer en el sitio equivocado, y que en lugar de fascinar puede, más bien, maltratar. Por eso escribir exige razones, razones profundas, no siempre inteligibles, casi nunca claras.

Las razones para la escritura pueden, al menos, ser de tres tipos. Las estéticas, las terapéuticas y las religiosas. Estas razones no siempre encarnan en el escritor en forma pura. Por lo general se le presentan como una mezcla, como una composición confusa. Suelen, además, variar su peso y su impacto a lo largo de la vida. Por las primeras se da el gozo mismo, el placer que producen los hallazgos que sólo se alcanzan en el acto mismo de escribir; el placer de descubrir que algo sólo se podía expresar de la manera como lo hemos logrado hacer. Esa singularidad que de pronto se revela sin ningún anuncio, pero que lo hace con la fuerza de la ley. Con el tiempo, esos hallazgos generan una estructura expresiva secreta y muy íntima que va dando forma al estilo personal.

Por el segundo grupo de razones, las terapéuticas, la escritura deviene pócima de penas y dolores de diversa índole. En primer lugar para el escritor, y después, por extensión, para sus lectores. Y de las penas, la del amor es la que con más frecuencia y eficacia mueve a la expresión. Cantar al amor perdido está en la base de la tradición órfica de la escritura. Una tradición que hace de la escritura misma un sucedáneo de ese amor esquivo. Con la escritura terapéutica, abrimos una puerta de salida a los males de la fragmentación y de la angustia que produce el habitar un mundo que siempre luce ajeno e injusto. Con la escritura terapéutica entramos en la comunión.

Las razones religiosas son menos transparentes, pero no por eso menos urgentes. Son las razones íntimas de la trascendencia y de la necesidad de sentido. Cuando se dice "escribo para darle sentido a mi vida", estamos acudiendo a una razón religiosa para la escritura. Escribir, expresar lo que sentimos de forma eficaz, nos pone en contacto con Dios, o con esa idea de Dios que no todos estamos dispuestos a enunciar, pero que irremediablemente atraviesa nuestro ser de cabo a rabo. Escribir, dada la razón religiosa, es asumir la crisis de significado de nuestros actos.

Pero yo en realidad no estaba destinado a un género tan delicado y exigente. De modo que, tras la frustración que puede producir la escritura infortunada de unos doscientos poemas, abandoné ese camino y me aventuré por el de la narrativa. Tomé talleres, escribí algunos relatos, me armé de todo el arsenal que los estereotipos me ofrecían. No me fue del todo mal: gané un concurso, publiqué algunos cuentos y tuve la (¿mala?) idea de acudir a la academia con el ánimo de conocer mejor lo que yo pretensiosamente intuía entonces como el funcionamiento de la literatura. Suponía que un conocimiento más sistemático de la tradición y la teoría literarias podrían aproximarme al secreto (me pregunto ahora: ¿no estaba dando así continuidad al ingeniero que siempre había sido?).

En realidad lo que logré al comienzo fue un penoso bloqueo de mi propia escritura. Tardé un par de años para salir de ese atolladero por el cual cuanto más me metía en el estudio de la literatura más me alejaba de la posibilidad de expresarme con mis propias palabras. El intento de novela que por entonces había iniciado tuvo que esperar varios años antes de redondearse; fueron los años del aprendizaje y de la autoconciencia.

Precisamente, el primer libro de ensayo que publiqué (*Autoconciencia y posmodernidad. Metaficción en la novela colombiana*) fue un intento por resolver dos inquietudes que me asaltaban simultáneamente en aquella época. En primer lugar, estaba la pregunta por el estado de la novelística colombiana reciente (que a su vez era una manera de acotar una inquietud más amplia por el estado de la novelística latinoamericana *postboom*). En segundo lugar, el problema mismo de los bloqueos que causaba en mi escritura creativa el alto grado de autoconciencia que estaba alcanzando, y su posible solución. Me preguntaba si eso que constituía por ahora una especie de diario paralelo en el que iba consignado toda clase de inquietudes sobre mi proceso creativo podría tener alguna utilidad en mi novela, cuya acción se taimaba tanto más en cuanto más crecía esa reflexión paralela. El seminario del profesor Álvaro Pineda Botero y su libro sobre la novela colombiana de los ochenta me ofreció un horizonte de salida. La idea (que después alcanzó el estatuto de hipótesis en el ensayo mencionado) era la siguiente: cierta tendencia de la novela contemporánea (y que tenía su expresión también en Colombia) respondía a una especie de dramatización de los avatares del proceso creativo y de la escritura en general. Muchas novelas incluían, con una densidad específica muy alta, la autoconciencia como

169

parte de su estructura o su acción. Fue en el seminario del profesor Pineda Botero donde primero escuché el término que se le daba a esta actitud: metaficción. Inicié una indagación sobre el fenómeno y pronto me di cuenta de que, siendo la autoconciencia un elemento inherente a toda escritura, la metaficción era la forma de expresión más compatible con un estado de cosas en el que se tendía a proclamar que todo era ficción (la posmodernidad): "Ya no sólo se trata de la posibilidad de representar el mundo de la ficción, sino de representar el mundo como una gran ficción", afirmaba yo entonces. Dos autores me ofrecieron el puente con la posmodernidad: Patricia Waugh (gracias a su libro *Metafiction. Theory and practice of selfconciencius fiction*) y Rolf Brewer (con la propuesta que hace en su artículo: *La autorreflexividad en la literatura, ejemplificada en la trilogía novelística de Samuel Beckett*); puente que se fue solidificando hacia un segundo momento de mi reflexión que me conduciría a una incursión más audaz en ese terreno movedizo llamado "la posmodernidad".

Si bien el asunto de la posmodernidad literaria tiene en mi producción personal su desarrollo explícito hasta aquí (y se recoge en el libro *Posmodernidad, literatura y otras yerbas*), vuelve a aparecer como referencia en un segundo ensayo publicado con el nombre *Hipertexto y literatura. Una batalla por el signo en tiempos posmodernos*. Curiosamente, este ensayo surge como respuesta a una conferencia ofrecida por el escritor mexicano Guillermo Samperio, titulada precisamente *Novela y posmodernidad*, en la que el mexicano plantea las dificultades para la expresión novelística en tiempos posmodernos. Entre otras cosas, Samperio propone resistir a lo que él llama *la simplificación del sistema de pensamiento tecnológico*. En mi ensayo yo propongo una visión más positiva de las posibilidades de la expresión apoyada en la tecnología, específicamente mediante la utilización del hipertexto, pero retomaré esto más adelante.

Entretanto, una novela metaficcional, otra en formato hipertexto y un volumen de cuentos, donde la reflexión se ha dramatizado, han salido a luz pública, y hacen turno: otro volumen de relatos, ya terminado, y una nueva novela en pleno desarrollo, que cada vez más me exige la plataforma hipermedia como forma de su expresión. Pero tan importante como esto, mis escritos teóricos han ido, cada vez con mayor fuerza, acomodándose a una lógica donde lo creativo, lo narrativo y lo ficcional asumen su necesario protagonismo

3. La muerte de la literatura

Ser escritor y sobrevivir son dos cosas absolutamente incompatibles en este país. Así que mi incursión en la "academia", al principio motivada por el noble propósito de conocer a profundidad la literatura, pronto se volvió la oportunidad para sobrevivir mientras escribía. Pero ser profesor de literatura te enfrenta con un grave dilema: cada vez hay menos lectores de literatura (¡cada vez hay menos lectores!). Quienes la estudian formalmente en una universidad lo hacen por alguna de tres razones: o son escritores frustrados o no pudieron con las matemáticas o esperan dedicarse a eso que vagamente se llama la "industria cultural", y esperan obtener un título fácil aunque relativamente acreditado. Pero el panorama del ejercicio literario es aún más complejo.

Esto anuncia Kernan en la primera página de su libro *La muerte de la literatura*. La literatura en los últimos 30 años ha vivido una época de disturbios radicales: internamente, los valores del romanticismo y del modernismo han sido completamente trastocados. Al autor, cuya imaginación creadora se tenía como fuente de la literatura, se le declara muerto o un simple ensamblador de diversos retazos de lenguaje y de cultura; los escritos ya no son más que *colages* o textos. A la gran tradición literaria se la ha descompuesto de diversas maneras. La propia historia queda descartada como pura ilusión diacrónica. Se sostiene que la influencia de los grandes poetas no sólo no es benéfica, sino más bien una fuente de angustia y debilidad. Las grandes obras carecen de sentido: están plagadas de infinidad de sentidos, pues todo sentido es siempre provisional. La literatura en vez de ser vehículo y modelo de

171

experiencias se la trata como discurso autoritario, como la ideología de un patriarcado etnocentrista.

Pero más grave aún: según Hans Ulrich Gumbrecht, el paso de una cultura de la representación (cultura moderna) a una cultura de producción de la presencia (cultura contemporánea) ha causado el colapso potencial del ejercicio hermenéutico, que es, para la cultura moderna, uno de los ejercicios que garantizaba un acercamiento legítimo a la verdad (el otro es el de la prueba en laboratorio). Siendo esquemáticos, la hermenéutica consiste en el ejercicio de la interpretación correcta, esto es la develación de lo representado, de lo que hay tras el significante, es decir, la revelación del sentido final. Hoy sabemos que no es posible encontrar un sentido último, que ese tan deseado significado último se difiere en una semiosis infinita. Pero en realidad lo que ha entrado en crisis no es el ejercicio hermenéutico mismo sino la pretensión de universalidad y legitimidad de la hermenéutica. Y esto por dos razones. Una, porque los agentes de la interpretación hoy se han multiplicado, casi de la misma manera y por las mismas razones por las que se multiplicaron los usuarios del computador. O si no pregúntense qué termina siendo más impactante, si la interpretación que hace un sociólogo de, por ejemplo, una toma guerrillera o la que hace (superficial y todo) un periodista a la hora de su reporte televisivo. "Hoy, dice Vattimo, la generalización de la comunicación ha promovido y ha hecho explícitos los conflictos de interpretación, no sólo como conflictos entre mundos culturales diversos, sino también como surgimiento de culturas 'locales'... la industria cultural, continúa Vattimo, necesita dar la palabra a todas estas culturas 'locales' ya que de otro modo no serían una mercancía interesante. Es así como se hace evidente que no hay una interpretación verdadera, por tanto una sola realidad, sino interpretaciones diferentes, por cierto no equivalentes, pero tampoco discernibles". Pero no sólo la multiplicación de agentes y la consecuente necesidad de "negociar la verdad" genera una crisis de la hermenéutica, sino el hecho de que hay realidades que se resisten a la interpretación y que resultan entonces no hermenéuticas. Pensemos en el jugador de un partido de fútbol: él no representa nada, es algo así como una función corporal y también un proceso continuo. Para interpretar se necesitan textos estables y éstos, en la cultura contemporánea de la simulación o de la producción de presencia, están dejando de existir o, al menos, de funcionar como única referencia. ¿Cómo acceder, por ejemplo, a la "verdad" de "lo virtual"?

De modo que es así como al final de mis apuestas me he quedado vacío: no me satisfizo la reducción que hace la ciencia dura de toda percepción, por arrogante; ni tampoco la pretensión universalista de interpretación de la experiencia propia de la hermenéutica en las ciencias humanas. ¿Qué hacer?

4. Ciberdelia: entre la acción política y el escapismo

La pregunta que hoy me hago es: ¿no ha llegado el momento propicio para un acercamiento de las llamadas "dos culturas"? ¿No es necesario, más que nunca hoy, acabar con eso que anunciaba Snow en 1959 como la polarización entre "ciencia" y "literatura"?

Desde mi experiencia personal, veo al menos dos campos abonados para dicha reconciliación; campos que se explican, ambos, como una convergencia entre humanismo y tecnología: uno es el de la llamada "cultura hipertextual", representada en el potencial de internet y específicamente de la web como mecanismo y estrategia de una nueva conmensurabilidad. El otro es el de la llamada ciberdelia.

Tal vez sea Nuria Vouillamoz quien mejor describe los principios para una comprensión de los cambios que suscita la irrupción del entorno digital en los procesos de composición y creación de textos literarios. Es ella quien mejor expone la conciencia de que la tecnología brinda hoy al autor un medio de creación en el cual es posible realizar una traslación más directa del pensamiento a la escritura. Según esta autora española, la escritura halla en las tecnologías actuales un espacio que diluye la frontera entre pensar y escribir, de modo que, inscrita en el contexto electrónico, puede ser considerada como una metáfora de la escritura de la mente, pues el autor construye su obra como una trama de símbolos verbales y visuales que no son más que una extensión de la red de ideas que se halla en su mente, y que el entorno digital es mucho más capaz de reproducir que otros medios, en forma de una organización de elementos textuales e imágenes en un espacio conceptual.

Para Vouillamoz, las utilidades de la informática ya no se limitan a facilitar el trabajo de escribir o a proporcionar recursos alternativos a la palabra escrita, sino que permiten crear nuevas estructuras discursivas más acordes con el funcionamiento de la mente humana y posibilitan la integración de elementos de expresión no verbales, haciendo que la obra se convierta en una plataforma capaz de una interrelación artística. Todo esto hace que el escritor que hoy se proponga componer una obra en formato electrónico deba desempeñar funciones nuevas, mucho más técnicas, como la manipulación de datos, el manejo de aplicaciones multimedia, el diseño gráfico, así como la atención a los nuevos protocolos de comunicación en el ambiente hipertextual. El autor debe abandonar el rol de escritor literario para convertirse en escritor técnico. Debe incluso ser capaz de realizar un trabajo colaborativo con otros profesionales como el programador, el dibujante, el diseñador gráfico, el técnico audiovisual, etc.

Este "abandono" del rol tradicional puede ser infranqueable para aquellos escritores que han transitado largamente por la tradición literaria, a no ser que hayan sido exploradores abiertos a la integración artística y técnica. Pero una vez consciente de esta situación, el escritor que está dispuesto a "convertirse" asume nuevas responsabilidades estéticas y nuevas funcionalidades y empieza a reconocer las posibilidades expresivas del nuevo medio y se sumerge en un nuevo compromiso, en una nueva vocación, que le permitirá establecer un diálogo con las potencias del texto, con la apertura del signo, con la interactividad y con la oportunidad de suscitar, con medios inéditos, convicciones, efectos, significados.

Asumir este nuevo rol implica reconocer los aspectos teóricos y prácticos de la nueva expresión; implica desalojarse de algunas rutinas, entrenarse en otras, estar dispuesto a potenciar y a potenciarse mediante la utilización del entorno digital.

El *otro campo*: *Ciberdelia*

Así define Mark Dery el movimiento ciberdélico (conjunción de psicodelia y cibercultura):

> Un cúmulo de subculturas, como los *hackers* digitales, los *ravers* (asiduos de las fiestas *"rave"* en la que se baila música electrónica durante toda la noche), los tecnopaganos y los tecnófilos New Age. La ciberdelia reconcilia los impulsos trascendentales de la contracultura de los sesenta con la infomanía de los noventa. Además, también toma de los setenta el misticismo milenario del New Age y el ensimismamiento apocalíptico del movimiento por el potencial humano.

Es una especie de convergencia de nuevo humanismo (incluso de un posthumanismo) y tecnología, mezcla de jardín y de máquina, que ya estaba prevista en la era psicodélica: "Lo más hippie, nos recuerda Dery, no era bailar desnudo en un campo de margaritas, sino *flipar* en un concierto de rock. La música electrónica distorsionada, los efectos visuales y el LSD eran, más que un rito tecnológico, un rito dionisíaco".

En realidad, estos tiempos pueden definirse como los de la conjunción y del socavamiento de fronteras, generalmente establecidas en forma arbitraria por los metarrelatos de la modernidad. Pienso que cuatro desplazamientos definen los tiempos posmodernos: la deconstrucción de la diferencia entre lo culto y lo popular (neobarroco), la deconstrucción del límite entre producción y consumo (disolución de la autoría), 175 la deconstrucción de la frontera entre realidad y ficción (metaficción) y, finalmente, la deconstrucción del confín entre cultura y naturaleza (por el que aboga, a veces en forma frenética, la llamada ciberdelia).

Tiempos de rechazo a la visión dicotómica, a las falsas fronteras, una de las cuales es la frontera entre las dos culturas. Pero también, un rechazo a la dicotomía entre acción política y escapismo del tipo que propone la cibercultura, en la medida en que ésta puede llegar a resolver la tensión creada entre el concepto radical de estrategia política (con disciplina, organización, entrega por unos resultados lejanos) y la idea contracultural de vivir la vida al máximo, aquí mismo, para uno mismo. Tensión entre cambiar el mundo o cambiar la conciencia. Esto afirma Geert Lovink*.

A mi juicio, es demasiado fácil formular la afirmación elegante y al mismo tiempo, moderadamente realista de que deberíamos desaparecer del ámbito de lo virtual y regresar a la "acción social". Esta legítima exhortación a abandonar la subestimada infosfera atendiendo lo que en realidad es y a surgir de nuevo en el nivel de "la calle", está estableciendo una falsa distinción entre política real y política virtual.

Y yo creo que si algo vale la pena hacer en estos tiempos posmodernos es procurar los acercamientos, las convergencias, las reconciliaciones y las conjunciones de los campos del conocimiento y la acción que parecen propiciados por una tecnología a la que sin embargo habrá que dominar, esto es, según Lovink, "entender su lógica interna, su lado seductor y sus efectos colaterales destructivos, con el fin de utilizarla de una manera eficaz".

Bogotá, octubre del 2001.

* Geert Lovink. *La importancia de ser un medio o una pequeña red en un gran mundo.* En: El Paseante #s 27-28. *La revolución digitalm y sus dilemas.* Barcelona: Siruela, 2001.

El salto de la escritura
Juan Manuel Silva

I. El contexto de la escritura

Desde hace mucho, los escritores realizan reflexiones sobre su objeto, sobre la escritura misma. En particular, son los escritores literarios quienes suelen referirse a la experiencia personal, a la manera como entraron en el arte o en la artesanía literaria, al porqué escriben o al qué sienten cuando escriben. Que su autoconciencia sobre su escritura se refiera a su propia historia íntima, subjetiva, es un signo de su propia competencia y formación, pues recoge la particular e intuitiva interpretación de los códigos de la lengua que éstos realizan a diferencia de los autores más objetivos cuya interpretación se refiere más a la *realidad* externa que a la *forma* o a la manera de combinar los significados. Su especialidad es, entonces, realizarle variaciones y jugar o explorar los matices que produce la lengua, labor que es mucho más amplia o rica en posibilidades al escribir que al hablar. Esto no demerita la propuesta de los escritores literarios, puesto que también producen *realidades* de significación nuevas e incrementan y potencian el universo de lo humano, sólo que lo hacen desde una perspectiva reconcentrada, interna, utilizando las herramientas de la lengua misma, aplicando la lengua a las experiencias personales, al reservorio de saberes adquiridos, para producir desde allí una aproximación a su entorno nunca antes imaginada y sobre todo *dicha*. Al escribir se pueden replantear los significados desde puntos de vista imposibles o nunca previstos en el habla común. Algunos autores simplemente sonríen de un modo compasivo cuando alguien les reclama que "nadie habla así".

No es fácil, sin embargo, emprender una reflexión sobre la escritura, que tan incorporada se encuentra a los procesos de socialización del individuo. De hecho, la escritura ha sido considerada como uno de los medios a través de los cuales una persona logra preparar y construir su camino hacia la interioridad, hacia su determinación como sujeto en la modernidad (Benjamín. *El narrador*, p. 204). La escritura sirve, entonces, para ayudar a construir identidad en los individuos. "Quien oye un relato participa de la comunidad de los narradores, incluso el que lee participa de esa sociedad. El lector de la novela, en cambio, está a solas" (Benjamín. *El narrador*, p. 204). La revolución de la imprenta es importante porque, entre otros aspectos, universalizó tanto la escritura como la lectura, y desde allí se parte, pues no me refiero a cualquier escritura, quiero meditar en particular sobre aquella que llega a otros, aquella que intenta circular de algún modo como la *voz* de un individuo, aquella que quiere proyectar su experiencia en una comunidad. La imprenta comenzó a democratizar este tipo de experiencias, de las cuales forma parte hoy internet.

La escritura, sin embargo, personaliza la experiencia, posibilita el relato de la forma como el individuo asume la sociedad, la forma como interioriza y le da una versión inteligible o expresiva a su propia socialización, racionalizando o proponiendo perspectivas que anticipan, profundizan y direccionan su propio sentido de realidad. La escritura y, por consiguiente, la lectura han servido para construir horizontes de realidad, para que los individuos se aferren a la reflexión o a la expresión desde lo que escriben o desde lo que leen, porque así pueden determinar con mayor complejidad el sentido mismo de la vida. No en vano ha considerado Lukacs a la novela como la gran forma artística de la modernidad burguesa, ya que le entregaba al individuo la forma de entenderse, de ubicarse en un contexto que no lo provee de reglas fijas, de criterios para la acción predeterminados y colectivizados autoritaria o brutalmente. Para Benjamín el novelista, aquel que se ha desprendido de la comunidad, de aquella que conversaba y que hablaba en voz alta, se ha ensimismado y emprende un viaje, una odisea interior que lo conduce a la soledad en donde él determina su propio juicio en la narración que matiza y pinta la vida. La modernidad posibilita al sujeto, desde algunos ángulos, la autoconciencia, así ésta sea una promesa de felicidad que nunca se cumple a cabalidad. La escritura y la lectura constituyen formas de apropiación y de interpretación particulares del entorno y del propio yo. Este techo significativo tiene, por último, un límite sobre el que se quiere ahondar luego: la soledad extrema del autor literario.

No nos encontramos reflexionando, además, sobre cualquier escritura. La escritura artística busca, entonces, desde la interioridad del sujeto que la realiza, reinterpretar la cultura, reapropiarse en aquellos márgenes, en aquella frontera en la que los discursos de tipo objetivo o analítico prescriben.

El autor literario necesita ser reconocido como tal por esta apuesta que hace en su búsqueda de sutiles significaciones fronterizas de la que es denominada como la realidad compartida socialmente. No es un loco, es un aventurero del lenguaje que se aleja de un modo parcial de lo comúnmente aceptado, incluso puede que su juego sea tan sutil que se le considere realista o naturalista. El escritor literario es un explorador de matices de significación que ni él mismo había previsto antes, por ello requiere algún tipo de validación. No es indispensable que esto ocurra a través de una corte de *fans*, puede ser sólo con un lector anónimo y luego desde contextos de reconocimiento social más amplios. De hecho, la crítica literaria se erige como la forma de validación o de invalidación de esas experiencias. Hoy, sin embargo, con la desaparición

179

de la crítica o, al menos, con su creciente desvanecimiento, el autor literario se encuentra librado a los intereses del mercado, incluso cuando no hay un gran mercado establecido, pues puede estar completamente alejado como un artista invisible que por razones desconocidas aún intenta escribir, aún persiste en su labor. De hecho, pareciera que se insistiera en negarle su estatus, su posición como creador de lenguaje.

No todos los que escriben con una intención literaria adquieren esta conciencia, la de la especificidad de la expresión artística que no es la que se produce con cualquier frase. Al revés, una frase, una palabra de uso común, adquiere expresividad cuando produce un matiz no visto, no mecánico, al menos, cuando no conduce el sentido hacia los estereotipos de la significación. Una frase es literaria cuando inventa o cuando formula de nuevo la realidad y, por ende, indirectamente, ayuda a su renovación, al vínculo expresivo con el mundo de quien lee o de quien escribe. Una frase se convierte en una frase literaria cuando "... aliena o enajena el lenguaje ordinario, pero, paradójicamente, al hacerlo, proporciona una posesión más completa, más íntima de la experiencia" (Eagleton. *Una introducción a la teoría literaria*, p.14). Lo cual no es suficiente, puesto que esa frase requiere un contexto de significación que cualifique ese tipo de discurso y lo exalte como literario (p. 20 y ss). Sobra decir que ese contexto relativiza lo que se considera como literario y produce no sólo una pugna continua sobre lo que se considera el canon expresivo, sino que renueva o relativa de hecho ese canon. El autor literario, aparentemente condenado a la soledad, en el primer momento de su intento expresivo, está rodeado de controles sociales, de formas bajo las cuales se le indica, siempre indirectamente, qué y cómo debe escribir para ser aceptado. No sobra advertir que éste es uno de los grandes dilemas a los que conduce necesitar y/o pretender que se posee una *voz*. Suele ocurrir que en los mismos medios literarios se intente potenciar esa sensación de soledad del autor, haciéndolo sentir ya no solo sino aislado. Uno de los mecanismos de control social de uso común en la sociedad es la exclusión. Este mecanismo incrementa su alcance si el escritor, como en la práctica le sucede, se encuentra en un medio que no es enriquecedor, que no favorece la creatividad literaria, que excluye y que juega a las soberbias y a la no lectura. El escritor, no hay que engañarse, se encuentra reducido a un ambiente de tipo desértico y de muy escasos lectores.

El autor literario, por último, puede creer que él, a través de su voz, es distinto o especial. La escritura ayuda al escritor a construir una identidad, a organizar de una manera secuencial el mundo, a darle un orden y a producir una visión organizada del entorno. Esta visión, así sea coherente, puede desestructurar los órdenes y las significaciones establecidas. Esa visión se autoconstituye como texto, como prueba física, como prueba cargada de símbolos que connotan y producen un discurso, erigiéndose en realidad pura, pues no tiene interlocutores ni obstáculos ni trabas ni tampoco los saboteos de los que no aceptan ese orden propuesto por el discurso. El texto o se lee o no se lee, y si se quiere sentir o interpretar de una manera plena se tienen que aceptar las condiciones de entrada que se proponen como los límites de su universo. Esto nos conduce, establecida de antemano una economía y una lógica mínima razonable del texto, a la infinitud de significaciones que contiene el lenguaje textual. Creerse superior no ayuda al texto mismo y sí se convierte en un obstáculo para producir significaciones y para proponer la crítica de las propias y de las ajenas. Es el medio social el que le ha otorgado al autor esa creencia, mas no por el valor intrínseco del texto como producto diferenciado, pues la escritura dejó de ser novedad hace mucho tiempo, ya existen otros medios que permiten guardar la memoria de las circunstancias y de los acontecimientos humanos, así como de las interpretaciones que se hacen de la naturaleza y de la existencia. La escritura, no obstante, como forma de expresión textual, es una habilidad que permite establecer sólidos lazos de comunicación con el mundo. La escritura en la modernidad constituyó una forma de *ser*; pero esta forma no es estática, permanentemente ha venido replanteándose. La industria de la lectura y la escritura, así como le otorgó un *poder* al escritor, se lo ha quitado, dadas las inmensas cifras que se manejan mundialmente de libros y ediciones publicadas. La sociología de la escritura artística está por hacerse.

Los escritores de todas las generaciones siempre se han planteado la pregunta por el objeto de su arte. Existe un sentido de época, un sentimiento que de hecho se transmite de un modo imperceptible, por el enfoque, por los temas, por los géneros textuales utilizados, por el estilo expresivo o por la forma de argumentar las ideas. Un escritor puede ser tocado por su momento histórico de muchos modos, el problema para él como autor literario o artístico es la manera de expresar esa realidad, de incorporar en ella también lo intangible que subyace a su propia existencia. ¿Qué tenemos para decir? Algunos optan por alejarse para sumergirse en un mundo de penumbras y de espejos. El artista tiende a ensimismarse, así escriba con sentido público. Si antiguamente lo difícil era abstraerse del entorno, hoy, sin embargo, lo difícil es proponerle algo. Pareciera que los autores no tienen nada que decirle al mundo. Ya no es posible aplicar esa máxima propuesta por Orwel: "Querida tía, uno no escribe acerca de algo, uno sólo escribe" (Orwell. *Dentro de la ballena*, p.123). Ya nada interesa y si lo hace es porque existe algo oculto, algo comercial, algo para mercadear. Proponer algo es establecerse en la paradoja de la expresión contemporánea, pues ya nada se escapa al mercado. El autor tiene una salida, la de escoger conscientemente el acto de querer hacerse oír en un mundo de sordos, en un mundo banal que no tiene nada que decirle al individuo por distinto a compre, a que se relacione rápido y a que consuma. Ya nada es gratis. En la sociedad postindustrial nada es gratis, ya que todo tiene un precio, así sea indirecto. Todo sigue modas y propuestas comerciales para imponer parámetros o, también, caprichos, porque pocos leen y por eso hay que venderles el producto literario preformado, prefabricado; pero como si fuera libre, como si fuera un producto genuino, auténtico. Incluso los millonarios y las corporaciones insinúan que este cuento es realidad cuando valoran el cuadro de cualquier pintor de vida excéntrica y azarosa por cifras difíciles de pronunciar. Si no se puede construir un parámetro de apreciación estética, se le pone un precio y se tendrá establecido de hecho. El autor puede, entonces, para diferenciarse críticamente, proponerse conscientemente plantear su punto de vista, decirle al mundo su capricho.

La expresión es un problema para el autor. No tiene escape, pues cualquier intento estético realizado hoy, en particular si es replicado y difundido por el sistema de reproducción masiva, es, de hecho, adocenarlo y quemarlo. No vale en estos casos la no intencionalidad del autor, el que su propuesta fuera espontánea y el que sólo después haya sido *adquirida* por la industria cultural. Esto sucede siempre, incluso en los casos aparentemente extremos, como el que hizo en su tiempo Henry Miller, visto por Orwell: "Él toca el violín mientras arde Roma, y, a diferencia de la enorme mayoría de gente que hace esto, toca el violín con la cara hacia las llamas" (Orwell. *Dentro de la ballena*, p.121).

Contar la cotidianidad fue expresivo y lo sigue siendo, ¿pero cómo? Cuando este intento se convierte en objeto del arte conceptual se desgasta; ya esa escritura en primera persona, desde esa perspectiva, la de hacerla una cotidianidad *mayor*, la de jugar con ella, al modo de Miller, se debilita como propuesta expresiva. Puede, no obstante, que sea una fórmula comercializable, aunque dependiendo de quién sea la figura pública que se *retrate* su vida. La industria tiene mil bocas y cien mil tentáculos. El autor literario, a diferencia de los románticos, es consciente de la artificialidad y de los límites de su intento, de su pretensión de querer hacer escuchar su voz. ¿Eso es lo que quiere en verdad? Si está escribiendo con una intención pública, no puede, entonces, negarlo. La cultura audiovisual y de circulación masiva, editorial o periodística, no conspira directamente en su contra, sólo afecta su proyecto,

183

lo disminuye, o lo desvanece en la multitud de fallidos intentos de expresión que no llegan, que no se venden, que no son considerados porque no se encuentran dispuestos en el canal apropiado. El artista se encuentra en la trampa. Cuando quiere, no llega, no puede llegar. El autor sabe que está por fin completamente solo, que incluso ya ni puede escribir para sí mismo; ¿para qué se miente más?

El problema principal para el autor literario es asumir las paradojas a que lo conduce la multiplicidad y la ambigüedad contemporánea. Cuando se pone a escribir, sólo por ese hecho, el artista que quiere escribir, que dice, que intenta hacerlo, se encuentra en problemas. Puede obviar el asunto, llenar su hoja de vida de publicaciones, repetir los títulos.

II. Obstáculos para hacer literatura

La creatividad al escribir tiene demasiados peros, dilemas y retos como para no tenerlos en cuenta. No sólo se trata de qué escribir sino de cómo hacerlo y de la pregunta sin plena respuesta que subyace a su frágil actividad.

La escritura forma parte de la experiencia del lenguaje. El lenguaje, desde Humbolt "es una actividad que no cesa en su despliegue infinito, despliegue en el cual es lo que es, tal como le ocurre a la subjetividad misma" (Cruz Vélez. El *misterio del lenguaje*, p. 128). El lenguaje estético elude la realidad inmediata del mundo para reconstituirlo en un texto con un mayor esplendor. A través del lenguaje mismo transforma su interpretación de la realidad en otra realidad que puede ser mucho más viva y expresiva, cargada de connotaciones y de posibilidades que la realidad objetiva de la que surgió. La estética puede convertir su constructo en objeto de culto, en valor en sí mismo. No le interesa la realidad inserta en el lenguaje común (Cruz Vélez. El *misterio del lenguaje*, p. 57), porque elabora dentro del texto otra esfera paralela, un lenguaje particular con vida y leyes propias.

El lenguaje estético requiere una distancia con esa realidad cotidiana, insuficiente y precaria, pero que cejará de su objetivo básico, el de hacer dudar al lector de la perenne objetividad y solemnidad establecida del mundo, incluso el de convencerlo de la existencia de otras posibilidades de realidad. Para eso utilizará diferentes estrategias. De hecho, el lenguaje estético puede, con el tiempo, constituir una nueva realidad cotidiana y objetiva, desgastando el valor de su antiguo esfuerzo, asimilado por la objetividad. El lenguaje estético le exige, entonces, al autor, un verdadero salto, una transformación que lo hace, no tanto estremecerse, sino vacilar ante la prueba. Esto le sucede porque traiciona el espíritu mismo de lo poético, porque abandona la experiencia estética para proponer otro tipo de experiencia marcada más por la vida social que por las leyes internas del texto literario. Por eso es conveniente revisar brevemente algunos de los factores externos que afectan la producción del texto literario.

No siempre su intento será aceptado, tan sutil, tan intangible es ese "trabajo". Algunos caerán en la banalidad para ser reconocidos como artistas y sus palabras se perderán en las páginas corroídas por la tinta en que fueron impresas, otros tratarán de controlar con sus juicios tales valores y el mercado en el que imponen será tan relativo como fugaz. Otros, darán vueltas sobre sí mismos para instaurar una fatua prosopopeya con la que esperan darse una exagerada importancia, "esa solemnidad afectada" que define Moliner en una de las acepciones de la palabra. Muchos éxitos no perduran más allá del sonido escandaloso o repetitivo de las propagandas que los anuncian.

El autor, así sea novel o sea un veterano de muchas páginas, puede estar contagiado por la velocidad y por el ruido, ha perdido el centro de su experiencia. Tiene que estar en el mercado o, por el contrario, se ensimisma y juega con unos símbolos que ni él ni nadie pueden sentir. Se ha sofisticado, se ha hecho especial, se ha llenado tanto que no puede vaciar su experiencia en una obra en la que simplemente se expresa.

Ha perdido la musicalidad, la capacidad y la dinámica espontánea de su intento.

Es diferente cuando "el blanco de la página en torno al poema es trasladado a la mente que es dejada en capacidad de hacer todas las asociaciones y las correspondencias" (García Maffla. *Qué es poesía*, p.64). Escribir es, de otro modo, adentrarse en el vacío de ser y poder exponerlo, poder ponerlo en palabras que contienen imágenes. Pero no es posible ensillar sin traer la bestia, sin jugar con la expresión, sin liberarse del temor de la equivocación, sin darle tanto importancia o trascendencia al acto mismo de escribir. El arte, ya lo expresó Merleau Ponty al referirse a la música, surge del silencio, del contraste que producen el aventurar un sonido o una secuencia de sonidos, con un ritmo, con un tono, con una intensidad, con una frecuencia que producen un juego expresivo, un contraste. Sin embargo, el artista puede anticiparse, creer que tiene que *hacer* determinada cosa, que tiene que tocar determinado tipo de melodía, que tiene que llenarse de éxito, pero, en la práctica, se pierde la potencialidad creativa que posee el vacío.

El fantasma de la página en blanco, la llenura, como el exceso de significados y de elementos, de ambiciones, de obligaciones y compromisos forzados, tanto internos como externos, existe y atormenta, así como la asombrosa capacidad de expresión y de poner en un papel unas imágenes mentales con tanta ligereza como espontaneidad que tienen tanto los niños como los artistas. Lo que también pudiera causar perturbaciones por otros motivos, pues se suele construir un alto y delicado, complicado pedestal para el trabajo artístico; pero para vedarlo, para controlar su acceso.

La escritura, percibida sin ninguna talanquera, sin ningún obstáculo que disminuya su potencial expresivo, por fuera del mismo tener que poner en palabras y en frases los sueños y los deseos de los artistas que intentan ese camino, conduce a un horizonte tanto infinito como aterrador.

La cultura contemporánea es barroca, le tiene terror al vacío creador, traiciona el espíritu más simple del acto de escribir artísticamente, el de jugar con el lenguaje. Pone afuera, en los bordes externos del texto, esa capacidad de renovación lúdica que posee en sí mismo el lenguaje y que es potenciada por la expresión estética. Empobrece su potencialidad de producir matices y combinaciones nunca antes definidas con un propósito nítido. Esto es lo que diferencia el juego del niño del juego del artista, que éste concibe con mayor autoconciencia su juego, pues reconoce que la vida se le va en ello, que es una actividad importante para el desarrollo de la conciencia humana. Sólo que la grandilocuencia del artista sofisticado, concentrado en su propia imagen, tiende a desaparecer, ya que la obra se convierte en tarea que es juego, que es espontaneidad en la ejecución, en el fin que persigue, así sea un arduo trabajo de creación y de revisión.

En la revisión de los borradores se hace esencial cierto tipo indefinible de espontaneidad, de capacidad de juego, pues lo que importa es la economía interna de la obra, las posibilidades que se vislumbran en ese momento, el no exceso, el no producir un texto plano. El autor se encierra a nadar con los signos de la obras, con las frases, con los implícitos que contiene, así como con lo que pretende que sea percibido como la primera capa de una cebolla. La pasión del juego, de sacarle el mejor provecho al texto sin traicionarse o sin excederse en el decir, es un reto para cualquier artista, pues el decir grosero, el definir, el vender un producto, no es suficiente ni adecuado. El autor se ha encerrado con su texto, lo explora y lo revisa en todos sus recovecos, pero está dentro, se abandona a su lógica, no deja de jugar *como* un niño.

La humanidad carga demasiadas palabras escritas a cuestas. De las pronunciadas tan sólo pudieran compararse con un torrente desbordado que conduce a todos los océanos de la Tierra. De tantas y tantas conversaciones van quedando trazos que se consignan y se transforman en las frases que conducen a un texto que, curiosamente —no se puede afirmar de una forma tajante que lo sea—, intentan hacer parte un océano mayor. Los textos escritos de carácter expresivo poseen finalmente una intención y una ambición quizá mucho mayor que la que surge de la oralidad, sueñan con un horizonte que se pierde en lontananza, pero al que han llegado a construir en ese mismo sueño. Es un resultado posterior, no pueden anticiparlo. Sólo gozarán de la escritura, así como los lectores lo experimentan y lo definen como un sueño mucho más grande luego. El artista ha construido un mundo desde la vivencia y la artesanía del lenguaje, desde ámbitos concretos que connotan. Sólo que no traiciona –no me pregunten cómo lo hace porque existen múltiples caminos– la ambigüedad del propósito significativo del texto. Si quisiera decirlo todo de una manera expresa, clara, precisa, su texto se aparta del arte y se dirige hacia la objetividad y hacia la ciencia.

La hipótesis del escritor puede, entonces, cumplirse desde la estética: escribir expande y hacerlo con una intención poética o estética desarrolla en una escala no cuantificable la infinitud de imágenes y sensaciones que el texto escrito potencial, en camino de realizarse, pretende exponer o entregar como un ambiguo paquete al lector.

Lo escrito no se encuentra prefigurado, está siendo recreado, es cierto, pero también está siendo inventado en el momento mismo de la experiencia. Así como los personajes literarios se encuentran vivos en el momento de la escritura y son frágiles, son maleables; igualmente, los sentimientos se producen en el momento mismo de la escritura. La poesía del texto se realiza en sus matices en el momento de la escritura y también en el de la lectura. El escritor se juega el sentido en cada frase, en cada ámbito significativo de expresión. Es un suicida textual, pues puede dañar su trabajo –si exageramos, con un adjetivo mal empleado, con una frase–, hace cabriolas junto al abismo. Lo ambiguo de su propósito significativo, no sólo lo enriquece en posibilidades, lo conduce directamente hacia el juego. El texto mismo se toma y no se toma en serio. Y no puede tener, entonces, asegurado el sentido de antemano como cualquier precavido científico. Él toma continuamente

múltiples decisiones, microdecisiones sobre el significado

expresivo y sobre el curso de la obra. Si vuelve rígido su planteamiento lo puede asesinar, desbaratar incluso en el primer párrafo. Esto le sucede, aunque su planeación sea rigurosa, así se considere un adicto a la estética paranoide de Edgar Alan Poe.

Ante la lectura sucede algo similar. El texto, que permanecía como un cadáver sin ningún significado expresivo, recobra vida y es expandido por el lector que descubre las sugerencias que él contiene y las que estaban por producirse, porque no habían sido todavía sentidas y lo necesitaban a él para nacer. Diversos autores, entre ellos Gadamer o García Maffla, nos recuerdan ese carácter abierto, nunca cerrado, de la obra estética.

La planeación, en cuanto al método escogido, no importa, pues lo que persigue no es definir la obra, sino el espacio mismo en el que se va a desenvolver una sensación, un contexto no desarrollado en la oralidad, en la experiencia cotidiana. Algunos tienen que ser sistemáticos, al modo de Poe, otros trabajan de la manera más intuitiva e inmediata. No existen reglas y, en este caso, se aplica aquello de que cada cual sabe cómo matar sus pulgas. El malentendido puede consistir en sacrificar la potencialidad de ambigüedad del texto. El texto estético no sólo es subjuntivizador, productor de posibilidades, de potencialidades significativas, desde lo que Jerome Bruner considera en un texto no suficientemente considerado por los literatos de oficio. El texto estético es un productor de ambigüedades. Lo que quiero resaltar es que no tenemos que desde el arte encontrar "el remedio que subsane el defecto de la ambigüedad que aparece como un impedimento para el aprendizaje y la compresión lingüísticas" (Camps. *La evaluación del aprendizaje de la composición escrita en situación escolar*, p.126), en tanto se maneje de esa ambigüedad y el texto proponga como una caja de resonancia, como una caja de Pandora.

En un hermoso símil, Jeffrey Kittay (*El pensamiento a través de las culturas ecritas*, pp. 230-233), compara al autor del texto con un arqueólogo que revive la experiencia que expresa y que se yergue sobre las ruinas de la ciudad que estudia desde una perspectiva imposible para alguien que viviera y compartiera la vida cotidiana con sus contemporáneos en esa ciudad. Es un asunto de perspectiva, de punto de vista. Si la escritura expositiva tiene la libertad de plantear hipótesis sobre la realidad, es inimaginable pensar, el inmenso baúl de posibilidades de expresión de sentimientos en un contexto distinto al habitual que posee el artista que escribe desde su libertad. El artista dirige una mirada diferente a la realidad que él está construyendo o reconstruyendo. Es una mirada precisa, con nombre propio, propuesta particularmente por él y no por otro. Tiene alguna razón en su omnipotencia, en cierto infantilismo que pudiera desprenderse de su poner en juego su capricho, de convertirse en el narrador omnisciente de su deseo particular. Pero no es esto lo que valúa su intento. Es más el de tener un deseo, el de poder enfocarlo, pues el ejemplo de Kittay pudiera ser utilizado también para el texto expositivo, pero allí el enfoque tiene que ver con el descubrimiento de otro ángulo para captar el mundo y para analizar desde esa óptica sus consecuencias objetivas. En el intento estético se trata de otra cosa, de percibir una racionalidad distinta, para vivir como se siente ese mundo y comprender masivamente sus posibilidades.

La libertad del artista consiste en descubrir su deseo, en ponerlo en juego ante otros. Muchos se sofistican, no pueden exponer su asunto vital o, quizá, no están suficientemente desesperados para hacerlo. No es ésta –la mía– una perspectiva romántica. La libertad consiste en sumergirse, con o sin consecuencias; no es previsible, en la propia locura como camino. Dicho de otro modo, en trabajarla, en potenciar la propia subjetividad, en agitar los fantasmas. Esto es realizado con distintos fines y resultados, pues no se ha analizado acá el manejo formal de los temas propuestos, de los deseos.

Esa libertad tiene un precio inesperado, esa *inintencionalidad* que se expresa en la obra de arte, de la que ya, por otros motivos, planteó Ortega y Gasset, se erige en un escollo que muchos no pueden superar. La infinitud se convierte en su contrario, en negación, porque así como todo es posible, ese todo puede que no germine y se difumine. Por ello muchos de los que intentan escribir no sobrepasan las primeras líneas o, incluso, no logran tampoco escribir en la tal hoja en blanco que asusta al que no define expresiva, inconsciente, poética o emocionalmente su entrega al lenguaje. Se encuentran de improviso ante el gran muro de la expresión, ante el abismo al que conduce la libertad, ante el primer gran obstáculo, el de pretender acariciar el infinito con las manos y por eso sin tino le colocan nombres que no corresponden. Definen anticipadamente su experiencia para sobrevivir a ella, en vez de morir un poco, de perder, de abandonarse con ella. Muchos autores no superan esta impresión, ese susto. Otros acuden a distintos trucos, incluso con mala conciencia, y llegan de distinto modo a construir un texto.

Nada, ni siquiera la impecabilidad emocional garantiza el valor del texto. Muchas obras surgen desde las ruinas de las contradicciones personales de los autores que las inventan y que las escriben. La obra compensa al autor, le da un respiro, incluso aunque no se difunda.

Comenzar un texto, un trabajo, es un verdadero reto. Algunos, y no sobra decirlo acá, sacrifican su voz, su presencia y su integridad, con tal de tener un escrito. Otros, son creadores que no dudan en *beber* de todas las fuentes para poder expresarse a cabalidad. En ellos el plagio, la falta de originalidad, más que un defecto, es una virtud. No existe la copia. Ellos recrean a partir de las obras de otros y los superan, se convierten, como ya lo ha planteado con lucidez Karl Kraus en *Los verdaderos creadores*. No existe, entonces, un camino para comenzar a escribir ni, tampoco, para determinar en dónde comienza la voz propia y en dónde termina la tradición de la que se parte. El asunto más que de resolverse con criterio racional —tampoco con el de la ambición desmedida del pirata— es de expresión, de entrega a la propia tarea.

La dificultad para escribir con sentido estético estriba, no en la novedad que se propone el autor, la que quizá no sea 191 tan importante en sí misma. Si estuviera planteada en el texto de un modo expreso, directo, cerrado, sería otro tipo de texto, no en uno literario, sino uno de tipo expositivo, puntual. Lo indirecto que se propone expresar el texto literario no es tanto un ocultamiento, no puede ser sólo eso. Más que pretender decirlo todo, el texto estético calla y por eso otorga, pero no tanto la prueba puntual de un delito, no, el texto literario otorga una gama mayor de significados que el texto expositivo. El silencio que contiene la obra literaria de valor le otorga una mayor libertad al lector de significar el contexto en donde él *aprehende* esa obra. El lector le disputa al autor las interpretaciones que éste se propuso originalmente. Incluso, pueden ser muy diferentes y hasta ser opuestas. Sin embargo, el lector es quien suele cargar al texto de matices expresivos que tienen que ver con la experiencia de su propia lectura y es, entonces, una falta de ética la de *deletrearle* todos los significados. El escritor lo asfixia, quizá con su propia basura. La intención, en un texto creativo, de dar a conocer plena o absolutamente la realidad, como se haría en un artículo de tipo expositivo, es también una ilusión que puede afectar el valor de la obra en tanto semejante intento no forme parte de algún juego o trampa que connote otras cosas.

El artista posee una visión que se ha mencionado antes como su deseo. Ahora, requiere personalizar su expresión. Construir, desde su experiencia, desde los recursos del lenguaje escrito, un camino textual propio e, incluso, tocado por lo ajeno, pero con un sabor especial: el de su visión. Lo demás es mentira. Con razón, ya viejo, Henry Miller, en *Cartas a Venus*, afirma que lo único que el autor puede tener como referente ante su proyecto es sinceridad. Esto le sucede a él, incluso, cuando copia la realidad u otras obras. Caso distinto es el plagio, el ocultamiento ante sí mismo de su debilidad como productor de significados. En este instante se sofistica, se convierte en *autor* anticipadamente, y no puede desarrollar ninguna visión. Requiere una obra que lo enriquezca, pero interiormente. Al menos un paliativo desde donde él podrá manejar las emociones que lo perturban o que lo incitan a producir.

El asunto de la técnica de la escritura literaria es arduo y complejo. No se va a trabajar acá como se debiera. Es una tarea infinita, que cada autor renueva con su propia experiencia. La técnica como tal es una engañifa, porque el lenguaje es el ser de la vida y no la técnica que lo instrumentaliza en un texto; debe tener una gramática significativa y una economía expresiva para realizarse consistentemente. Por ello se renueva el lenguaje, así tenga el corsé de ciertas normas, se renueva sutil y definidamente con cada individuo que lo usa, con cada cultura y con el transcurso mismo de la historia. En un trabajo denominado *La escritura como práctica comunicativa adulta* se considera que "escribir es un acto complejo porque impone demandas simultáneas sobre el escritor". Así lo plantea Clemencia Flórez y sobra acá transcribir la enumeración de los procesos que atiende el escritor. El autor literario tiene que atender las mismas demandas, más las que se refieren a los puntos de ruptura significativa y formal que él intenta realizar en su texto. De hecho lo significativo se ve afectado por el cómo lo dice y viceversa. Esto es demasiado y suele aconsejarse en aquellos sitios en donde se dan talleres de escritura el atender más a la totalidad expresiva, a la creatividad, a atreverse a escribir, a atreverse a exponer su texto a un público abierto, etcétera, que a la técnica misma. Al menos esto ocurre en los talleres de escritura creativa, en los que la técnica ocupa un segundo lugar, pues da prioridad a la creatividad, al manejo literario de los temas, de los géneros y subgéneros; así como, también, se reflexiona sobre qué es lo poético y de lo expresivo o estético en los fragmentos que se escriben. Muchas veces se insiste en que la lectura; la gramática y la redacción se aprehenden más libremente a través de modelos que permean las frases propias y que no convierten en una tarea mecánica el acto de crear un texto. De allí que los gramáticos y los correctores de estilo, incluso muchos lingüistas, fracasen a la hora de realizar textos creativos. La gramática y

193

el estudio de las oraciones la suelen trabajar los profesores que justo nunca escriben textos, y esto sucede en especial en los cursos de redacción expositiva que se dictan en colegios y en universidades. El autor literario suele ser un adulto y tiene que afrontar conscientemente estas dificultades. Requiere trabajar primero las condiciones expresivas y las que identifican al texto como una totalidad y como un objeto artístico. "La poesía es expresión, no comunicación, de lo más íntimo nuestro, de nuestra imaginación así como de nuestra más auténtica visión o versión de la vida" (García Maffla. *Qué es poesía*, p.71), no corrección. Luego, el autor en ciernes podrá dedicarse a sus lagunas específicas, a aquellos vacíos en el manejo concreto del lenguaje tanto en la frase como en el párrafo.

He preferido, entonces, reflexionar sobre los problemas expresivos en sí mismos. Desde allí siempre se encontrará un espacio para resolver lo técnico, lo formal. Quizá la mayor dificultad al respecto es no poseer una tradición relacionada con lo literario, con la lectura. Sin embargo, nunca es tarde, siempre es posible inventarla, irla construyendo. No se trata de tener que leer muchos textos, de ser un cultor obsesivo o pedante de la historia de la literatura. Esto, al contrario, se convierte en un obstáculo mayor. Muchos críticos, formales o informales, se alimentan de la lectura para impedirles a otros que escriban, pues no han terminado la tarea, no han revisado la historia casi completa de la literatura.

Es preferible reflexionar sobre la poética literaria, sobre ciertos intrincados problemas a los que conduce el proponerse escribir con una intención estética. La escritura creativa requiere una sutil transformación, de la distancia estética, para convertir el texto en arte, en algo que va más allá de la cotidianidad pese a que se refiera a ella. El texto creativo surge como reacción emocional, como proceso que digiere y trabaja las experiencias humanas y con ellas las experiencias del autor de los textos. Para Scheff "cuando la atención del individuo está exactamente dividida entre la tensión pasada y la seguridad presente (es decir, una distancia óptima de la emoción reprimida), se levanta la represión, y puede ocurrir la catarsis". Aparece, entonces, el momento para construir una nueva experiencia, no para *actuarla* de un modo desordenado. El texto estético requiere, no el equilibrio emocional del autor, sino la claridad y la contundencia expresiva en el objeto estético. "La distancia estética requiere una experiencia equilibrada de una escena presente y una pasada", dice Scheff. Existen dos conciencias que posibilitan la construcción vívida del texto estético para poder producir una sorpresa eficiente en el lector. El arte de la escritura se convierte en composición. No existen reglas fijas a este respecto. De hecho, los cánones varían o se desgastan por el solo hecho de su uso. Es indispensable, desde Roman Jakobson, que el autor termine "haciendo que lo ordinario sea de nuevo extraño" como afirma Bruner. La escritura literaria conduce a la inventiva permanente, al juego lúdico, a matizar o, incluso, a destrozar los significados establecidos. El mismo vacío, por distintos motivos, puede percibirse al empezar un texto, cuando se está frente a la página en blanco que cuando se está ante el final de la página y se teme por el presente y por el futuro inmediato del texto que se ha escrito.

III. La actualidad de la propia experiencia

Nada es gratuito y menos cuando se trata de recrear aspectos de la propia biografía, así sean los recuerdos de cómo ha sido la experiencia y la relación con la palabra. Son recuerdos interesados, importantes, además, porque pretenden enfrentar y/o comprender las experiencias actuales, los retos que como creador pueda todavía tener. La historia de cada creador o de cada persona interesada en el arte de la escritura literaria está plagada de esos indicios. En mi caso: no sólo la biblioteca de mi padre, que me hacía explorar en esa enorme cantidad de libros escogidos por él tal vez de un modo azaroso. También en el acto de aventurarme a leer, en el acto de

195

escoger los libros que finalmente me permitían escoger un interlocutor en la adusta casa. Las primeras lecturas suelen ser propiciadas, como las que mi padre me invitó y las que algunos profesores me soltaron casualmente. Nada es casual para el creador, dicen. Hay que aprender a observar y a transmitir bajo el medio que se escoge: las frases, los párrafos. No me solté a la escritura sino cuando tuve una máquina que me permitía –tortuosamente, dado los errores– visualizar el texto como un horizonte con comienzo y con fin. Venían las revisiones, las múltiples y eternas revisiones que constituyen en mi experiencia personal como una familia, como una comunidad, como un contacto nítido con la tierra y con mis contemporáneos.

En arte nada casi está escrito y siempre pareciera que hay que recomenzar de nuevo, al modo de Sísifo. La escritura es castigo, en términos de lo escolar, en particular en mis recuerdos –soy zurdo–; pero es virtud, pues es reorganización del mundo cuando afuera no existe una atmósfera favorable. Es sueño que se convierte en realidad. Constituye un vínculo con el mundo exterior para el autor, una manera directa y explícita de hacerse parte del mundo. Se escribe por las lecturas; esto garantiza, al menos un poco más, que no se convierta la artesanía en un mecánico negocio, sino en una exploración que se relee y se revisa hasta que se considera lista.

Apenas si empecé a escribir ayer, dice el escritor atormentado por sus problemas, por su posición difícil en un país heterogéneo y emproblemado en el que esos fantasmas, esas angustias no tienen un piso válido o que pueda ser considerado en medio de una guerra que no termina. Tengo oficio, termina por consolarse el escritor, apenas si he comenzado la jornada y hay tantas cosas para experimentar. Estamos en un laboratorio creativo y violento.

La literatura requiere cada vez más escritores con posiciones divergentes, con propuestas alternativas, con disposición para salirse de la normalidad masificadora; pero, para

llevar a feliz término esta incitación a escribir y a confrontar los escritos en público, se requiere que los escritores sean también los primeros lectores de lo divergente, de lo marginal, de las propuestas estéticas renovadoras de sus contemporáneos. Ya lo planteó recientemente Gutiérrez Girardot en una entrevista en las *Lecturas Dominicales* en el periódico *El Tiempo*. La literatura, adocenada durante los últimos años, en ese desgaste mismo del canon impuesto por la moda, está en proceso de renovación, porque existen lectores que están optando por propuestas menos *light* y más críticas de la vida, de la cultura y del arte. Invitar a escribir es también invitar a leer y a compartir la lectura.

La literatura se muerde la cola puesto que también necesita renovarse. Se requiere que, como ya aconteció hace un siglo, resurjan las propuestas estéticas críticas o diferentes a las que defienden las grandes casas editoriales, o la parte más vacua y nula de los medios de comunicación masivos. No es proponerse como distintos, como románticos y perdidos sentimentales, como idealistas. Se trata de darle una alternativa distinta al arte literario, una que vaya más allá de las fórmulas que dictan los reseñadores planos del arte, así como de los que tienen un nicho *superior* en el mercado de propaganda y difusión de los objetos culturales literarios, o de los que reducen la literatura a fórmulas, a listas y a clasificaciones. El cierre cultural que impuso cultura masificadora tiene que fracturarse; ya internet lo ha comenzado a hacer, pero no es suficiente. De hecho todos los que se acercan a la literatura son lectores tan intelectuales como comunes y corrientes, tan críticos como permisivos, tan capaces de recrearse a sí mismos como de convertirse en editores y comunicadores de sus propios textos. La literatura tiene una función anticipadora de la realidad, requiere escritores y lectores, tan desprevenidos como profesionales.

SEGUNDA PARTE
ANTOLOGÍA LITERARIA

EL NEJUSTÁN
Azriel Bibliowicz

Y heme aquí parado en fila. Advierto: no es una fila cualquiera. Los que estamos en esta procesión, vamos para la tierra prometida. Hoy, la fila parece más larga que nunca. Con cada paso la cola ondula su cuerpo fabricando una cadena de contorsiones que nos lleva a serpentear de un lado a otro. El andar de la criatura es lento y pesado y todo movimiento parece una victoria.

Ahora bien, no debe sorprendernos que las colas que van para la tierra prometida formen una gigantesca culebra. Tampoco es casual que Moisés tuviera un bastón de mando con forma de ofidio de bronce macizo que los israelitas llamaban nejustán. La búsqueda de la tierra prometida tiene mucho que ver con las serpientes. Y al igual que los reptiles su realidad siempre será escamosa, resbaladiza y plagada de ambivalencias.

Pocos animales generan tantas dualidades como las serpientes que nos hipnotizan, pero, a su vez asustan, embelesan y provocan rechazos. O se las quiere o se odian, pero frente a ellas parece que no hubiera posición neutra o desprevenida. Aarón el hermano de Moisés, por ejemplo, no era muy amigo de las serpientes, prefería los becerros. Moisés en cambio amaba las serpientes y lideró el éxodo. El camino en busca de la tierra prometida es sin duda culebrero.

Yo entré a formar parte de este reptil a las siete y media de la mañana, hora en que me citaron. No acostumbro a ser tan puntual, pero esta vez hice lo indecible por llegar a tiempo. Me impresionó ver que ya había más de trescientas personas delante de mí. Me acomodé rápidamente en el puesto que me correspondió. Al encontrar tanta gente, pensé que me había equivocado. Revisé mi pasaporte. Pero, el rótulo decía clarito: siete y treinta de la mañana. El compañero de enfrente también revisó su documento de viaje. Alcancé a notar impresa la misma hora que la mía en la etiqueta con que fuimos citados. Todos reunidos a la misma hora, en una humillante convocatoria.

Un extraño rumor comenzó a avanzar en el espinazo del ofidio atascando nuestros oídos. El sonido que generaba era como el de una flauta destemplada que insuflaba hipótesis y conjeturas. Entre frase y frase fuimos comprendiendo que éramos parte de una trama satírica y que el vejamen forjado se nutriría del ultraje. Pero, dentro del nejustán no hay cómo ni dónde ni a quién quejarse. El reptil demanda paciencia y buena cara. Obliga a que todos usemos la careta de la sumisión que necesariamente deben lucir todos aquellos que van para la tierra prometida. Es la máscara ruborosa que nos distingue como miembros y parte de este animal de lengua bifurca.

Los de adelante empezaron su fatigoso undular a las cuatro y treinta de la mañana, bajo la luz de la luna. A los ofidios les encanta la luna. En verdad, me incomodó saber que había llegado con tres horas de retraso. Madrugué con entusiasmo y eso que odio levantarme tan temprano. De nuevo comienzo a sentir el silbante murmullo que recorre al nejustán. Dentro de la criatura vamos aprendiendo, paso a paso, que no somos individuos y que estamos obligados a comportarnos como un conglomerado, miembros de un mismo cuerpo. A medida en que transcurren los minutos, el rumor se dilata y se transforma en una ola que en su vaivén recoge todo tipo de historias. La culebra elabora las versiones de una misma realidad para que las contradicciones terminen por abrazarse entre sí.

Confieso que estuve tentado de abandonar la cola, pero cuando se forma parte de un organismo, no es fácil desprenderse. Cada vez que consideré la posibilidad de salir corriendo, el murmullo terminó por frenarme inyectándome con las incertidumbres que vencieron mis resistencias. El nejustán siempre descubre la versión que uno está dispuesto a escuchar y que terminará por transformarse en la inseguridad que demanda el dulce consuelo.

La ola del nejustán avanza con más fuerza. Toma altura y nos sumergimos en ella.

...Si se va ahora, corre el riesgo de no volver jamás... Uno nunca se amaña afuera, pero termina quedándose... Es muy duro hablar un idioma donde no le entienden a uno, "ni papa"... Por más de que se les habla clarito, se hacen los gringos... Muchos regresan, después de haberse gastado los ahorros de toda una vida... Pero, el destino es terminar allá, con los mismos de acá, haciendo las mismitas colas... Mire hermano, aquí todos tienen la razón, el palo no está para hacer cucharas y se le arruga el ombligo hasta al más fuerte cuando recibe una llamada donde le tasan la libertad de un hijo...

El miedo es parte de la naturaleza del nejustán. A Moisés le gustaban las serpientes a pesar de los temores que pudiera generar. Entendía la naturaleza de los reptiles porque había aprendido a jugar con ellas en su infancia. Por cierto, el Faraón conocía esta afición de Moisés, ya que se criaron juntos. Por ello, cuando se presentó ante él con su nejustán para impresionarlo, Ramsés no se dejó tramar. Moisés le pidió a Aarón que botara el bastón al suelo para que se convirtiera en serpiente. Pero el antiguo truco, al Faraón, no le produjo ni frío ni calor.

De nuevo el rumor se explaya entre las escamas del animal y me encuentro escuchando historias, como quien no presta atención.

...En este país no hay que ser ni rico ni escritor para ser víctima de un plagio... La extorsión desalienta y sólo queda el deseo de salir corriendo... Muchos en esta cola se jactan de 203 tener un puesto asegurado, pero llegan a hacerle el aseo a otros... Madrugan a esperar el camión que los recoge para llevarlos a cualquier trabajo... Quién no ha soñado con cambiar de nombre, de país, empezar de nuevo, renacer de una u otra forma... hasta que lo hacen...

A pesar de las quejas e inciertos seguimos formando parte del nejustán con sus runrunes y decires. Las consejas al interior del reptil son el maná con que se ceba el animal. El nejustán sabe que la búsqueda de la tierra prometida responde más a las impotencias y desesperaciones que a la ilusión. El ofidio se sustenta con el caldo de vacilaciones que se cocinan en la interminable romería.

...La espera ahora es entre nueve y doce meses para que le den a uno la cita para comenzar a hacer esta cola... Todo en busca de un minuto, y a veces ni siquiera son sesenta segundos.

Moisés sabía que la cura para el veneno de la serpiente estaba en el mismo veneno. Y los israelitas creían que el nejustán tenía propiedades curativas y le quemaban incienso. Hacían peregrinaciones al norte, a su ermita, para tocarlo y librarse así de todos los males, hasta que el rey Ezequías destrozó los cipos, cortó las estelas y trituró la serpiente de bronce.

Hoy todo un largo y fatigante recorrido, todas las vueltas y vueltas terminan por desembocar en unas ventanillas. El futuro, la entrada a la tierra prometida, depende de unos trillados segundos frente a unas aberturas rectangulares.

...No hay nada que hacer... le falta un papel... pida otra cita...

A todos nos falta un papel. A los que formamos parte del nejustán siempre nos falta un papel. A los que deseamos salir corriendo, huir, dejar atrás la inmediatez que agobia, nos falta un papel. Para dejar la tierra profanada por la sangre y la desesperanza, se necesitan papeles, muchos papeles. Los papeles del nejustán cortan y tienen un doble filo. Se necesitan todo tipo de certificados, copias, extractos, escrituras, pero tampoco ellos garantizan la partida.

Siempre me he preguntado por qué las serpientes nos cautivan e inspiran tanto temor. Quizá sea porque parecen un gigantesco estómago, una boca infinita que se abre para devorarlo todo, consumirlo todo y evitar cualquier diferencia. Por cierto, los que vamos a la tierra prometida abominamos las diferencias, deseamos ser iguales, consumir lo mismo. Y queremos formar parte de la misma realidad, aceptar el mismo sabor, sin alteraciones, incertidumbres o peligros. Queremos vestir igual, tener la misma esperanza, ponernos los mismos tenis, vivir bajo el mismo ritmo, comer las mismas papas fritas, tener el mismo andar que ahora nos lleva a deslizarnos con ese sigilo particular. ¿Será por eso que deseamos con pasión formar parte del nejustán, con su reptar y movimiento acompasado? En últimas soñamos con el reptil que nos consume y se renueva dejando atrás el pellejo. El nejustán entrega sin pena una generación que deja en el camino, para así comenzar con otra.

Las culebras son indiscutiblemente animales de sangre fría. Y los que formamos parte de este ofidio, que ya alcanza las diez cuadras de largo, necesitamos abandonar el pasado, para dejar atrás nuestras viejas pieles y entrar renovados con la esperanza que invoca el cálido sueño de la promisión. Dejar las sombras de nuestra historia, para volver a surgir bajo la luz de otra tierra. Estamos convencidos de que el futuro se encuentra en otras latitudes.

...Pero ¿habrá futuro en otras tierras?... ¿Habrá luz debajo del túnel para el recién llegado?... ¿Será el exilio una forma de castigo o un derecho?...

Moisés fundó ciudades de asilo y refugio. Pero, dichas ciudades no eran del todo seguras, ni verdaderos refugios, por más de que Moisés las hubiera erigido. El asilo crea la ilusión de seguridad, pero todo extranjero sabe que no se puede vivir del todo tranquilo. Eran ciudades albergues para los que necesitaban huir, para los exilados, los indeseables. Los que deseamos volver ahora las espaldas y estamos en el nejustán queremos ir a la tierra prometida, a pesar de que se coparon las cuotas para residentes.

205

El nejustán no es un lugar para pensar sino un sitio de acción, donde se actúa con el deseo. Por eso todos compartimos las mismas ansias y absorbemos la ola de rumor que sube y baja por el animal, para abastecer y calmar nuestras fobias y recelos.

...¿Está seguro de que el rótulo en el pasaporte lo venden?... Aquí hay mercado para todo... El precio depende del cliente... hace algunos meses dañaron el negocio... Ya no se consiguen y se puso duro el mercado... Pero, en unas semanas vuelven a aparecer... En época de vacaciones vigilan mucho... Yo alcancé a comprar uno barato, claro que de eso hace rato... Fue la primera vez que me presenté...

También fue un reptil el que nos sacó del paraíso y nos lanzó a ganar el pan con sudor de la frente. Pero no es exactamente la frente el lugar que indica la Biblia, que se llenaría de sudor para que ganáramos el sustento. Las sagradas escrituras hablan de la nariz. El texto nos advierte que sudaremos por las narices. Y la nariz es fundamental si se piensa ir o ser aceptado en la tierra prometida.

Las ventanillas atribulan y siempre frente a ellas termina uno por sonrojarse, ya que conocen las múltiples formas de derramar sangre. El rubor y el rumor dentro del nejustán asegura que los documentos son lo de menos, porque para eso existen tramitadores. Y hay tramitadores para todos los gustos y todos los presupuestos.

Se acerca de nuevo la onda con su cresta de movimiento circular.

...¿Necesita extractos bancarios o certificados de empleo?... Se consiguen en el montallantas de frente, ahí le ayudan... Sí, en el montallantas... Y si no le sirve ese, al ladito hay otra oficina, donde la sacan a uno las fotos para la visa... En el letrero que le anuncia: *Visa Service Welcome*... foto visa en 3 minutos... Preparación de formularios, revisión de documentos, traducción de certificados, fotocopias, asistencia en todos los trámites.

El nejustán sigue moviéndose con sus pasos pegajosos hacia las ventanillas. Todos marchamos sin distinción de clase, raza o profesión. El ofidio nos amalgama: médicos, plomeros, ejecutivos, electricistas, abogados, taxistas, mecánicos, ingenieros, jardineros, estudiantes, prostitutas, comerciantes, sicólogos, sicarios, vendedores ambulantes. No hay oficio que no termine por formar parte del nejustán. Todos vamos a la tierra prometida y formamos parte de la misma criatura.

Avanza el marullo cuya espuma nos impregna sin piedad.

...A veces todo es más fácil cuando surgen vacantes para ir a hospitales o centros de alta infección y contagio... Y si uno tiene el certificado de galeno le dan la visa en un dos por tres... O que de pronto si necesitan ingenieros para una carretera en Hoch Coch... O si se demandan profesionales para recoger alguna chumbera que los campesinos, que llevan años en el país, se niegan a recolectar...

La realidad en la tierra prometida es como un tótem y el último en llegar está en la parte baja del mismo. Pero, los que no preguntan mucho y son echados para adelante, tarde o temprano entran en la tierra prometida. Los que se llenan de dudas y titubean (como Moisés) les toca verla solo de lejos.

En el nejustán, ante todo, hay que tener suerte. Un día llovió y llovió tanto que el reptil parecía una anguila. La tensión y la electricidad que saturaron el ambiente eran contagiosos. La energía circulaba por todas partes. Todos entraron empapados, escurriendo agua. La tensión se propagó hacia las ventanillas, y para quitársela de encima, ese día le dieron visa a todos los presentes. No hay como tener estrella. Ahora bien, la lluvia tampoco es un trébol de cuatro hojas. Por lo general, desemboca en una gripa feroz. Y la cara de empapado no inspira ni lástima ni conmiseración, sólo desprecio y rabia. Los olores se exacerban y el olor es clave para los de las ventanillas.

Los de las ventanillas son sensibles al olor, funcionan por olfato. Se rechaza o se acepta de acuerdo con las emanaciones. Más aún, el nejustán tiene un olor especial. Una mezcla de aromas que, unidos al trasnoche y los temores, van pegándose y nadie logra desprenderse de ellos. Y, en últimas, 207 los que formamos parte del nejustán olemos igual: compartimos el humor del rechazo que nos caracteriza a todos.

Las vestimentas y los colores del nejustán pueden ser insospechados. Algunos llegan muy elegantes, hasta enyesados en oro. Otros visten de manera más modesta. Pero las corbatas son la clave, ya que resultan dicientes. Los de las ventanillas las saben reconocer. Los de nudo triangular, pertenecen a una categoría, los de nudo tubular a otra, los que vienen sin corbata a otra. En las ventanillas los clasifican. El nejustán elabora un lenguaje propio cargado de gestos. Hay quienes vienen con chaqueta de cuero y blue jeans y hay quienes aparecen con ruana. Los de ruana, la culebra los regurgita inmediatamente.

El rumor se envalentona y peregrina por la criatura.

...¿Quién le dará sostenimiento económico, incluyendo los pasajes?... ¿Cuánto gana?... ¿Cuál será su dirección?... ¿Cuál es el propósito de su viaje?... ¿Es casado? ¿Tiene hijos?... ¿Si va de vacaciones, por qué no viaja con su familia?... ¿Tiene carro?... ¿Finca raíz?... No tiene 5 años de empleo...

Todos dentro del nejustán rogamos por que nos toque el de la ventanilla trece. Al que le toca con "el loco", se la juega. Todos, en la criatura aspiramos a que nuestro turno sea con él. Con "el loco" todo puede pasar. Es una apuesta. También es cierto que "el loco" tiene un humor insoportable. Un día con su voz embelecadora por el altoparlante vociferó: "Pasen acá los que hablan chino y sepan cuál fue el veinte presidente de la Unión. El que pueda responder, le doy la visa".

El nejustán no tiene pasado ni memoria, sólo esparce ruidos, que fomentan el sonoro correr de la voz. Y "el loco" lo sabe. Nadie pudo contestar y desde ese día vienen preparados con la lista de presidentes y aprendido el himno estadounidense.

En las ventanillas se retoza como las serpientes con los ratones. El nejustán vive cargado de roedores. "El loco" de la ventanilla trece un día prorrumpió por el altoparlante: "Los que tengan papeles chimbos favor ponerlos al final de la carpeta, que en las Embajadas de Egipto, Irán e Irak se los reciben".

...Egipto... Egipto siempre será el enemigo de la tierra prometida.

Hoy hace frío, no llueve... ¿Habré llegado en el momento apropiado?

El tiempo es fundamental. No se necesitan villanos en estas representaciones, pero entrar a destiempo puede ser fatal.

...¿Será el momento adecuado? Se le habrá endurecido el corazón al de la ventanilla trece... Una salida en falso y todo se daña.

El tiempo se vuelve infinito en cualquier espera.

...Papas, chitos, colombinas...

En el nejustán comemos a toda hora.

...¿Me deportarán?... ¿Tendré la edad adecuada para la tierra prometida?...

Entrar en la tierra prometida, sin la edad indicada no es fácil. Muy joven no sirve. Rechazan a los jóvenes. Y aunque parezca extraño a los de las ventanillas no les gusta los jóvenes. Esta es una de las pocas circunstancias en que ser joven no resulta una ventaja. La serpiente no quiere a los jóvenes. Los jóvenes van a quedarse y se esconden con facilidad.

....¿Cuantos años tiene?... ¿Va a estudiar?... Muéstreme la carta de la universidad... Para estudiar inglés, lo puede hacer aquí... Hay muchas instituciones que le sirven... Le puedo recomendar algunas...

Las ventanillas son ratoneras que tienden sus trampas y al final todos caemos en ellas. Los que formamos parte del nejustán, vivimos ensayando y estudiando las respuestas a las preguntas que la maledicencia teje a lo largo de la encrucijada.

...A un familiar le prepararon todos los papeles, pagó su platica y le salió la visa sin problemas... Esa gente es experta, conocen la movida y están en contubernio con los que son... Necesita papeles de la Cámara de Comercio, ahí le dicen quién se los prepara, pero ya será para una próxima ocasión... ¿No creerá que va a ser usted el único que de buenas a primeras le van a entregar la visa?... ¿Dónde estaría el negocio?...

La ventanilla genera la distancia perfecta para que la farsa pueda ser fríamente calculada y representada sin emociones. No hay hombres ni mujeres, para los de las ventanillas todos somos indocumentados, sin papeles, puros cuerpos, simples cuerpos, cuerpos inertes, cuerpos desechables, cuerpos invisibles que en últimas se transforman en manos, manos de obra, manos listas, manos izquierdas, manos fuertes, que caerán en las manos de quien menos esperan.

...Ayúdeme hermano, ¿cómo lleno este formulario?... No sea mala gente... ¿Qué coloco en este renglón?... No se le ocurra poner que tiene un familiar... Si vive allá, lo delata a él y se delata usted... La vez pasada dijo que tenía un hermano, ¿esta vez por qué no lo puso?... Necesito ir al baño... Pero, cómo me salgo de la cola... Llevo horas y no aguanto más... ¿Me guardarán el puesto?... Vaya tranquilo que yo se lo cuido... Mejor me aguanto, ya voy a llegar... ¿Tendré que esperar mucho?...

Son dieciséis ventanillas, pero atienden en siete. Hay cuatrocientas personas en la calle y doscientos en el patio interior. El altoparlante advierte: "¡Queremos recordarles que es ilícito presentar documentos falsos y que serán penalizados!".

...A mí me han negado tres veces la visa... como sellan el pasaporte, lo tuve que cambiar la semana pasada... Tinto, chitos, la aromática fresca, chicharrón, perro caliente...

El nejustán come y sigue comiendo

...Siempre hay que comprar pasaje de ida y vuelta, a pesar de que se pierda la porción de vuelta... Lo importante es entrar, estando uno allá se las arregla...

Llegan los tramitadores. Los tramitadores mantienen privilegios y siempre vienen tarde. El rumor aumenta, la ola cobra fuerza y comienza a enroscarse. Los tramitadores conocen el animal, lo acarician a diario, notan sus movidas y alimentan los infundios y la pajarota. Los tramitadores tienen su propia pinta y vienen con corbata de nudo triangular y llevan maletín. Aparecen los guardias. El nejustán se altera. Los esbirros comienzan con sus preguntas: "¿Sus papeles?".

Van escogiendo a sus presas por las vestimentas. Los efluvios de la intimidación crecen. Purgan a los que consideran eliminables, para evitar que los de las ventanillas pierdan su tiempo. Siempre reconocen a los de su clase, los que son iguales a ellos. El siseo cargado de conjetura nutre y fortalece la duda. Por algo Moisés fue el líder en la búsqueda de la tierra prometida y no Aarón. Tartamudeaba. Aquí tartamudear es natural. Pero los que tartamudean no entran en la tierra prometida.

...Un primo mío tuvo una suerte loca y me recomendó alquilar una pieza, en uno de los edificios del vecindario... Termina uno como viviendo en tiendas... Por eso fue uno de los primeros en llegar... Ahora, las piecitas no son malas... Tiene lo necesario... Las recomiendan los tramitadores... Le toca uno salir de afán y le dan a uno un desayuno americano que consiste de café con donut.

El rumor aglutina, une, nos coloca cada vez más cerca, más apretados, intercambiando datos, infidencias y compartiendo el culebreo, el movimiento que busca deshacerse del pasado para volver a nacer.

...Chitos, papas, colombinas, chicles, chicharrones, agüitas, el tinto... Si sólo hubiera sabido que le vendían el cupo para la fila, no madrugo tanto... No son tan caros...

Todo se come, todo se vende. Comer es devorar lo vivo. Con cada paso me siento parte de la gran cavidad. El nejustán fluye como el agua, sin forma, pero su lengua huele y fustiga. Ya voy llegando a la ventanilla. Pero, ni Aarón ni Moisés pudieron entrar en la tierra prometida y al primero le tocó morir en el monte Hor, por el solo hecho de haber dudado, ¿qué voy a hacer? ¿Me habré equivocado? Mi día de suerte, creo que me va a tocar el de la ventanilla trece. Tengo cinco turnos por delante. Acaban de cambiar los otros. Tengo la impresión de que me puede tocar el de la trece. Ojalá, ojalá. Hay que subir   211 las manos. Si mantengo las manos en alto, como Moisés, quizá gane la batalla... Suba los brazos. Me siento más tranquilo. Estoy cerca, que el miedo no se note. Calma, calma. Ya casi soy la cabeza del nejustán. Falta sólo un turno. El de la trece está como demorado. ¿Me tocará? Que se desocupe... ¡Hoy es mi día!

—Buenos días...

—Papeles... ¿Propósito del viaje?

—Turismo

—Viaja solo.

—Sí.

—Quiere cruzar el río grande... ¿Sabe? quizá lo deje entrar... Voy a hacer una prueba —dijo el loco—. Es fácil, por cierto esta vez no tiene que saber nada, no tiene que conocer la respuesta correcta.

Pude oler la trementina que despedía de la ventanilla. Quise salir corriendo, huir. Me tendían un ardid.

—Diga: "*Shibboleth*".

—¿Y eso en inglés que significa?

—No importa, sólo repita: "*Shibboleth*".

Empecé a trastrabillar, como si mi lengua hubiera sido quemada por unos carbones.

—Chibolet...

Al chapurrar la palabra, me canceló la ventanilla. El loco cerró mi carpeta y con fuerza estampó el sello que mancilló mi pasaporte.

Los que no fuimos capaces de pronunciar *Shibboleth* nos encontramos a la salida. Manteníamos la certeza de que nos volveríamos a encontrar dentro del nejustán. Era nuestro destino formar una y otra vez parte la culebra, a pesar del rechazo y la humillación. Alimentábamos la esperanza de que el animal de la lengua bifurca, algún día abriría las aguas que nos llevarían a deambular cuarenta años en el desierto, a pesar de la palabra impronunciable.

AFLICCIONES DE LA BELLEZA
Roberto Burgos Cantor

Yo vivía en el encanto. En el asombro renovado, instante a instante. No creía cómo podía existir una mujer tan bella. La más bella. Además se amaba conmigo.

Una mañana, en la estación del bus, vi a otra mujer tan bella como la que me abrazaba. La misma piel canela. Los ojos de venado alerta. Grandes. Negros. Ambiciosos de cielo. Estaba contra una verja, enmarañada por el matojo sobresaliente y oloroso de unos pinos recortados. Un profesor de filosofía, de anteojos con montura negra y gruesa, de plástico, y vidrios espesos, le hablaba de Santo Tomás de Aquino. Ella reía. Quedé desconcertado, triste. Me enfermé de silencio. La repetición de la belleza decepciona.

Ahora me amo con la enana, que nunca se baña, de pelo silvestre sin retocar, que atiende a quienes bebemos cerveza y aguardiente en la trastienda del almacén de víveres de la esquina. Ella no se empina, ni se encoge, para besarme la entrepierna.

POEMAS
Jorge Cadavid

Movimiento

La vida es rápida
La manzana cortada se oxida
El alma es viajera
Los pétalos ya emprenden el vuelo
El tiempo es una enfermedad
El pasado es el futuro
No temas la partida
El movimiento final es la quietud

Desde el espejo

Hecho de dos mitades
partes desde ti mismo hacia ti mismo
Hecho de luz y sombra
el que ve y el que es visto
forman un solo abismo
Viajas hacia tus ojos
donde descubres nunca has estado
Regresas desde tu mirada
donde confirmas nunca has ido

Oración

Tiendo un arco
por encima del pensamiento
Elevo una oración vertical
que desborde la más alta memoria
Entre dos paréntesis
detengo la sucesión del mí mismo

El pájaro

El pájaro está dentro del pájaro
vuela para ejercitarse en el milagro
de separar el pájaro del pájaro
Entonces el canto aparece
desde un punto sin lugar
uniendo el primer pájaro con el último

Desdoblamientos

El mendigo eleva
dos veces la mano
Es una manera de interpretar los cielos
La moneda de la claridad desciende

El secreto

Se expresa lo que se sabe
pero a veces en medio de la página
se accede a lo que no se sabe
se usurpa un lugar desconocido
aparece una presencia que se intuye
se acoge al desconocido y se le deja hablar

Alguien debe hacerse cargo de lo que no se sabe

Zazén

Sentado contra la pared blanca
tengo los ojos más claros

Sentado contra la pared blanca
lo mismo que en el agua
las nubes pasan

La colonia

La prisa de las hormigas
por llegar cuanto antes
a ninguna parte
La urgencia por no faltar
a la cita con nadie
La marcha segura
por calles y galerías
La sensación siempre firme
de que sí existe
un sitio adonde ir

ALGUIEN LLAMA A MI PUERTA
Óscar Collazos

A María del Pilar Gaviria

No quise darle importancia. Tal vez fuera la fuerte brisa que anunciaba la llegada de la cola del huracán a las costas de Cartagena de Indias, la puerta de entrada que no cerraba bien, un simple golpe de brisa en aquel febrero de lluvias esporádicas.

No quise darle importancia al primer ruido que seguramente venía de la puerta de entrada a mi apartamento, desde donde la visión del mar era tan limpia como despejada la panorámica sesgada de la ciudad, el centro amurallado, las aparatosas moles de cemento de Bocagrande, la quieta presencia del caño de aguas estancadas y podridas, una visión que había acabado por convertirse en el inmodificable paisaje de mis días.

Cuando el ruido volvió a ser más persistente, encendí la luz de la lamparita de noche y miré la hora. Eran las dos y treinta y cinco de la madrugada. Y esta vez los golpes no parecían el embate ocasional de la brisa sobre una puerta que cerraba mal sino los repetidos y suaves golpes de lo que creí eran los nudillos de unos dedos aporreados sobre la madera. Así que salí del dormitorio, atravesé la sala sin encender las luces –la luna llena iluminaba tenuemente el amplio espacio del salón– y pregunté quien era.

Aunque el ruido había cesado, supuse que quién llamaba –si llamaba alguien y no se trataba del golpe incidental del viento–, debería estar aún allí.

Por respuesta no encontré más que el silencio, mezclado con el silbido al que ya me había acostumbrado desde que ocupara esta vivienda a pocos metros del mar. Volví a preguntar quién era, sin atreverme a abrir la puerta, pero sólo recibí de nuevo el silbido de la brisa. ¿Debería entonces abrir? Recordé que mi apartamento, hacia la parte posterior de un edificio de 24 pisos, daba, hacia el este, a una zona abierta apenas protegida por discretas barandas de hierro. La Popa era desde allí una perfecta silueta iluminada en las noches, tan nítida como el irregular mapa de luces de las barriadas vecinas, azarosamente levantadas en el cerro que ponía límite a la ciudad.

Regresé al dormitorio después de pasar por la cocina. Deseaba un vaso de agua y bebí directamente de la jarra que mantenía siempre en la nevera. Temí que no podría conciliar el sueño interrumpido de esa madrugada. Y como era mi costumbre, no tomé el libro de Tabucchi que había empezado a leer la noche anterior sino el control remoto del televisor. Me quedé un rato viendo pasar las imágenes de una película ya empezada. De inmediato reconocí el rostro de Michael Douglas, la inquietante belleza de Demi Moore, una intrincada historia de poder –recordaba– entre un hombre acosado por una mujer calculadora que le tiende la mortal trampa del sexo. El poder y el sexo –pensé–, dos trampas mortales bajo los frágiles pies de un hombre casado.

Cuando sentí la presión del sueño en mis párpados apagué el televisor y traté de dormir. No sólo me había acostumbrado al cadencioso silbido de la brisa sino que éste se me había convertido en un sedante. Soñé –recordé al abrir los ojos a las seis y cuarenta y cinco de la mañana– que quien había estado llamando a mi puerta era La Fugitiva, como había empezado a llamar a la bella y alguna vez esquiva mujer de cuarenta y tres años que me había abandonado sin fórmula de juicio y sin dar explicaciones después de una larga noche en la que creí haber conocido la felicidad o la convincente apariencia de aquello que los hombres entendemos por felicidad: un relámpago en la soledad. Ahí estaba, reconocible como su blanca belleza siempre oculta al sol, con sus dientes perfectos, con un vestido largo de seda negra, reclamándome que la dejara entrar. Traía en la mano una botella de vino y, adherida al gollete de ésta, una rosa extrañamente negra, quizá roja, negra en la primera impresión que tuve al verla en una mano blanca surcada de pecas y venas que aún no eran arrugas. ¿Serían alguna vez arrugas?

Vengo a explicarte por qué huí —dijo al entrar en la semioscuridad de la sala.

Por un instante, sólo por un instante, tuve la sospecha que no era ella sino la copia levemente envejecida de la mujer que había conocido. "No quiero envejecer a los ojos de nadie —recuerdo que me había dicho—. Si envejezco, será un espectáculo para mí misma, retirada del mundo".

Le indiqué el sofá tapizado en tela cruda, el lugar donde habíamos hecho el amor la víspera de su huida. Fui a la cocina y busqué una botella de vino ya abierta y serví dos copas, siempre en silencio, observando la negligencia que adoptó el cuerpo de Rebeca al extenderse sobre el sofá.

¿Cómo, de qué manera, con qué metódica disposición se mostraba en cada ocasión, como si su conducta y sus gestos sólo fueran posibles dentro de la perfección? Todo en ella —recordaba— era una perfección extraordinaria.

—No vengo a excusarme sino a explicarte por qué me fui sin decir nada —repitió.

No parecía su voz. Ni por su gravedad ni por los graciosos giros locales que le imprimía, mucho más graciosos cuando pensaba que se trataba de una mujer de la clase alta educada en colegios privados donde nunca compartió amistad con gente que no fuera de su condición.

"Me educó una negra que me enseñó hablar como si no fuera blanca y rubia", me había dicho, tratando de justificar el acento vernáculo que ataba con un mismo hilo a negros y

blancos, a pobres y ricos, a la rancia aristocracia y a los vendedores callejeros en su pregón diario.

Se trataba de una voz mucho más ronca, yo diría que
extrañamente remota, en cierto sentido áspera y vulgar y, no
obstante, la voz que siempre asociaría con ella, con una mujer
que detrás de su refinamiento demostraba no haberlo aprendido más que como el simulacro de lo que deseaba demostrar
en sus apariciones públicas.

La elegancia de su atuendo –una impecable *ténue de
soirée*– contrastaba con mi aspecto. No había reparado en la
escasa ropa que vestía al abrirle la puerta, una camiseta blanca que a menudo hacía las veces de pijama, un pantalón corto
de dril, el cómodo desaliño de cada día. Me sentí ridículo.

–Voy a vestirme –le dije y la dejé en la sala con la mirada extraviada en la transparencia casi amarillenta del vino.

Cuando regresé, con un jean y una camisa puestos apresuradamente, La Fugitiva ya no estaba. No era por supuesto
Albertine, la enigmática heroína de Proust, con quien me había vuelto a encontrar en esos días, leyendo una y otra vez el
que consideraba un doloroso tratado sobre la memoria y el
olvido. Era Rebeca. Y había vuelto para añadir una nueva pesadilla a pesadillas que yo creía superadas. No había conquis-
tado el olvido –pensé al recordar el sueño y aceptar el malestar que me producía volver a verla en ese ilocalizable rincón
de la inconsciencia. En la sombra de mis recuerdos, ella permanecía aún como una intrusa.

No estaba. Ni siguiera estaba la copa de vino ni la este-
la de su perfume. Si había vuelto, había vuelto en el sueño
para advertirme que el misterio de su partida seguía vivo.

En los días siguientes, cuando el mar de leva hizo su
aparición con el impetuoso movimiento del oleaje y las ma-
rejadas que rompían los muros de la avenida, el silbido de la
brisa se volvió casi un rugido de espanto, si volvieran a llamar
a mi puerta, sería imposible escuchar cosa distinta al estruendo del viento. No obstante, antes de dormirme esperaba
volver a escuchar golpes en la madera. Encendía el televisor

quitándole el sonido y mi inquietud se traducía en un esfuerzo deliberado por percibir cualquier ruido exterior distinto al que producían los cristales de las ventanas. En una de esas noches creí escuchar, no el golpe de los nudillos de unos dedos sobre la puerta sino un llanto lejano, lejano y sin embargo perfectamente audible. Me levanté sigilosamente, encendí las luces de la sala y pegué los oídos a la puerta de entrada. Tal vez el llanto no fuera más que la caprichosa metamorfosis de la brisa, sus cambiantes y agudos silbidos.

No volví a soñar con La Fugitiva. Probablemente soñé sólo episodios intrascendentes, indignos de la memoria herida. Pero al día siguiente, al despertar, tuve la abrumadora sensación de haber soñado que, en efecto, se trataba del llanto de un niño debatiéndose en medio de las arremetidas del viento huracanado.

En la mañana, después de tomar la densa taza de café que me recuperaba del sueño, decidí escribirle a Rebeca una de las tantas cartas que jamás enviaría. Con rabia, con resentimiento, le exigía ausentarse de una vez por todas de mi vida. No podía seguir siendo la intrusa nocturna después de haber sido la incomprensible Fugitiva de hacía ya dos meses. Escribía como en un exorcismo. Todo el veneno de mi alma parecía estar consignándose en esas líneas, escritas con demente febrilidad.

Había luchado para olvidarla. Deseaba que en mi conciencia no quedara ya nada de ella, ni siguiera la añoranza de aquellos momentos en los que advertí la aparición de la felicidad. La afrentaba, no porque aceptara la necesidad del rencor sino porque afrentarla era el método elegido para darle una última oportunidad al olvido. Recordaba cómo la había conocido, la manera temeraria como ella había sugerido subir a mi apartamento, la sorpresa de sentirla desnuda debajo del blanco y largo vestido de lino, la esperanza abriéndose camino entre uno y otro encuentro, encuentros siempre furtivos, la pasión que me devoraba al sentirla encerrada en mi cuarto, protegida de las miradas intrigantes de la ciudad donde al parecer era la

Reina intocable, la docilidad de su cuerpo al hacer el amor, la búsqueda desesperada del orgasmo que no podía conseguir con mi penetración y que ella conseguía acariciándose ansiosamente su propio sexo. Recordaba sus aprensiones, sus temores de ser vista conmigo. Y la increpaba precisamente por pretender esconder el vínculo que, aunque todavía incierto, yo entendía como la unión de dos seres libres de prolongarlo o deshacerlo cuando se nos antojara. La llamaba fiera desalmada, animal prisionero de una moral tan engañosa como vetusta, trazaba de nuevo el mapa breve e intenso de una aventura impredecible, tan impredecible como la decisión de abandonarme sin decir esta boca es mía. Y si escribía con rencorosa intensidad —me decía— era para evitarme el rencor real del futuro, para ser un día justo con una mujer que no merecía resentimiento ni rencor alguno. Me hería solamente el estilo de su partida. Tal vez un día fuésemos amigos, tal vez un día —una vez alcanzado el olvido— ella volviese a ser esa blanca porcelana que durante mucho tiempo miré como un intocable adorno de vitrina.

Leí la carta y sentí una insana satisfacción. La había escrito a mano y en hojas de papel amarillo, elegidas al azar, con una fina, apretada letra legible. La guardé en uno de los cajones del escritorio con la intención de comprender lo incomprensible, de darle una salida digna a mi perplejidad. Toda escritura es un exorcismo, lo sabía porque siempre sentía un poco más de alivio al escribir sobre decepciones, frustraciones o disgustos, sobre las esperanzas defraudadas, esos excesos que el amor impone con una frecuencia indeseable. Y al acto de guardar la carta le siguió otro, al cual me había resistido: busqué la fotografía en la que ella, de medio cuerpo y de perfil, asomada a un balcón colonial, fingía estar cerca de la eternidad con la mirada.

Rasgué la foto sin sentir remordimiento alguno. Aunque no había vuelto a mirarla, recordaba mantenerla guardada como una quemante presencia en el fondo de mis archivos. Allí reposaban otras fotos y cartas, imágenes y letras de mujeres que alguna vez habían sido cercanas, sombras hoy difusas de un pasado al que a veces volvía con la certidumbre de haber estado siempre buscando la grandeza del amor, sus miserias ocultas e inadvertibles, el instante del éxtasis, apenas el amor que llegaba y huía como un frágil objeto dominado por el azar.

El mar de leva empezó a remitir. Volvió a haber calma en las playas. Vinieron días de quietud. La serenidad de las aguas, el tenue balanceo del oleaje, la brisa apenas perceptible, un limpio horizonte sin brumas, todo esto, como un paisaje adormecedor, alimentaba el deseo de un sosiego definitivo. Los pescadores regresaban a su oficio. Desde las ventanas veía el faenar de los hombres en la recogida del trasmallo. La pesca era siempre buena después de la lluvia. Hacia el norte y hacia el sur, las piedras estratégicas de los espolones, extendidos como retamares, permitían la formación de pequeñas calas, sucedidas como en un precioso artificio que no había podido detener la embestida del mar en la avenida, convertida en un recipiente de aguas estancadas, banco de arena y piedra, la resaca del mar en sus ciclos de furia.

A la tercera noche de calma, habiendo en parte olvidado los misteriosos llamados a mi puerta, volví a percibir los mismos ruidos. No era aún la medianoche. Había terminado la lectura de *Sostiene Pereira*, la espléndida novela de Antonio Tabucchi. Bebía un whisky y pensaba que la conciencia moral del protagonista no era anterior a los acontecimientos que lo abrumaron paulatinamente sino una consecuencia de éstos. El individuo mediocre del principio adquiría poco a poco una grandeza mayor que la del aventurero que trata de imponerla a la vida de un hombre viejo, ganado ya por la regularidad de sus costumbres. Pereira es mejor que aquellos que tratan de conducirlo a un compromiso con una causa que no es suya. La piedad y el sentimiento de justicia lo van llevando a una conciencia moral que lo devuelven a la dignidad de un ser débil y justo. Eso pensaba cuando sonaron nuevos golpes en mi puerta.

225

Esperé unos segundos. Quizá no fuera más que el eco de impresiones pasadas. Pero el golpe en la puerta dio paso a un llanto quedo, de niño o mujer –no pude precisarlo–, con lo cual mi inquietud derivó a tensa expectativa. Di una cuantas zancadas desde la sala hacia la puerta de entrada y la abrí abruptamente. No había nadie. Nadie corría por los pasillos. Me asomé a las escaleras que a manera de rellano daban acceso al piso inferior y no encontré a nadie. Regresé desconcertado a la sala y bebí apresuradamente los restos de whisky. Estaba decidido a no irme a la cama hasta que los golpes volvieran a repetirse, pero la espera fue inútil. Ni siguiera la brisa de esa noche producía ruido alguno, sólo el rumor del oleaje me advertía que las mareas cumplían otro de sus ciclos.

Soñé con Rebeca. Fue un sueño apacible. No ofrecía explicaciones ni yo se las exigía. Era una extraña conocida con quien me encontraba en una exposición de artesanías regionales, una extraña, hermosa mujer que a primera vista me pareció de una belleza gélida y sin vida. Todo en ella parecía un artificio: su ropa, sus ademanes, la fingida seriedad de sus comentarios, la manera como, al sentirse mirada, corregía postura y ademanes. Una belleza muerta –me decía–. La belleza de una esfinge dorada. Lo curioso es que esta vez Rebeca había envejecido sin abandonar la altivez de su antigua hermosura. Cubría con un fino pañuelo de seda los pliegues del cuello, y las puntas del tejido caían sobre la desnudez del escote para cubrir una piel más áspera, salpicada de pecas que, en la impresión de esos instantes, me parecieron el signo de un envejecimiento irreversible.

Al recordar este sueño pensé que mi inconsciente hacía de las suyas, tal era la manera como esta mujer aparecía, sombra ya innocua de quien me había llevado a vivir los relámpagos de un pasión ya extinguida.

Volví a la rutina de mi vida diaria. Traté de no darle importancia a la frecuencia de los llamados a mi puerta. Probablemente no fueran más que ruidos o eco de ruidos en mi conciencia. A nadie referí lo que podría ser una rara anomalía de la percepción, una mala jugada de los sentidos, atribuibles al estado de inquietud que acaba de vivir y al que respondía de construir mi identidad perdida. Una vez más, dejaba en el amor los signos de mi identidad y los buscaba con el firme esfuerzo de la racionalidad.

Traté de buscar razones a la sinrazón de esos ruidos y no hallé explicación más convincente que la de suponer que todos, invariablemente, vivimos con fantasmas que cobran vida inesperadamente, que en el mundo de las percepciones conspiran esos fantasmas, restos de un pasado aún no resuelto, vagos sonidos que por momentos se hacen reales en la confusión de la vigilia o en el incontrolable ardid de los sueños.

Un nuevo episodio, esta vez más desconcertante, vino a sacarme del sosiego que creía haber conseguido.

En la madrugada del día siguiente, cuando dormía, la intensidad de los golpes fue tan desesperada que temí estar siendo agredido. Nunca he concebido la posibilidad de poseer armas; por costumbre, nunca cierro la puerta con doble llave ni paso el seguro. Un duro golpe en la puerta, la hábil maniobra de un intruso puede permitir el acceso a mi vivienda. Así que sentí miedo y deseé tener un arma en la casa. Golpeaban a mi puerta con fuerza y de un momento a otro la abrirían.

Con determinación desconocida pasé a la sala y me aproximé al pasillo de la entrada, una especie de recibidor donde había colocado parte de mi biblioteca, distribuida en diferentes espacios del apartamento. Grité algunas palabras amenazadoras. De pronto, cesaron los golpes. Y de forma no menos temeraria a la adoptada al acercarme a la puerta, la abrí. Sólo hallé pasillos y rellano vacíos. De la barriada vecina llegaba el eco de una cumbia.

Aunque no había querido informar a la administración del edificio ni decir palabra a los vigilantes, esa noche decidí llamar por el citófono y preguntar si había subido alguien en los últimos minutos.

—No, señor —fue la respuesta del vigilante de turno—. Nadie ha entrado al edificio —dijo la voz adormilada del muchacho, distraído en la visión de una película de artes marciales. 227

Con la excepción de una pareja de ancianos, nadie vivía en la planta doce del edificio. La pareja –me diría después el vigilante– se acostaba cada noche a las nueve. Lo sabía porque, minutos antes de esa hora invariable, ella llamaba a la recepción a pedir que la despertaran a las cinco de la mañana, pues a las cinco y media salía con el marido a una regular caminata por la playa. No confiaba en el despertador de su mesita de noche y aunque podía haber dejado dicho que la llamaran cada día, la anciana repetía con insidioso cuidado el favor que los porteros hacían en consideración a la edad y sus manías.

No pude dormir. Quise concentrarme en la lectura de una novela de Álvaro Mutis pero las aventuras del Gaviero no conseguían lo que todo novelista consigue con el flujo de su relato: sacar al lector del mundo real para sumergirlo en las profundidades del mundo ficticio. Me enredaba en la lujuriosa madera de las palabras y éstas congelaban la aventura. Una y otra vez volvía al principio. Quizá fuese una buena novela, pero no conseguía entrar al laberinto de palabras que proponía el novelista. Tal vez no fuese culpa del relato sino del estado de alma en que me encontraba. Sólo podía seguir las imágenes de un intrascendente programa de televisión.

No pude dormir sino hasta muy avanzada la noche, cuando las luces del amanecer llegaron a mi ventana. Ni la botella de vino tinto bebida con ansiedad produjo el letargo esperado. Podría haberme masturbado –recurso liberador al que acudí en otras épocas– pero encontré siniestramente ridículo hacerlo sin la presencia imaginaria de una mujer deseada. El sueño llegó como una consecuencia inexorable de la fatiga.

La ausencia de brisas trajo el peso de noches sofocantes y extremadamente largas. Reacio a encender el aire acondicionado, me exponía a los rigores del calor y la humedad. Despertaba nadando en una densa sopa de sudores, ni siquiera atenuados por el aire del ventilador. Su ronroneo tenía, en cambio, un efecto adormecedor.

Traté de poner un poco de orden en mi vida doméstica. Recordé que durante un mes no había recibido visitas, que la factura del teléfono, vencida por esas fechas, me había privado del servicio. Desde que Rebeca tomara su inesperada decisión, no tenía ganas de responder ni de llamar a nadie. Deliberadamente, había dejado de pagar el servicio y, al cabo de un mes, no creía necesario hacerlo. Me importaban poco o nada el mundo exterior, los amigos, el rutinario contacto con el mundo. Tomé la decisión de mandar a pagar la factura vencida. A las veinticuatro horas me encontré de nuevo con el servicio de teléfono activado. ¿Para qué? No sabía si llamaría, tal vez los amigos pensaban que estaba de viaje, quizá Rebeca hubiera llamado para justificar su huida. Y nada de esto me importaba. Me importaba saber si los llamados a mi puerta se repetirían o si los equívocos en el aparato de mis sentidos habían terminado su engañosa ronda de señales. Me inquietaban la dureza y el dramatismo de los últimos golpes, algo distinto a lo que puede ser la ambigüedad de una percepción alimentada desde el vertedero de los recuerdos y me inquietaba porque esa última vez no pude llamarme a engaños: alguien golpeaba inequívoca y desesperadamente en la puerta, primero golpes suaves, después lacerantes llantos de mujer o de niño. Por último, la rudeza de los llamados; ahora, el temor de que volvieran a repetirse.

Me vi de repente envuelto en una intriga que hería mis sentidos. Pese a haber conseguido largos estados de indiferencia, el temor volvía y con éste la esperanza de hallar una solución a lo que era ya un enigma. Resonaban de nuevo los golpes en mi puerta, hacía esfuerzos para saber si era el recuerdo de éstos o si se trataba de un nuevo y ahora dramático llamado. No salía de casa, aunque falta no me hacía, pues satisfacía mis necesidades haciendo pedidos a domicilio, el vino, los cigarrillos, el pan, la leche, los huevos y hasta la carne, el aceite y las lechugas, cuanto hacía falta lo pedía como mandado a algún empleado del edificio.

Me sobresaltaba fácilmente con el menor ruido. En ocasiones, temía que la locura se estuviera abriendo camino en mi mente. Era como si los golpes a mi puerta o los llantos quedos de niño o de mujer se hubiesen vuelto adherencias de mis sentidos, a tal punto los esperaba, en tal medida los temía. La correspondencia diaria, que uno de los porteros subía a mi domicilio, me recordaba el cumplimiento de compromisos pendientes, facturas vencidas, conferencias sin confirmar, pero la rápida ojeada a esa papelería sólo conseguía mi indiferencia. En algún momento de algún incierto porvenir volvería a tener el dominio de mis actos. El orden con que escrupulosamente atendía mis compromisos antes de la partida de Rebeca y la meticulosa frialdad con que me propuse sacarla de mi vida, todo esto podría ser restablecido, como se restablecería el orden perdido desde que los golpes a mi puerta se convirtieran en una amenaza nocturna. En una semana no había vuelto a sentirlos pero se reproducían en mi memoria y de ésta parecerían salir con la apariencia de hechos reales, ora golpes con los nudillos de los dedos, ora llanto a manera de lamentos con los nudillos de los dedos, ora llantos a manera de lamentos o quejidos, ora dramáticos susurros. Repentinamente, violentas acometidas contra la puerta de entrada a mi domicilio.

Una vez se hubo restablecido el servicio de teléfono, entraron algunas llamadas, en verdad indeseables. Preguntaban si había estado de viaje, qué me sucedía, si había enfermado, si alguna razón íntima me obligaba al ostracismo, en fin, llamadas de gentes que en el mejor de los casos sólo eran conocidos de trato amable, extraños a mi vida, apenas cómplices de alguna de mis costumbres: pasear por el centro amurallado de la ciudad, sentarme en un bar a hablar de fruslerías, simple y gratificante rutina, comentar con horror los acontecimientos del día, el crimen en una ronda insidiosamente repetida, el país que se deshacía en nuestras narices.

No he sido un hombre con sentido de familia. Me duele aceptarlo, saber que durante años he sido reacio al vínculo familiar, que paso meses sin ofrecer señales, algo injusto y cruel –pienso a veces– pues hermanos y sobrinos esperan que les diga algo de mi suerte, que estoy bien, que sigo vivo. La muerte de mi madre volvió más radical esa indiferencia, que nunca había sido deliberada sino el resultado de un carácter moldeado para la soledad y cierta independencia de felino. No he sido un hombre de familia y he tratado de decirlo a quienes puedan sentirse ofendidos o maltratados por la distancia que impongo sin considerar que quizá ellos no esperan de mí más que breves, esporádicas noticias. Por este motivo, la llamada de mi hermano Alfonso me sorprendió aquel mediodía.

Llevaba días tratando de comunicasre conmigo. Tres semanas, dijo. Había pensado que quizá estuviera en el exterior, lo que sucedía a menudo. Me había llamado repetidas veces hasta que le informaron que me había mudado de apartamento, que mi nuevo número de teléfono tenía el servicio suspendido. Ya era tarde, decía mi hermano con su voz sensible a todo drama familiar. Debía saber, aunque fuera ya tarde, que nuestro hermano Carlos había muerto, que nada se había podido hacer para salvarlo. Había muerto en Panamá. La enfermedad había minado su ya débil organismo, el alcohol, las drogas, el penoso abismo al que se había arrojado lo habían convertido casi en un indigente. Quería decirme que Carlos había muerto apenas cuidado por la tía Carmen y el primo Julio, quienes se encargaron de hacerle el funeral al día siguiente de su muerte.

Quise saber cuándo había fallecido y un escalofrío recorrió mi cuerpo cuando Alfonso precisó el día. Tenía a mano el calendario donde había marcado con una equis la fecha en que empezaron los llamados a mi puerta y esa fecha coincidía con el día en que Carlos había muerto. Saber que las fechas coincidían hizo más dilatado mi silencio, del que salí sólo cuando Alfonso preguntó si seguía allí. Sí, allí estaba con el auricular en una mano y con la mirada fija en la fecha marcada en el calendario.

Han pasado semanas y el ruido no ha vuelto a repetirse como tampoco han vuelto a repetirse los llantos. Han pasado semanas de olvido y remordimientos y la imagen de Rebeca

231

es una iconografía difusa en el confuso museo de mi memoria, una foto fija que el tiempo condenará a su condición de negativo: habría que esforzarse demasiado para reconocer su identidad.

Alfonso me ha escrito una larga carta y en ella me dice que Carlos vivía en sus últimos días obsesionado con la idea de visitarme en Cartagena de Indias.

EL ÁNGEL CAÍDO

Germán Espinosa

> He sido derramado como aguas,
> y todos mis huesos se descoyuntaron;
> mi corazón fue como cera,
> derritiéndose en medio de mis entrañas.
> Como un tiesto se secó mi vigor,
> y mi lengua se pegó a mi paladar,
> y me has puesto en el polvo de la muerte.
>
> David,
> Salmos, 22

Regina Mutis murió el ocho de marzo de 1942, a causa de un endurecimiento de las arterias. A pesar del tiempo transcurrido, el día de su deceso todavía apretaba, entre las manos lánguidas, el camafeo de ónice con la efigie de Rodolfo Escarpit.

A todos nos llamó la atención el funeral ostentoso que, por expresa voluntad testamentaria, se hizo arreglar la mujer. Hacía muchos años habitaba un caserón de la calle General Santander, con la única compañía de Jacinta, una vieja y antipática sirvienta que se entrapaba el pelo con polvos y manteca para que le abultara. Cuando comprobó que el corazón de su señora había dejado de latir, Jacinta corrió en busca de un embalsamador que rellenó de zinc coloidal todos los esclerosados conductos sanguíneos del impresionante cadáver.

No fue Jacinta quien nos puso al corriente del pasado lastimero y extraño de Regina Mutis. Las habladurías se propagaron tan pronto se tuvo noticia de su muerte. Fue como si, en vida de la solterona y avarienta mujer, se hubiese observado un tácito pacto de honor para evitar las penosas remembranzas; pero, disuelto el vínculo de su alma y su cuerpo pecador, las bocas rompieron el difícil acuerdo para expulsar ahora, larga y aliviadoramente, lo que por tanto tiempo se mantuvo sellado.

A ello contribuyó, sin duda, la pompa del sepelio.

El propio notario hizo los arreglos, una vez el embalsamador dejó el cadáver listo para el festín. Leopoldo Corso era un vejete catarriento que, ávido de disfrutar a toda hora las delicias del estornudo, vivía irritándose las membranas pituitarias con raíz de árnica. Nadie ignoraba que fue el único amigo y confidente de Regina Mutis; su contemporáneo por lo demás, y quizá la sola persona en el mundo capaz de sobrellevar las largas sesiones de prédica aforística con que la mujer solía castigar a su eventual audiencia. Para ello existía una razón incontrastable: por decenios, Corso vivió irremediable y desesperanzadamente enamorado de Regina.

Aquellas no fueron honras fúnebres sino flagrantes exageraciones litúrgicas. Regina Mutis testó su fortuna en favor de dos o tres comunidades religiosas, a cambio de que se ejecutara punto por punto su exigente prospección funeraria. Cuando las gentes de la pequeña ciudad vieron aquel extravagante boato: los cinco días de oratorio fúnebre en el caserón, durante los cuales permanecieron dos obispos constantemente en la cámara; los cánticos desgarradores entonados por la *Schola cantorum*; el cortejo que dio vuelta a la plaza mayor entre una lluvia de jazmines alimentada por las alumnas de los colegios de monjas; la esplendorosa capilla ardiente que se prolongó más de un día con un ritual casi pontificio, y la ceremonia final en el camposanto con participación de unas treinta plañideras; cuando las gentes vieron aquel boato, entonces no pudieron callar más. El pasado de Regina Mutis empezó a
ondear como una bandera de ignominia.

La historia de ese pasado comenzó allá por los tiempos de Quiebraloma, cuando el coronel Uribe Uribe le cascaba las liendres al general Benigno Gutiérrez en la peor de las guerras civiles que conocieron nuestros deslucidos anales políticos. Para nosotros, la fecha resulta imprecisa, pero eruditos hay que recuerdan con exactitud esas gestas históricas, cuando aún había quienes confiaban en la posibilidad de sacar un país, una nación, de todo este pantanoso estercolero. La ciudad no era entonces más que una aldea polvorienta, llena de mercachifles y beatas que, por no haber aprendido a vivir, se habían convertido en campeones de la supervivencia. Honorio Mutis era viudo. Al morir, dejó a Regina –su hija única de dieciséis años– una bonita fortuna representada en dos haciendas ganaderas y el caserón de la calle General Santander. El viejo –último superviviente de una familia de antiguos arrieros– debió apurar, en sus momentos postreros, una copa de hiel. La muchacha quedaba sola en el mundo, al único cuidado de Jacinta, que por aquella época frisaría treinta años. La sirvienta del pelo entrapado era casi una esclava, y no faltó quien la reputara hija natural del viejo Honorio.

Durante año y medio, más o menos, la futura propietaria, cuyos bienes permanecían bajo la tutela de los tribunales en espera de que cumpliese la mayoría de edad, rehusó modificar para nada la rutina disciplinaria impuesta en casa por su difunto padre. Siguió recibiendo a las tres de la tarde lecciones de piano y el resto del día lo pasaba embebida en los quehaceres domésticos o enterándose morbosamente de los secretos del cuerpo humano en obsoletos textos de anatomía galénica, sacados de la biblioteca de Honorio Mutis, donde ni siquiera se contemplaba todavía la posibilidad de que la sangre circulara. Dicen que fue Jacinta la responsable de que, al cumplir los dieciocho años, accediera a salir de aquel marasmo y pensara en tomar marido. Dicen también que Regina Mutis, por aquellos tiempos, poseía la serena belleza de una madona de Pietro Vannuci.

Bajo la vigilante pupila de la criada, el plan se puso en ejecución. Todas las tardes, entre cinco y seis, Regina empezó a dejarse ver en el balcón colonial del caserón, rehogada en opresivos organdíes y haciéndose aire, nerviosamente, con un abanico oriental de forma de trébol. Los pretendientes no tardaron en aparecer. Uno de ellos fue Leopoldo Corso, el futuro notario, que por entonces componía danzones y dirigía la estudiantina del Colegio Mayor de Nuestra Señora de la Merced. Pero, en su mayoría, los galanes que desde el empedrado entablaban diálogos melcochudos con la madona de Vannuci, eran comerciantes mediocres o simples aventureros atraídos por las riquezas pecuniarias de la bella. Regina, que acababa de consumir entre toses y suspiros a Larra y a Chateaubriand, sufrió una decepción que terminó sumiéndola en la melancolía. El sexo masculino se le antojó vulgar y repulsivo, en comparación con las idealizaciones que de él hacía la literatura. Ni siquiera el compositor de danzones poseía la gracia que ella intuía en Leopardi. De suerte que, a despecho de las protestas de Jacinta, decidió seguir soltera hasta tanto encontrarse al hombre que creía entrever en sueños.

La coyuntura se presentó no bien Regina recibió por fin la herencia de su padre. Nadaban en la opulencia y se entretenían llenando la casa de costosas chucherías, cuando el destino hizo sonar su augural campanada. La propia Jacinta vibró con el entusiasmo de su joven señora. El anuncio era demasiado sugerente y delicado como para no llamar la atención. Venía incluido en una revista femenina, en el buzón de los corazones solitarios, e ilustrado con la fotografía del anunciador, un hombre con rostro de Adonis, virilizado por el severo mostacho fin de siglo. El caballero decía llamarse Rodolfo Escarpit, vivir en las Antillas Holandesas y estar interesado en trabar relación con una colombiana instruida, romántica y de físico hermoso y vivaz. Sus intenciones eran formales, razón por la cual exigía una carta lo más extensa posible de puño y letra de la interesada, acompañada de una fotografía reciente.

Para una muchacha como Regina Mutis, enervada cada vez más por las ideas licorosas de Bernardino de Saint-Pierre y estrujada por las láminas de hombres desnudos que saboreaba en los libros de anatomía, la ocasión se ofreció tentadora y poética. Sus ojos de aguamarina se tornaron oceánicos de solo pensar en la fiera lejanía de las Antillas Holandesas y adquirieron fulgores gatunos al imaginar al Adonis de la fotografía cruzando el mar rampante para unirse a ella. A la mañana siguiente se presentó donde el fotógrafo local y le pidió que inscribiera su imagen en un corazón sobre el cual flotasen querubines y cintas de moaré. Luego escribió una larga esquela, llena de citas románticas, y lo disparó todo, como la piedra de una honda, hacia las remotas islas de Sotavento.

Lloró imaginando las contingencias que debería padecer la frágil misiva antes de llegar a manos de Rodolfo Escarpit; los viajes a lomo de mula, los polvorientos maratones por los caminos pedregosos, las emulsiones en gelatina de las sales del mar y, por último, el arribo feliz al *bungalow* antillano del hombre suspirado y apetecido. Fastidió ostensiblemente a la pobre Jacinta preguntándole, a cada minuto, su impresión sobre todo aquello y si el bravo galán no sería un estafador y si sería digno de ella y ella de él. Pasados los días, empezó a preocuparse: pensaba si los bandoleros no habrían interceptado la carta, si el mensajero no habría sido muerto por una bala del coronel Uribe Uribe, si los conservadores tolerarían que se sostuviera correspondencia con las Antillas Holandesas, si Rodolfo Escarpit no se desilusionaría y todo un sartal de necedades que la afligían y le hacían la vida insoportable. Jacinta desesperaba también, pero silenciaba sus pensamientos para no decepcionarla. Había pasado tanto tiempo desde que la carta fue despachada, que ya resultaba ilusorio esperar respuesta. ¿Cuántas otras mujeres no habrían escrito al Adonis, y cuántas mucho más bellas e instruidas que la llorosa madona de Pietro Vannuci?

Al cabo de año y medio, vulnerada por ese silencio que se extendía como cinta de hielo entre la ignorada Willemstad y nuestro apacible pueblucho de la montaña, Regina Mutis adoptó una decisión desesperada.

—Voy a meterme a monja —declaró una tarde, mientras Jacinta le rizaba los bucles en el traspatio oloroso a mastranzo y a cinamomo.

237

—Las monjas no son mujeres —contestó la criada—. Y en cambio tú eres muy mujer.

Pero, en el fondo de su mente, se dolía de no saber escribir para enviar una misiva a Rodolfo Escarpit detallándole la dote que se perdía por despreciar a la hija de Honorio Mutis.

Pasaron otros seis meses antes que Regina se resolviera a participar al obispo su deseo de profesar en un convento. Fue una mañana clara y llena de pájaros. La muchacha vistió sus mejores aderezos, en un despechado homenaje final al mundo del cual proyectaba despedirse. Se puso, incluso, el viejo peinetón calado de su madre, que había pasado de moda y estaba archivado hacía más de veinte años en un escaparate. A Jacinta se le estrujaron los sacos lacrimales cuando la vio marchar, con paso lento pero resuelto, hacia el portón de calle. Regina tuvo que asumir un aire digno, para alejar los sollozos, en el momento de descorrer las fallebas. Entonces abrió la pesada puerta y vio al cartero sonriente que le presentaba un sobre con sellos de las Antillas Holandesas. Jacinta acudió alarmada cuando oyó el alarido de alegría.

Rodolfo Escarpit era claro y conciso en su respuesta. Se declaraba locamente enamorado de Regina Mutis y anunciaba su llegada para los idus de abril. Las mujeres se interrogaron con la mirada. Regina hizo un esfuerzo por recordar qué rábanos era aquello de los idus y, por último, se acordó de que Julio César había sido asesinado el quince de marzo. Tembló pensando en lo exigente que su Adonis sería con esas delicadas materias de cultura. Y ese pensamiento la salvó, pues decidió asegurarse del sentido exacto de la expresión en alguno de los empolvados tomos de su padre. Su sorpresa fue mayúscula al descubrir que la llegada de Rodolfo Escarpit no debía esperarse para el quince, sino para el trece de abril. ¡Para hoy trece de abril!

En volandas hizo las disposiciones del caso. El caserón no vio ese día, sino prisas y sofocaciones, todo en medio de una alegría que rayaba en el aturdimiento. Jacinta llenó la sala de flores y Regina le sugirió hacer lo mismo con la alcoba. Los muebles fueron desenfundados para que lucieran los grandes aparadores, las butacas Luis XIV, las consolas con relojes y candelabros, los lacustres espejos venecianos y las lámparas de bronce. Una gran alfombra con un tigre bordado en el centro se desplegó por la sala. Para asombro de la criada, quien daba por supuesto que el visitante permanecería en un hotel mientras la boda se concertaba, la dueña de casa ordenó preparar la alcoba de su difunto padre. Luego fue la tediosa y sobresaltada espera, pues sólo después de las siete resonaron en la calle las campanillas de un coche.

Regina abrió ella misma el portón, con un aire por demás diferente del de aquella mañana. Primero fue una figura nocturna que se jorobaba con el peso de una valija, seguida por el cochero soñoliento que traía el resto del equipaje. Era como si Rodolfo Escarpit supiera que debía, desde esa misma noche, habitar el viejo caserón de los Mutis. La impresión se deshizo en un instante y la mujer vio, ante sí, al Adonis de sus recientes tribulaciones. Se trataba de un hombre apuesto y gigantesco, iluminado el rostro por unos ojos negros y soñadores. En los labios, bajo el mostacho retorcido, flotaba la magia de una sonrisa y de todo él, de todo ese organismo robusto y hermoso, parecía emanar un poderío recóndito. No obstante, Regina comprendió, cuando al ofrendarle sus labios él se limitó a un débil apretón de manos, que estaba ante un hombre en exceso tímido, ante un gigante con alma de niño que casi no se atrevía a balbucear palabra.

A Rodolfo Escarpit lo vieron pocas personas en el pueblo. Regina Mutis, en su delirio posterior, no se cansaba, sin embargo, de describirlo. Era un ser extremadamente taciturno que, una vez acomodadas las valijas en su habitación, la siguió como un perro por todos los recovecos de la casona, sin aventurar una sola opinión, sin asombrarse ante la galería de retratos de viejos arrieros que observaban inmutables al extraño, sin deslumbrarse por el antiguo boato de la familia. Jacinta quiso indagar por su verdadera nacionalidad, pero no obtuvo respuesta. La capacidad de mutismo, el laconismo hermético de aquel hombre, excedían toda previsión. Por hacer algo, ante aquella imagen de piedra y silencio, Regina juzgó oportuno servir la cena. Escarpit anduvo solemnemente hasta la mesa y, cuando se le indicó una silla de cordobán, la hizo a un lado e hincó las rodillas en el piso para iniciar un interminable rosario en papiamento, al cabo del cual la comida estaba fría y hubo que recalentarla. La cena transcurrió en un silencio de crujidos y masticaciones. Cuando acabaron de comer, Regina se limitó a observarlo, a hundirse visualmente en él para arrebatar a aquella hermosura apolínea el secreto que guardaba en severa clausura. Entonces él habló: pidió algo así como un vaso de vino; a lo cual repuso Jacinta que el vino no era ya usual entre nosotros y le ofreció, en cambio, una copita de anisado montañero que el hombre apuró de un sorbo, sin un respingo. Hecho lo cual dijo, con voz que denunciaba las torturas que para su timidez entrañaba la expresión articulada:

—He traído algunos presentes.

Las mujeres trataron de demostrar alegría. Pero Rodolfo Escarpit pareció no comprenderlo y se limitó a dirigirles un gesto ambiguo de que esperaran. En la mirada de Jacinta, cuando se cruzó con la de su joven señora, había sincera consternación. El hombre fue hasta su habitación y volvió con una valija inmensa, que colocó sobre los brazos de una butaca. Cuando la abrió, el deslumbramiento no tuvo medida. Lo que allí había valía mucho más que la casona de la calle General Santander y las dos haciendas legadas por el viejo Honorio Mutis, todo junto. Cruces y relicarios, pectorales, cálices de fina labor, custodias eclesiásticas, placas, collares y arracadas, extraños pendientes labrados, pomos y aretes, todo de oro puro, ornado de esmaltes y piedras preciosas.

Regina y Jacinta observaron al hombre con pasmo, pasearon por él sus miradas, ahondadas ahora por la desconfianza, desde el cabello fino y negro hasta las dos vueltas de la corbata, desde la parda levita hasta los zapatones charolados.

240

Esta vez, el hombre sintió como una picadura la interrogación de aquellos ojos.

—Mi abuelo fue un pirata de la Tortuga —declaró entonces, dando a sus palabras el tono de una disculpa, de un angustiado pedido de perdón.

Regina ordenó salir a Jacinta. Quería estar a solas con él, para escudriñar a aquel hombre ante cuyo hermetismo la esfinge hubiera dado la sensación de una lora vocinglera. Entonces, Rodolfo Escarpit la miró con una sonrisa tan cándida, tan infantil en su inextricable bondad, que la hija de Honorio Mutis, vencida por la impresión de estar viviendo un dulce sueño que al mismo tiempo se desdoblaba en atroz pesadilla, no tuvo más remedio que arrojarse en sus brazos y llorar, llorar, llorar, como no lo había hecho ni aun en sus días de espera más zozobrante.

Sintió las manos del hombrachón acariciar con suavidad sus cabellos, en ademán de consuelo. Sintió su bello rostro junto al suyo, los dos alientos cálidos, al borde del vahído, entrecruzándose como el vapor de dos fumarolas en la abertura a presión de la tierra volcánica. Alzó el rostro y halló los labios del varón que succionaron los suyos con avidez de sanguijuelas. Palpó a aquel hombre descomunal y remoto, y halló que era el mismo cuerpo que buscara su imaginación en las noches de infortunio y soledad. Sin interrumpir el abrazo, que más se estrechaba mientras más crecía en ambos la angustia, lo fue arrastrando hasta la alcoba poblada de perfumes. Sin una palabra, con la delicadeza de una madre, lo obligó a tenderse en el lecho de sus sueños iracundos y empezó a desnudarlo, para descubrir con deleite y enajenación cada uno de sus secretos viriles, hasta palpar con sus blancas manos el falo encogido e inofensivo, pero fieramente inquietante como aquellos de las láminas anatómicas, del hombre que había surcado el mar convulso para venir a su encuentro.

Entonces advirtió que Rodolfo Escarpit sollozaba. Sollozaba de un modo inepto y chocante, como si experimentase dolor y repugnancia de sí mismo. Era como ver llorar a Goliat. Las lágrimas se esparcían en feos manchones transparentes por su rostro de Adonis. No tuvo necesidad de inquirir: el hombre se irguió en su desnudez de gladiador, oprimió con las manos el rostro de la mujer y, sin dejar de sollozar, la besó una y otra vez en la boca, profanándola con cierto temblor pueril mezclado de mocos.

Lo intentaron muchas veces aquella noche, sobre el lecho esponjado por el llanto de Rodolfo, pero el fracaso fue concluyente. La exasperación recorrió en ondas sucesivas la anatomía de Regina, asesinó para siempre su fantasía y la mató para el amor, sin que ni aun eso sirviera para que el fonje gusano que ya repugnaba con su roce viscoso adquiriese por fin el ademán conminativo de los grandes momentos. Fue la más horrible, venusta y adónica apología del fracaso. Regina desfalleció de cansancio y entró en un sueño dolorido, letárgico, lleno de sombras de mutilación y de olvido. Jacinta hizo el hallazgo cuando llegó con el desayuno. Llamado a toda prisa, Leopoldo Corso, que ya empezaba a abusar del árnica y tenía la nariz roja como la breva de un alcohólico, encontró el cadáver de Escarpit con una profunda herida en la yugular, todavía desnudo, sobre el tigre lustroso y bravío bordado en la alfombra de la sala. Lo único que se halló en sus ropas, luego de practicado el levantamiento, fue el camafeo de ónice que Regina Mutis apretujaba aún en la inconciencia de su agonía. Se dice que, al ofrendárselo, la bruja que lo maldijo en Curazao juró que mujer alguna podría conservarlo en su poder sin merecer, aunque fuese a fuerza de maldad, exequias de santa.

Motonave (Donizetti), *océano Pacífico*, 1971

GLORIA NO ESPERA
Jaime García Saucedo

Escribía poemas y después olvidaba, lo olvidaba todo, exprimía su corazón y lo dejaba a la orilla del camino como un balde vacío; se iba sin volver el rostro. El mundo estaba lleno de nosotros. Éramos jóvenes y nuestro ímpetu giraba como lo hace la rosa de los vientos sobre la cúspide cantarina de la felicidad. Y me decía que encontrara siempre algo, no importaba lo que fuese, pero ante todo, que encontrara y aprendiera a liquidar las cuentas, que vaciara el cántaro y lo volviese a llenar hasta el infinito. La sed nunca se acaba. Yo era tan desconcertante y ella tan sabía. Nunca olvidaré nuestras amables y frecuentes tertulias en el cafetín. Hablábamos sobre literatura. Gloria, excepcionalmente dotada de hermosa modestia, sensible y lúcida, era comprensiva con mi angustioso dolor de querer ser escritor. Me convenció de que el tema siempre precedía a la forma y que los personajes podían aniquilar el autor.

Permanente prisionero, de mis torturas, le indagaba hasta el cansancio. Quería robarle todo a la médula de sus conocimientos. Gloria había triunfado como poetisa pero su grandeza no era para este pueblo; los extranjeros, que ignoraban cómo tomaba el café o cómo se pintaba la boca sabia, la habían descubierto y amado mejor que nosotros. Hay tanto por decir de Gloria. ¿Qué era única...?; sería reiterarme hasta el cansancio. ¡Que era mía!; bueno, eso sólo podía sentirlo, tan vivo y cálido como el sol de mi estancia cotidiana. Las caminatas por aquellas laberínticas avenidas de plástico y deshechos de la enorme ciudad, eran como una especie de ritual que se grababa en mi corazón. Gloria estaba enferma. No supe jamás si era consciente del prematuro final, pero su calvario me era útil (¡qué espanto!). Sólo necesitaba verla sufrir. El cáncer es implacable. Y comencé a escribir la novela, mi gran novela. Gloria podía esperar un poco más. La libélula no debía acercarse mucho a luz, podía quemarse las alas demasiado pronto. Y fui tenaz para seguir adelante. Estaba dispuesto a sufrir por ella, a utilizarla como mi personaje favorito. Me volví incomprensible con su fatalismo que se iba retorciendo en la piel del silencio. Mi sed crepuscular engendraba lágrimas frías. Y amé la soledad infinita que en mi cuarto me proporcionaba el placer de expulsar el demonio canceroso transformado en personaje ideal. Era la preparación para la ofrenda del testimonio supremo. Sería inmensamente famoso como Flaubert o Dumas. Gloria era Emma, Margarita, que sé yo... amarga es la partida cuando el recuerdo se vuelve retazos. Gloria se iba apagando pero sabía esperar. La gran obra no había terminado. Y me vaciaba todo entero tal como ella me lo suplicaba. Mis entremecimientos, mis fantasmas, esta vida estúpida salía a torrentes. A veces creía ser gloria y en múltiples ocasiones no era ello sino yo, quien soportaba la fatiga y el temblor de la muerte acechante; y deseaba morir, hablarle al viento como un orate ejecutando un opúsculo antiguo, estar solo, absolutamente solo noche y día, como un muerto irresponsable. Gloria, mi desdichado arquetipo, se me iba al cristalino de las tinieblas. La novela concluía. Un escritor no debe avergonzarse de su patetismo. Antes que muriese en septiembre, leí el manuscrito. Gloria escuchaba con dulce y amarga voluptuosidad de pelele yerto; la vi como un pedazo de vida arrugada, árbol desnudo, cansado, que aún podía sonreír. Me dijo que el arte era más poderoso que la realidad. Me reveló sus secretas imperfecciones, recónditos defectos y fracasos.

244 Comprendí entonces que me había engañado siempre. Esta

Gloria de la derrota no figuraba en mi novela y le pedí, supliqué, que aguardara un poco más. Debía rehacerlo todo, pero ella ya no podía ofrecerme nada y se volvió mil hojas fallidas en mi regazo. Había fracasado. Me di cuenta de que la novela no era más que una aburrida joyería de palabras exquisitas. Desilusionado, comencé a buscar en otras mujeres a Gloria para recobrar la inspiración perdida. La melancolía y la tristeza no volverían a ser genuinas como entonces. Ya no era el mismo. Imaginé haber vivido una centuria. El mundo se volvió hostil, repugnante y fastidioso. Creí ser Dios. Demasiado tarde comprendí que El no escribe ficciones. Yo era imperfecto para saberlo*.

* GARCÍA SAUCEDO, Jaime. *De lo que no se dijo en las crónicas y otros relatos*. Editorial Signos, México. 1982.

POEMAS
Luz Mery Giraldo

Escritura

Este acto de domar palabras
atraviesa la soledad de mis noches.
Corren con brío hacia el deseo:
ajusto el freno para tensar sus músculos
y un tropel de vocablos apresura el misterio.

A galope
con paso firme
– a ratos vacilante –
asciende la montaña:
sorprende el gozo de vivir
el miedo.

En silencio se oye trotar
galopa
se desliza a plenitud de día
vigilante en la noche.
Hace una pausa:
toma la rienda con mano firme
y al paso fino de potro
el jinete controla la desbocada carrera.

Huella profunda

Tu palabra revolvió las olas
y encendió, Virginia,
el silencio
en ese cuarto donde se lidian las batallas.

Con voz de adentro y afuera
máscara y graznido, Alejandra,
tu amor por los espejos
temblor del arco-iris
fue palabra.

Alfonsina entre la selva de las casas
en el último pez del horizonte
corazón en desvelo.

Alejandra, Virginia, Alfonsina
animales heridos
palabras que corrieron:
sangre en la huella.

Felina

Sigilosa busca
se esconde
arrastra hilos por la alfombra
teje la urdimbre de los ecos
golpea en la puerta
abre el bullicio
pierde la mansedumbre
busca en el agua
en el aire
la aguja
el agujero
el fondo de la rosa.

El mundo sin reposo
gime su larga incertidumbre

persigue la palabra
encuentra olvido en una rosa.

La hora de los pájaros

Inasible y costurera
la palabra
cubre con tela engañosa
la herida de la noche:
juega a la libertad
y sueña la ventura.
Como eterna Penélope
teje la túnica de todos
deshilvana el secreto de la espera
hasta inventar un nuevo rostro
un espejo sin nombre.

Inasible y costurera
oye pasar en viento fatigado por los pájaros.

Cada palabra mía

"¿Es para eso que morimos tanto?"
César Vallejo

Costumbre mía esta de escudriñar palabras
y escribir en la hoja de los árboles
en el reverso de los sueños
las líneas que al final son garabatos
en el milagro de vivir
y en la amargura de los muertos.

Costumbre esta de grabar un poema en la memoria
de sorprenderme cuando el sol se quiebra debajo de
las ramas

249

y llega a la mesa con su gesto de sombras
para gritar la vida sobre un juego de objetos:
una muñeca de trapo delante de la silla
un as de corazones
un viejo payaso desgonzado
y el libro que espera a la luz de una lámpara.

Costumbre buscar a Vallejo
y encontrarlo infantil y atormentado
con la soledad del poema en sus entrañas
y la pena a golpe de dolor bajo su tiempo.

Escribir en silencio al paso de los días
y dejar en el cuarto de atrás
cada palabra mía
con el ángel que fui
y el mortal que a diario se desvela.

Poema con gato

> "[...] *como una divinidad desdeñosa"*.
> Jorge Luis Borges

Como el gato
el poema se niega a la caricia
salta
camina caprichoso
busca el lugar más elevado
juega
desciende
rechaza el sitio inhóspito
husmea
escarba
aleja la carroña
se aleja:
oye el silencio.

La soledad en sus palabras.

POEMAS DEL LIBRO IMAGINARIO POSTAL
Julio César Goyes Narváez

De las cosas que se conservan sin darse cuenta

Usted también tenía duende don Antonio,
como el niño Lorca que murió cantando al filo del agua.
Creo que sé lo que quiso decir con "estos días azules
y este sol de la infancia".
En mi pueblo también el sol partía la tarde,
yo chupaba naranja y corría perseguido por los perros
de caza,
a la sombra de los geranios mis viejos hablaban de cosas
que hoy de todo corazón olvido,
y en el cielo don Antonio, más allá de los volcanes,
huían en estampida una bandada de nubes verdes.
He guardado a través de la vida una pequeña gabardina,
el gesto de mis hermanas bajo las tardes frías del pueblo,
conservo un tren negro que pita silencioso por los libros,
un caballito de badana que relincha en el rincón
y un serrucho de lata con el que construí una biblioteca;
no se ría poeta de los caminos,
a veces los juguetes reparan cualquier pena.
He trasteado olvidos entre películas de vaqueros
y dragones chinos,
conservo los cuentos de Arandú el príncipe de la selva

y Kalimán el que oscurecía el desierto;
Solín me acompaña en las preguntas de la noche,
cuando me abastezco de luciérnagas
en el mercado negro de ilusiones.
Perdone esta largura y la letra don Antonio,
sólo quería contarle que no olvido tocar los tambores
ni las flautas ansiosas y aunque hablo solo
y me da risa tanta seriedad,
salgo a jugar con el perrito del amor al parque
y lo dejo mover la cola de vez en cuando a los silencios.

Carta sin enviar encontrada en un cajón de armario

He vuelto a leer la carta que nunca enviaré a mi padres,
en ella les cuento que todavía creo en América.
No se enojen —escribo— con quienes como yo
anhelan lo que jamás verán,
mas no se preocupen de esta inútil alegría,
bendíganla, espérenla entre el jardín
que sembramos juntos.
No se preocupen ya van asomando los eucaliptos,
el amanecer trae el olor de los calderos,
sé que me esperan iluminados en la sombra
y que mi madre ha comprado a su hijo una rica
                                        chirimoya.
Se acerca la hora de visitarlos y llevarles colaciones,
mis hijos no podrán ir a verlos,
se los llevó la esperanza desde temprano al parque,
apenas los escucho jugar entre los charcos.
Tardarán un invierno o dos, no sé cuántos veranos,
resígnense con oír que se parecerían a ustedes,
indescifrables y nobles como sus ojos.

Bien, reciban mi abrazo.

Posdata: mamá sabes cuánto te anhelo junto al viejo,
no permitas que deje de mirar por las noches al cielo,

cuídalo y cuídate zarca de mis tiempos,
porque un poeta sin padres es arrojado de nuevo
del paraíso.

Tal vez alguien repita este poema

Ahora lo veo cruzar por el patio
y detenerse en un azulejo traído de oriente.
Ahora se sienta en la pila y mira al fondo
buscando algo que no se le ha perdido.
Es Mujica Laines el que desaparece
tras el portón antiguo.
Al otro lado del puerto la noche se ambigua,
un hombre va agotando la luz de sus ojos
sin encontrar salida en la biblioteca de Buenos Aires,
habla con el Otro y escucha el tango de un compadrito
que está aterrado por la claridad de su puñal.
Desde la esquina el ciego ve pasar la memoria
sobre las cuatro llantas de la eternidad.
Me gustaría que les gustara lo que digo,
mas es sólo una postal para mis amigos
que duermen despiertos el olvido.
Tal vez en el cuadrante de la Eterna,
la voz de Macedonio repita este poema.

Y no podrán los ángeles evitar su vino de nostalgia

También te decimos adiós muchacho Daniel Santos del
bolero,
anoche encendí una veladora tal como hacía mi madre
cuando sus hijos partían para sus guerras,
sé de alguien que debió haber encendido su música
y tal vez hasta escribe un poema
con la paciencia de los que todavía aguardan.
Orantes del amor y del desengaño

253

todos nos perdimos alguna vez por una mujer
que no se le dio la gana de regalar sus besos.
Jorge, se nos fue el jefe de los enamorados
y no podrán los ángeles evitar su vino de nostalgia,
qué vamos a hacer con toda esa serenata
trasnochada en la memoria,
con esas imágenes de barrio pobre
soleado por adolescentes revolucionarios,
domingos de bicicleta y minifaldas estelares,
fútbol y cine de segunda con palomitas de maíz.
Y la rocola que resuena en el cabaret de al lado
porque alguien decidió iniciarse en el despecho.
Las que fueron hermosas, Rosa, la loca Margarita
y María Inés, tararean a Beny Moré arrimadas

en la puerta
y las golondrinas llevándose uno a uno sus encantos.
Dile a Carlos, a Fredy, a Germán, escríbele a Gabriel,
que enciendan el altar antes de ir al parque

por un helado,
no vaya ser que a otro de la gallada le dé por irse.
De esto ninguna palabra a nuestras madres,
que no piensen que hemos vuelto a las andanzas.
Bien, adiós muchachos, esta carta es breve,
saluden por mi parte al último de sus amores
y no olviden que el casete se termina enseguidita
de Charly Figueroa buscando su recuerdo.

Retazos de un sueño donde Olga Orozco conversa con Rosario Castellanos

A *Patricia Martínez y Patricia Sainea*

Querida Rosario, hoy amanecí llena de pájaros
y en el acantilado de mi boca antiguas ofrendas
mojan sexos imposibles,

quedo hueca ardiendo con un cuchillo de silencio,
tanteando las migas de eternidad con los codos
                                       en la mesa.
Me pregunto si tú que tenías práctica en no verte en los
                                              espejos
encendiste la lámpara en Tel Aviv para alumbrar
con tus senos el olvido,
por qué no seguiste quemando tu desnudez con leños
                                           silábicos,
pudiste echarte para adentro como Alfonsina y tragarte
                                              el mar
o abrirte al sereno de la noche como nuestra Alejandra
y envenenarte con misterio.
Te cuento que anoche vino Alejandra a peinarme
                                        el cabello,
me miró tras las penumbras del tocador antiguo,
sólo dijo que te envía su retórica de silencio,
que la diferencia de la palabra nos ata,
que la entenderíamos y se esfumó con el tinto de la
                                          madrugada.
Sabes, boca arriba espero que caiga el agua del alba
y me preñe de símbolos agoreros;
qué voy a hacer con este cactus de Chiapas en mi
                                           ventana,
recorro Chapultepec y Tlatelolco empapada de
                                        noticieros,
llorando a intervalos publicitarios,
no quiero aullar por teléfono ni desgastarme
yendo a los seguros sociales o de compras a los
                                        bulevares,
no quiero imaginarme aguantando nietos que patalean
y arrancan mis canas por dinero.
Me revolcaré desnuda entre el pasto recién llovido
y luego, cuando mi angora se enrede entre el sol
                                         y la luna,
dejaré que las máscaras de Buenos Aires se beban mi
                                  sagrario;   255

y cuando llegue la noche, Rosario, en la alta noche,
mi saliva se empapará de sueño.

La rapsodia del gordo móvil

Para Augusto Pinilla

En los ojos del mulo está el delfín,
en los ojos del delfín mi cuerpo ya sin ojos
descomponiéndose pausada y lentamente.
Desde la otra orilla repiten mi nombre,
Ulises —dicen— desátate, ven a jugar,
no rías, sostén por siglos la mirada;
pero yo no soy Ulises sino Lezama Lima
presintiendo el sueño de las Sirenas,
pintando apenas la danza del agua
sobre los ojos negros de esta página.

Las rutas del sueño

Señorita, si tan sólo pudiera sacarme de esta timidez
que acuño sin poder nombrarla,
míreme, pregunte por qué la miro de tal modo,
por qué soy así tan sin palabras;
pregunte cuantas mañanas he visto el contraluz
                                        desnudo
de un cuerpo como el suyo, no se enfade,
no estoy comparándola, sólo quiero que sepa
cómo son las ansias que le guardo,
cómo se arremolina la ternura ante mis carnes.
Si usted viniera algún día a mi noche
y tomara un café con galleticas
y viera conmigo la National Geographic

y escuchara el bandoneón de Piazzola
y leyera para mi "los amorosos" de Sabines
y se durmiera mientras le cuento las mil y una mentira
de mis andanzas por la gleba
y se despertara cuando la contemplo a diez centímetros
y se secara la piel con mi toalla mientras le huelo el pelo
y saliera saludando a los vecinos que no responden
y se tomara conmigo una fotoagüita como en los viejos
tiempos.

Señorita, pellízqueme, insúlteme,
hágame lo que usted quiera,
debo estar seguro de la mirada que mira su mirada,
pronto bajaré del bus, tomaré otra ruta
y sin remedio cambiaré de sueño.

Cuando la casa es un patio enorme que se asila en la infancia lloviendo y haciendo sol

La casa era un patio enorme habitado por animales
que domesticó la muerte, por una lora que no hablaba
y un perro encadenado que murió de rabia.
Un día removimos un montón de piedras
y encontramos a la tortuga asombrada por el alba.
Había maceteros con hortensias y tarros con geranios,
un árbol de arrayán donde bailaban los colibríes
y llegaban a morir las cometas prehistóricas.
Recuerdo el horno donde amasaba el pan mi madre
y donde aprendí la solidaridad ocultando a un niño.
El horno se derrumbó para arrendar la pieza
y el patio se achicó para salir de deudas.
En el cuarto de herramientas abandonado,
los inventos con mi amigo Nixon dejaron en pañales
al inventor de la bombilla;
qué travesura tan grande haber olvidado en el soberado
a un prisionero de guerra llamado Diego Tena.

257

La azotea fue un refugio para ventanear el mundo
y descifrar los ojos de una esquiva estrella.
Entre una cooperativa de santos que fundó mi madre
para beneficios familiares, está la Virgen de Las Lajas
alumbrada por una veladora que no se acaba nunca;
debajo de su omnisciencia todavía cuelga
                                        el radio Philips
que tarareaba boleros cuando la tarde barría
                                        las alcobas.
Ahora vivo lejos de las tapias tutelares
y poco sé de sus endriagos,
hay días que las veo a la hora del almuerzo
o cuando voy en bus por antiguos barrios.
Allá todavía existe un cuarto con techo de eternit
y un rincón cubierto por una cortina de secreto,
lleno de afiches y papeles de juventud,
fotografías y un armario;
la cama la construyó mi padre y el tendido mi hermana
con retazos de paciente espera.
La sabiduría de la casa está en el claroscuro
                                        de la cocina,
entre los cuyes que festejan la hierba de los días
y su rito sacrificial para el comedor de la última cena.
La sala es una mesa de centro Luis XV
con esquineros azules repletos de retratos
(las tablas se mueven mientras bailan los tíos
y las primas, los parientes y el pasado);
Silva y Vargas Vila, Julio Flórez y Barba Jacob,
trafican sombras entre la naftalina de la biblioteca;
de las esquinas cuarteadas por temblores cuelgan
                                        réplicas prerrafaelitas,
escenas que debió visitar mi padre cuando viajaba
                                        hacia el silencio.
En el umbral que da a la calle está clavada la herradura
que evita los fantasmas y de arriba cuelga una sábila
que ahuyenta los espíritus malos;

con todo y eso el abatimiento llegó varias veces
                                            a la casa
y se sentía tan a gusto que se quedaba largas
                                            temporadas.
La casa es muchas cosas, por ejemplo la tienda
                                            de mi madre
con sorpresas y melcochas, estampas y recuerdos;
con ella se mantuvieron generaciones sin progresar
                                            jamás,
aún conserva la rejilla y las puertas anchas sobre el
quicio de un anden tan abismal como mi infancia.
No hablo de la ventana porque me duele que se haya
                                            caído,
desde su balcón republicano descubrí la poesía una
                                            tarde de domingo.
La casa también fue taller de mecánica donde ayudaba
a mis hermanos a lavar los tornillos del mañana
y donde los amigos del barrio
prendían el carnaval para quemar el Año Viejo
y recibir el Feliz Año.
Que más puedo decir, la infancia fue un largo cantar
lloviendo y haciendo sol.
La casa es fábula materna, techo sin puertas
donde escampan las caricias, las ruinas
y el misterio.

ARQUEOLOGÍA DE LO INVISIBLE*

Henry Luque Muñoz

"Vosotros, los que con excesiva pasión
Os habéis afligido, os quedaréis aquí".

John Keats

"¡Ah, qué dulce es beber así de la copa del olvido!".

Friedrich Hölderlin

FUI GANADO por la rigidez definitiva.
Al regreso de sucesivas penurias me tocó en suerte
aquel ataúd en ruina,
bajo el atroz designio de los faraones de turno.
Ahora mi paladar sólo conoce
el apetito de un sosiego imposible.
Ante el trabajo diligente del acallamiento
y el empeño de mis maestros,
mis mandíbulas construyen su mueca perpetua:
un gesto desnudo y la simpatía de la nada.

---

* Tomado de poemario *Arqueología del silencio*. Bogotá: Opus Magnum, 2002.

Nadie duerme en esta región
de nocturna transparencia
donde los espejos reflejan el olor de lo inconcebible.
Todo fue construido a imagen y semejanza del olvido:
hasta el fino mármol,
cautivo en su reposada y lisa hermosura,
advierte la inutilidad de su arrogancia.
Cada hombre es un monólogo,
cada voz musita un idioma de jeroglifos.

Alcanzada la pasión inmóvil
descubrí que las naves del Diluvio
yacen bajo el óxido del esqueleto.
En mis cuencas late un corazón de lobo
mordido por la luna.
¿Serán mis huesos arena reencarnada?
¿Serán desierto erguido que camina?

Por lustrosos laberintos
fantasmas exhiben su túnica
bordada con hilos de lo insomne.
En grutas selladas de roca sensitiva
un cazador estampó sobre la piel rupestre
trazos infinitos con un *rouge* de mujer.

¿Y aquellas figuras combadas
en su anciana tristeza?
Antiguas celebridades de polvorienta altivez
pasean su semblante hierático:
avanzan deprisa, huyendo del remordimiento;
en el dedo corazón exhiben
diamantes roídos por la polilla.

Aquí los pétalos son de hueso, las estrellas sangran,
la noche es un clamor de uñas,
el amor una hiena que se alimenta de jazmines.

En el inexistente atardecer
de un tiempo plano,
hasta los consuelos de la memoria
tendí mi puente levadizo,
auxiliado por las blancas arañas
que tejieron su red en mis coyunturas.
Mi consuelo será regresar ungido
con la gracia de los fantasmas.

¿En qué mundo peregrinará ella
con sus piernas siderales,
sus pechos, planetas en delirio?
¿En qué país o cuerpo habrá edificado
un húmedo designio,
su lengua que arroja llamas
como el dragón de la mitología?
En cofres guardé las caricias,
en sarcófago de violetas,
para siempre su sombra,
para siempre su acallamiento líquido.
¡Oh, si lograra abandonar este reino cóncavo
para reencarnar en el fuego
hasta abrasarla por dentro!

De barro se hizo esta memoria que tanto amó,
estrella errante abrazada a su otra estrella.
No logro acallar en mi cráneo
una procesión de preguntas:
¿Quién desde el nacimiento
sepultó una daga en mi corazón?
¿Desde qué letal teoría
me obligaron a usar por escudo
una herida abierta?
¿Quién me atará a la cola de un caballo desbocado
por cementerios de relámpagos
y milenarias órbitas de espinas?

Ahora mi soledad apesta en los reinos del Hades,
mi desdicha es carroña repudiada por las moscas,
mi silencio un ladrido que se abraza
a la lujuria rota.
Oigo encanecer los buitres.
Ahora mi profesión es el desvelo,
con pañuelos de muerta lustro mi catacumba.
La adorada luna de antaño yace entre el fango
pisoteada por los puercos.
Ahora soy el navío furtivo de los ahogados del mundo,
mi aposento es un sarcófago de clavos que arden,
mi cena un plato de nubes cancerosas,
mi amante una losa desnuda.

Aquí soy anterior al tiempo,
puedo iluminar mi plática
con edades hundidas por el viento,
aconsejarme
con las cenizas del mamut y del tigre marsupial,
puedo abrazar a la doncella babilonia.

Aquí las mariposas vuelan hacia atrás,
la luz yace cautiva,
sellada entre maldiciones.
En el lomo del misterio cabalgamos
hasta la jungla que se oculta
en los colmillos del leopardo.

Felicidad, mueca del vacío,
ardor, gélido suspiro de la nada.

Ahora la noche cabe en las silenciosas
fronteras de un cáliz.

Aquí, bajo un lento despojo,
las mujeres comidas por el polvo

sueñan tejer y destejer
el lienzo radiante de sus virginidades sucesivas.
A nadie le será concedido el retorno.
Un guardián vestido de faraón, armado de una flecha
capaz de atravesar la pulpa de lo invisible
impedirá vernos huidos.

Aquí, el Príncipe,
nacido bajo el signo de la luna negra,
despliega una mirada que oscurece los cielos:
con el Rey del Absoluto
se juega a los naipes la eternidad.

Nos prometieron un designio
y veo a los mansos y a los justos pudrirse
como perros aquejados de lepra secular.
Introduje mi mano en sus cuerpos,
sin jamás hallarles el alma.
¿Y los depravados?
¿No dijeron que tendrían su castigo?
Aquí duermen orondos,
el remordimiento les importa tanto
como estiércol de la nada.
La procesión de decapitados
peregrina por estos valles del embrujo,
lo impregna todo de lamentos
mientras arriba,
en las comarcas del respiro,
sus matadores,
bajo la aureola del aplauso,
desfilan airosos con paso marcial.

LA HISTORIA PATRIA DEL PEREZOSO
Rodrigo Parra Sandoval

Por debajo de mi ceiba ha desfilado buena parte de la historia patria. Pasa a las carreras, como si sus gentes estuvieran poseídas por el afán de terminarla cuanto antes. Eso parece, que intentan terminarla de prisa, salir de ese embrollo rápidamente, para dedicarse a menesteres más reconfortantes y más dignos. La historia de este país es un vestido incómodo, hecho con materiales urticantes y venenosos, que todos se quieren quitar de encima. Podría narrarla de la siguiente manera:

Por aquí han pasado hombres cobrizos desnudos, con la cara pintada o cubierta con máscaras de oro, armados con flechas y lanzas que perseguían con un lento pasitrote a otros hombres cobrizos de caras pintadas y armados con flechas y lanzas que huían con un parsimonioso pasitrote. Alrededor de la ceiba quedaban esparcidos, secándose al sol como odres vacíos, hinchándose con las lluvias, algunos cadáveres cobrizos que comenzaban a adquirir ese irritante matiz tornasolado característico de la descomposición. Sí:

Por aquí han pasado hombres desteñidos, blancos, como untados de harina de maíz, de barbas largas, forrados en armaduras de hierro que el sol del trópico convertía en saunas ambulantes, montados en caballos al trote, que perseguían con sus espadas y sus armas de trueno a hombres cobrizos desnudos con la cara pintada o cubierta con máscaras de oro que tiraban junto al tronco de mi ceiba sus lanzas y sus flechas al huir. Alrededor de la ceiba se amontonaban los cadáveres de los hombres cobrizos y de uno que otro hombre embutido en sus hirvientes latas con las panzas infladas al aire, expulsando los gases venenosos de la licuefacción. Y sí:

Por aquí han pasado hombres blancos y mestizos metidos en uniformes de colores fuertes, rojos, azules, verdes y negros, armados de fusiles y bayonetas que persiguen al galope de sus caballos a hombres blancos y mestizos sin uniforme, vestidos de paisanos, con sombreros de paja y mulas en las que llevan pianos, lámparas, espejos, mesas de noches, vajillas, cajas de música, libros de contrabando traídos de España y que se detienen debajo de mi ceiba a pasar la noche tocando canciones de despecho amoroso en sus guitarras. Debajo de la ceiba quedan esparcidos y rotos los espejos y las cajas de música, quemados los libros, muertos con las nalgas al aire los civiles y uno que otro soldado de vistoso uniforme con un machetazo en el cráneo que se exhibe hilachozo como un estropajo. Un soldado herido toca cuerda por cuerda la guitarra agrietada y después tecla por tecla el piano abandonado. Alguna niña de sociedad no podrá interpretar el Claro de luna a sus pretendientes.

¿La muerte? La muerte:

¿Qué son los hombres? Parecen seres anómalos cuyo destino es buscar ebriamente la muerte. Corren tras ella como si fuera una amante. Y una vez muertos, una vez que se liberan del líquido rojo que los atormenta como un fuego, no parecen nada. Se inflan y botan un hálito maloliente, quedan como zurrones vacíos. ¿Para eso se persiguen tan afanosamente, para eso se matan con fervor, para demostrar su naturaleza vacua y efímera, mero viento? Efectivamente:

Por aquí han pasado hombres negros corriendo como alma que lleva el diablo, chorreando sangre, con las ropas desgarradas, gritando como posesos, perseguidos por hombres blancos armados de fusiles y machetes, rompiéndome los oídos con los ladridos de jaurías de perros cazadores. He visto perecer a los hombres negros desgarrados a jirones, desmechada su negra carne tierna por colmillos caninos. He visto cómo brotan de sus vientres, impacientes, las brillantes entrañas: culebras azules que se enredan en nudos bajo la sombra piadosa de mi ceiba. Eso, señores:

Por aquí han pasado soldados de brillantes uniformes armados de alabardas y fusiles, persiguiendo una pareja de amantes: él un fraile suspendido y ella una muchacha de abundante cabello rojo que ondeaba con el viento de la tarde como una bandera. Detrás de los soldados llegaron los frailes con sus capuchas y sus instrumentos de tortura. Les estiraron los músculos hasta romperlos y llenaron el bosque de sus gritos aterradores. Los ataron a un tronco, encendieron fogatas y los asaron a fuego lento, mientras reían despreocupadamente como si se tratara de una fiesta de amigos. Durante muchos días apestaron sus cuerpos y fue la primera vez que pensé cambiar de ceiba en busca de mejores aires. Pero comprendí que en todos los árboles me iba a encontrar siempre con la misma fetidez. Sí, así es, amigos:

Por aquí han pasado innúmeras veces valientes bandoleros con banderas azules que persiguen heroicamente a valientes bandoleros con banderas rojas que corren en desbandada. Quieren sacarles las tripas, siempre quieren sacarles las tripas a los otros, y colgarlas de las ramas bajas de los árboles como adornos de Navidad. Otras muchas veces han desfilado valerosos bandoleros con banderas rojas que persiguen heroicamente a valerosos bandoleros con banderas azules para cortarles el cuello, siempre quieren cortarles el cuello a los otros, y sacar por las gargantas sus lenguas a manera de corbata para que la muerte los encuentre vestidos de gala. Y un día se cansaron los valientes bandoleros de bandera roja y de bandera azul de matarse entre ellos y decidieron matar a los campesinos y civiles desarmados que fueran amigos de los bandoleros de bandera azul o de bandera roja. Esta cacería resultó menos peligrosa para ellos y por aquí han pasado 269

valientes bandoleros de bandera roja y de bandera azul dego-
llando a campesinos y civiles desarmados que caían muertos
que daba gusto y por montones como guayabas maduras cuando se remueve el árbol. Por entonces la hedentina comenzó a
afectarme los pulmones y me volví propenso a las gripes, la
tos me rompió las cuerdas bucales con cada cambio de clima.

¿Y los sueños? Si:

El sueño: el hombre es un anómalo animal que sueña.
De día sueña ser lo que no es y no es lo que sueña ser. De
noche los hombres se duermen y mueven los ojos como condenados a muerte, gritan, se quejan, lloran, se abrazan a sí
mismos porque en el sueño son desoladamente solos. Los
hombres son un saco de sueños. Por eso corren todo el día,
intentan amarse, se matan, se traicionan, preferirían no dormir porque le tienen pánico al espanto de sus sueños. A nada
temen más que a sí mismos:

Por aquí ha pasado también una segunda ola de hombres desteñidos, blancos, llevando en sus mulas bultos de un
polvo blanco que no es harina de maíz y que no sirve para
pintarse la cara sino para sentarse debajo de mi ceiba a sor-
ber como si en ello se les fuera la vida, como si en cada raya
sorbieran a Dios. Detrás de ellos pasan otros persiguiéndo-
los, negros, blancos, rubios de otras tierras. Y nuevamente el
cargamento de muertos, la putrefacción, la sangre, el horror
cotidiano, tedioso, predecible, monótono. Y la fetidez que se
aposenta en el aire sólido del verano, bajo mi ceiba, y me ahoga. Cada vez más, cuanto más me aproximo al presente, más,
sí, más:

Por aquí han pasado hombres vestidos de camuflaje con
armas automáticas, granadas de fragmentación, colocando
minas quiebrapatas en las confluencias de los caminos y haciéndose llamar hombres de la guerra persiguiendo a otros
hombres vestidos de camuflaje con armas automáticas, granadas de fragmentación, colocando minas quiebrapatas en los
caminos y haciéndose llamar también hombres de la guerra
persiguiendo a hombres vestidos de camuflaje con armas automáticas, granadas de fragmentación, colocando minas quie-

brapatas en las orillas de los caminos y los cruces de los ríos y haciéndose llamar hombres de la guerra. Hasta que un día, cansados de este trajín en que arriesgaban sus vidas, cambiaron de táctica y se dedicaron a perseguir campesinos y civiles inermes y es de admirar la manera como creció la cantidad de muertos. Hasta alcanzaron los habilidosos hombres de la guerra el campeonato mundial de muertes violentas, hecho que celebraron con grandes borracheras, bailes y tiros al aire. Pero a mí me tiene enfermo el olor de los muertos amontonados debajo de mi ceiba. Los muertos son innumerables, el dolor es innumerable, el miedo es innumerable, la soledad es innumerable. Toda esa podrida soledad debajo de mi ceiba. Los hombres de la guerra no parecen tener respeto por el aire que respiramos.

¿El aire? El aire:

El aire se ha vuelto francamente insano, irrespirable, cargado de miasmas, fermentado y pantanoso, y estoy gravemente enfermo de los pulmones y del alma. Pienso algún día buscar otro árbol donde pueda respirar mejores aires, pero lo más adecuado es tomármelo con calma. Sin embargo, no dejo de preguntarme: ¿para qué sirve tanta rapidez, tanta actividad, tanta viveza, tantos muertos, si siempre terminan, de día y de noche, acogotados por la soledad y por la muerte? Y me pregunto también: ¿será por eso que corren y corren unos detrás de otros, para salir rápidamente de la historia en que están empantanados como en una arena movediza y dedicarse a actividades más interesantes y más dignas, más placenteras, más cercanas al espíritu? ¿O será esa la historia que aman, la clase de memoria que preparan a las volandas para pasarle a sus hijos en la leche materna? Tengo la impresión de que me enredo cuando me meto en disquisiciones. ¿Será esta la mejor manera de olvidar el olor agrio, insano, del aire que respiro? ¿Será? Será:

¿Y la niña?

Y la niña. Por aquí ha pasado varias veces esa niña de ojos dormilones y vestido azul celeste. Ha pasado insistente y machacona como un eco de sí misma. Dice que se llama Aída.   271

Dice que quiere llamarse Aída. Tener derecho a llamarse Aída. Busca a su padre. No sabe si vive o si ha muerto. No sabe qué clase de muerte ha muerto si es que ha muerto. Quiere saberlo. Quiere encontrarlo vivo o estar segura de que ha muerto.

–¿Cómo descansar sin saberlo?

Me pregunta si su padre ha dormido alguna noche bajo mi ceiba. Si se ha detenido a cenar un pedazo de carne salada. Si se ha sentado a tocar la guitarra. Si ha muerto llamándola bajo la fronda de mi ceiba. Le prometo darle noticias. Contarle algunas muertes que he presenciado, las que más se parezcan a la posible muerte de su padre. Tal vez alguna le guste. Tal vez pueda adoptar alguna y llorar a su padre. Y descansar. Y volver a su oficio de ser niña. Ella pasa de nuevo. Pregunta otra vez las mismas preguntas. Tenga paciencia le digo. Espere un poco, mi niña. Ya verá. Ya verá el naipe de muertes que extiendo ante sus ojos.

SUEÑO DE TRES SOLES
Lina María Pérez

> *Hacen falta unos brazos seguros como el*
> *viento...*
> *Y sus brazos son nubes que transforman la*
> *vida en aire navegable.*
>
> Desdicha. Luis Cernuda

Ella despierta casi al mismo tiempo que yo. Desde su lugar previsible se despereza, se estira, se apropia de movimientos ya familiares. La miro impotente ante su arrogancia. Me escruta descarada y se ufana de su preponderancia. Inútil pretender dormir de nuevo, regresar a la nada cómoda del sueño. Admiro las personas insignificantes que se levantan todos los días, se ponen la vida encima y salen a la calle escondiendo sus complejos. La mayoría de las veces coronan airosos la jornada, o no les importa si no lo hacen. Mi caso es distinto: no pertenezco a la categoría de hombre ordinario cuya simplicidad me salvaría de tormentos. Estoy siempre expuesto como animal de circo. Y es culpa de Ella.

En mis rutinas diarias vigilo sus actitudes en un intento por no rendirme a sus instintos, a sus reflejos. Es una lucha callada en la que a veces Ella pierde, y otras, yo fracaso. Señalo, como todos los días, una equis negra en el calendario pegado a la puerta de mi cuarto. El anodino acto cotidiano marca el tiempo transcurrido desde la fecha en que Ella, en un burletero milagro, se convirtió en un apéndice de mi existencia. Pronto no habrá más equis negras. Es una decisión irreversible, una convicción rotunda. Como las de los suicidas.

Los ruidos callejeros hieren mis oídos, se instalan en ese recuerdo brutal y remedan ese otro ruido parecido a una explosión de juguete que se clavó en mi mano derecha. Y la evocación trae también el pánico que me paralizó cuando la detonación seguía allí pegada al amasijo sangrante. Yo miraba el horror en mi brazo intentando identificar un dolor, un ardor metido entre los jirones de carne y el olor a chamusquina, o en algún otro lugar del cuerpo sembrado de esquirlas. La mano había desaparecido, y yo continuaba oyendo el ruido ahí, donde los dedos que habían obedecido la orden de recoger el platillo oxidado ya no estaban. No se me quebró la conciencia ni siquiera cuando mi capitán se acercó. "Es una mina, Vallejo. Una maldita mina. Ya pedí la camilla, no se me ablande que usted está hecho de hierro" Me dejé transportar sin dejar de mirar el brazo huérfano con mi 9584, el fusil de dotación aferrado a la mano izquierda. Y el muñón asqueroso y desvalido parecía interrogarme desde su incertidumbre.

El trayecto que me separa del hospital se cumple, como todos los meses después del accidente, en algún bus destartalado y casi nunca presto atención a la ciudad que se desliza más allá de las ventanas. Mi determinación, impulsada por el odio hacia Ella, late en todo mi cuerpo. La persistente película mental se empecina en evocar el suceso. Y de la secuencia en cámara lenta de la camilla en el helicóptero que me llevó al hospital, paso a la secuencia milimétrica de los hechos anodinos de aquel día: despertar rutinario en la brigada, aguadepanela y dos mogollas desabridas, órdenes de mando, cinco horas de camino y de miedo, frío del páramo, paisaje ignorado, olor a tierra mojada... el escudo de la vegetación disimulando los pasos recelosos de Gallón y Tavera al lado de los míos... y el estado de alerta obsesivo, el husmear como perro, el discriminar sonidos con el corazón haciendo su bom-bom de tambor en un latido extendido hasta el mismo fusil, mi compañero incondicional. Mi 9584 era como una prolongación del cuerpo, un tentáculo imprescindible ansioso de obedecer la orden de disparar; caminar, reptar, replegarse, contener la respiración, esconderse ante la inminencia del peligro; y entonces uno piensa que llegó la hora de matar o morir, que hay que espantar el miedo y que ya no hay tiempo para el hambre, para los recuerdos, para el amor eternizado en una sonrisa fotográfica, o en las lágrimas de la carta materna; y si uno sigue vivo, sólo quiere que se acabe la jornada, porque la zozobra perpetua va acabando con el alma.

Esta semana se cumplen ocho meses de ese día que me cambió la vida. Hoy me recibirán los mismos médicos con su repertorio de pruebas y controles. Como si Ella lo supiera, sus actos son sumisos y sus movimientos discretos. Claro, no quiere mostrar ese temple prepotente que ha esgrimido desde que me sometí al transplante. Ella descansa apacible sobre mi rodilla. Quizá vista por la mujer de al lado, o por el hombre del asiento vecino, esa mano pegada a mi cuerpo, gracias a un prodigio de la medicina, pasaría inadvertida. Pero había que sentirla, había que soportarla para saber que Ella, desde que se fundió en mi persona, se convirtió en la peor calamidad.

La noticia de mi mano mutilada por una mina antipersonal causó revuelo. Mi impecable hoja de vida en el servicio militar me presagiaba un merecido ascenso. Desde niño soñaba con ser General de tres soles, y cada día de los cinco años que llevaba en el ejército, ese sueño se imponía sobre la adversidad de la guerra. Por esos días, las campañas a favor de las víctimas de las minas ocupaban los oficios de las organizaciones de Derechos Humanos. No bien terminaron los médicos de examinar mi brazo sin mano, yo los miraba entre el sopor de los calmantes. El desfile de gentes no parecía acabar: los altos mandos de mi brigada me aseguraban que el ejército no me iba a fallar; mi capitán reiteraba que me atenderían como a un rey; Gallón y Tavera, hacían bromas: que si

275

Cervantes, manco, escribió El *Quijote* yo no me podía amilanar, o a lo sumo quedaría como el Capitán Garfio. El cura del cuartel me daba bendiciones y rezaba, y yo creía que me iba a morir, que la vida se me iba por esa tajada de brazo desvalida.

A los tres días hicieron más exámenes y tomaron radiografías. En la somnolencia de mi recuperación trajeron una canasta de flores, me peinaron, me pusieron pijama nueva; entró la primera dama seguida de fotógrafos y periodistas. Yo no atinaba a saber la razón de tanta notoriedad a mi calamidad, si muchos soldados morían, o quedaban inválidos, o eran secuestrados, o perdían la razón, y nadie hablaba de ellos. Luego lo entendí, cuando Tavera puso a la altura de mis ojos la foto en la que yo aparecía recostado en la cama y la señora del presidente posaba a mi lado con cara de darme ánimos al lado de la canasta de flores. El titular del periódico lo aclaró. El gobierno nacional y alguna asociación internacional para víctimas de guerra me beneficiarían con el transplante de una mano, en un prodigio médico del que sólo existían tres casos exitosos en el mundo.

Los reporteros se regodearon en registrar mi partida hacia Houston. Fui despedido con honores en el aeropuerto y las cámaras guiñaron sus fogonazos en el pedazo de brazo vendado. No les interesaba mi cara, mi desconcierto, sino ese miembro incompleto que a la vuelta de tres meses traería una mano ajena como trofeo. Al regreso, los mismos fotógrafos, morbosos, me pidieron exhibir el prodigio. Las instantáneas no reprodujeron la desolación, la impotencia de la que no acababa de desprenderme ni siquiera al saberme en mi tierra.

Hablaban del privilegio al que me había hecho merecedor, mientras me seguía agobiando el recuerdo de la tediosa estadía en el hospital y las dificultades de un idioma que en mis sueños de General no parecía necesario. Rodeado de enfermeras hoscas y sometido a exhaustivos exámenes pretendí que me dejaran en paz con mi suerte de manco, pero parecía escrito que no podía escapar al privilegio. La retórica médica me explicó la eficiencia de la técnica por la cual se me transplantaría la mano de un hombre de 41 años con el cerebro muerto. Lo único que teníamos en común era el tipo de sangre. Mis 30 años y una salud de hierro, auguraban el éxito. Las referencias sobre el procedimiento para conectar huesos, venas, arterias, tendones, músculos, nervios y piel se quedaron asordinadas en la turbadora realidad de que estaría conectado a la mano de un hombre muerto.

Ella continúa dócil sobre mi rodilla y se acompasa con los leves movimientos de mi cuerpo causados por la velocidad del bus. Tenía razones de sobra para desconfiar de su comportamiento. Su eficacia arrogante me cohibía, me humillaba. No estaba dispuesto a perpetuar su tiranía en aras del prestigio de ninguna primera dama, ni del muy doctor Gallardo, el sicólogo que en vano intentaba convencerme de que yo mismo generaba un rechazo mental peor que el rechazo biológico que podía llevar al traste el éxito del transplante. Ella sigue ahí, observándome desde su presunción de estar domesticada como la otra, mi mano propia. La ignoro. El tráfico cotidiano no logra alterarme. La adaptación a la vida ciudadana, después de mi regreso de Houston, trajo la nostalgia del cuartel, del fusil, de las barricadas, y la zozobra de la guerra y la camaradería con Gallón y Tavera. Fui retirado del servicio activo y me relegaron a funciones de oficina. Me explicaron que en cualquier momento mi mano transplantada podía fallar, y esa posibilidad me descalificaba para la vida castrense. Pero Ella, obstinada en seguir viviendo a expensas de mi cuerpo, había aprendido a integrarse a mi anatomía. Ellos sabían que la mano había pasado las pruebas, que los medicamentos impedían el rechazo inmunológico, que las agotadoras sesiones de fisioterapia me habían enseñado a adaptarme a la mano. Una falla del milagro no sería bien mirada por sus auspiciadores y le costaría al establecimiento un titular inconveniente. El sueño de General de tres soles estaba condenado a desvanecerse gradualmente en ese destino de vulgar pensionado de la burocracia militar. Después de todo, los sueños no tienen Derechos Humanos. Eso dejó pronto de importarme. Realizaba mi trabajo con su monótona rutina, y mi existencia se centró en dilucidar la relación que mi cuerpo y mis emociones establecían a diario con la mano del muerto.

Recuerdo las primeras sensaciones después de la operación. Requerí aclimatarme a su presencia antes de mirarla. Me parecía reconocer impresiones consabidas que me fueron definidas como las percepciones del miembro fantasma. Cuando quitaron los vendajes ante las nueve eminencias médicas que realizaron la cirugía, sus vanidades enriquecieron sus hojas de vida y mis prevenciones contradictorias aumentaron mis incertidumbres. Cuando por fin me dejaron solo con mi mano nueva, todavía amoratada, no hice otra cosa que mirarla, escrutar con lupa la perfección de las puntadas que unían las dos pieles; comparé su color, su textura, medí las arrugas, registré los lunares. Imaginaba que sus movimientos obedecerían mis ordenes mentales, que Ella me sería útil y que debía estar agradecido con ese donante anónimo. Por Ella, nunca sería llamado mutilado de guerra. A los dos meses, moví los dedos, agarré un vaso y escribí mi nombre con un lápiz grueso. Me sentí afortunado. Me dieron de alta cuando abotoné mi camisa y amarré los cordones de los zapatos con maniobras lentas y torpes pero eficaces.

El espectáculo, los titulares, las fotos del prodigio y la exposición en los congresos médicos pasaron al olvido. Me integré en la rutina prevista. Ella cumplía a cabalidad su destino de trascender la muerte. Yo me ocupé de luchar para que la frustración no opacara mi ánimo. Debía dominar la ansiedad creciente. Un desasosiego lento nacía en esos dedos ajenos, reptaba brazo arriba y se anidaba en mi mente abatiendo mi entereza.

Poco a poco comencé a sentir que Ella tenía la extraña propensión a querer existir sin mí. La sutileza de sus actos, la socarronería con la que Ella repetía hábitos que yo no reconocía como propios, me encendieron la alarma. Entonces pensé en el muerto que me había donado su mano. Lo imaginé dueño de ese odioso tic de acariciarse morbosamente la oreja, o la costumbre de dibujar figuras sin sentido sobre la frente, o tamborilear sobre las mesas, gestos propios de las personas que esconden alguna inseguridad.

Empecé a detestar a la intrusa. Desinhibida en sus actitudes, exuberante en sus movimientos, rastreaba la oportunidad de abatir mis defensas. "Su mano transplantada no tiene la autonomía que usted le endilga. Ella sólo obedece sus órdenes mentales, entienda, es una mano de repuesto que carece de emociones" repetía, en diversas versiones el muy doctor Gallardo con las sucesivas fórmulas de calmantes para la ansiedad y la paranoia. Él no sabía lo que era doblegarse a la mano de un muerto que se obstinaba en adueñarse de su vida. Decidí odiarla, para neutralizarla desde mi conciencia. Yo estaba siempre expuesto, siempre con los ojos abiertos, con la necesidad de atrapar en Ella las señales ajenas, y verificar en sus actos anodinos que nada hondo nos unía, nada genuino. Me preguntaba si yo lograría conciliar en mi mente la ironía entre lo macabro y lo espléndido. Conocía la respuesta y esa era la razón por la que me sentía fortalecido en mi decisión.

Seguí como autómata la rutina de los meses anteriores; me encaminé al segundo piso, a la derecha del Hospital. Ella se balanceó al ritmo de mi cuerpo y rozó mansamente mi pierna. Con un saludo escaso me recibieron los médicos encargados de hacer el reporte a las eminencias de Houston. Ella, sumisa, protagonizó las pruebas; las radiografías probaron que su anatomía fraternizaba con la mía; los exámenes de laboratorio corroboraron la compatibilidad de tejidos, y los reflejos cumplieron los cánones de normalidad. Yo la miré con rabia. Los médicos la observaron, la movieron, doblaron sus falanges, midieron los dedos, ignorándome a mí, como si estuvieran analizando un miembro independiente de mi cuerpo. Ellos se felicitaron, hablaron en su jerga, y cada uno, según su especialidad, anotó sus observaciones que se fueron archivando en el voluminoso expediente, mi lastimera historia clínica. Permanecí sentado, ajeno a la sesión, como si yo no fuera parte de ella. De vez en cuando me hacían preguntas sin mirarme.

–¿La sensibilidad es uniforme?

–Si, doctor.

–¿Tolera adecuadamente los medicamentos?

–Sí, doctor.

Y volvieron a ignorarme. Entre ellos intercambiaron alabanzas.

–El éxito es rotundo.

–El próximo mes publicarán el reporte para la comunidad médica mundial.

–Y los fondos internacionales se van a incrementar.

–Y las asignaciones del presupuesto nacional.

–Nos abrirá las puertas de...

–Doctores... –interrumpí con un golpe seco de mi mano adoptiva. Me levanté desde mi esquina desvalida, aclaré la voz, y con un tono contundente, de mando, como el que imponen los generales de tres soles, me sorprendí con la artillería de mis palabras:

–Mi cuerpo y mi mente están hartos de esta mano. ¡Estoy harto de tanta pedantería! –un resuello uniforme cortó las respiraciones. Levanté la mano intrusa y me deleité en esas caras desconcertadas.

Se miraron sorprendidos, y como si fueran muñecos de cuerda, se voltearon simultáneamente, en silencio, al lugar donde el muy doctor Gallardo abrió los ojos ante el pelotón inquisidor de figuras blancas, unánimes en su asombro:

–Hemos trabajado en ello... el paciente está colaborando... sabemos que requiere una capacidad sicológica para convivir con la parte del cuerpo de otra persona... en el caso de la mano, se trata de un órgano que está a la vista. No es lo mismo que un riñón o un pulmón...

Giraron sus cabezas con sus ceños fruncidos, con sus arrogancias en espera de una respuesta de mi parte. No quise contener la agitación que hervía desde hacía tiempo en mi interior. Me encaminé a la salida con el paso firme y parejo que tanto extrañaba. Ella sujetó la manija de la puerta y desde el umbral me enfrenté con los desconciertos de los médicos.

—No estoy dispuesto a convivir con la mano de un hombre muerto.

—¡Usted está loco!

—Pediré la amputación de la mano.

—¡Cómo se atreve!

—Y los voy a desenmascarar. —Y les dije imperturbable, con énfasis en cada sílaba, que no soportaba la altanería de sus eminencias y las de Houston, y que sólo les interesa ufanarse a costa de las emociones de sus pacientes.

—¡Es un desagradecido!

—Encontraré algún médico compasivo que le interesen mis Derechos Humanos y no los de una mano de muerto.

Los charcos recientes parecían espejos puestos al azar en la calle y en las aceras. Los afanes de la gente, el bochinche callejero, el acoso de los vendedores de libros piratas, los gamines y limosneros, las niñas suplicantes con sus bolsas de dulces me aliviaron. Mi existencia recobró su serena insignificancia.

POEMAS

Augusto Pinilla

El duende Federico

Cuando la luna de la poesía pregunta por ti
ningún poeta sabe dónde desapareciste
porque eres el privilegio de la total presencia
eres el corazón del bosque de la enamorada sonámbula
y la irrupción de la poesía con su capa de estrellas
y esto y todo lo que se diga de ti
sea también para que nunca vuelvan
los gritos de verdugos y víctimas en el coliseo del
                        hombre.

Aquí estás otra vez
sobre todo cuando también has sido siempre tú
y Alberti, Hernández y Neruda
y la tarde que Góngora no tuvo que ser
y una libertad de la poesía
que no necesitó los temas dorados
para que la belleza no la abandonara nunca.

Como la poesía tiene mapas secretos y territorios
entrevistos todos los días ibas a vivir el ilusionismo
                        rutilante

de los gitanos y te perdías en fiestas interminables de
matrimonio y barajas de clarividencia pero también
ibas
más lejos hasta la cabaña del tío Tom donde el Spiritual
hizo
cambiar con violencia tu voz irrepetible.

Eras el animalito de Kafka en la megalópolis
pero allí son tus palabras como las maldiciones de
Jeremías
sobre sus terrazas y sus fábricas abominables
porque en la ruina o el esplendor
la casa de su oro es el nido de las víboras.

Siniestra y bella página la de tu poema
donde la muerte de Antoñito dice la tuya
y la estética de San Sebastián flechado contra el árbol
de la cual hablaste una vez en Barcelona
como la actitud más bella.
Todavía eres el príncipe feliz
despojado de toda su pedrería
pero acompañado por la fiesta del dios Pan para
siempre.
Sean para ti los altos momentos del arpa
y la danza de las mejores
como fueron para tu infancia
los campos vastos del olivo negro
las rocas que eran amores
las flores que hablan en la verdad contada por los
niños
y la orquesta de todos los animales y los elementos.

Poema filosófico

Siempre creí que fue
en conversaciones con Sócrates

o en paseos con Hölderlin
por las ruinas de soles sin olvido
donde surgió el oráculo
de que puede pensar lo más profundo
quien ama lo más vital,
pero ahí está tu trenza
que hace más imposible
la existencia de la muerte
y nada diré de tu mirada
perdida en la pradera de la juventud,
nada de tu color,
sólo tu paso
extrañamente superior a la vida
idéntico a la belleza.

Carta para Laura

Yo pido que la vida
y el señor de la vida
y el hilo de luz pura
que une las estrellas y las piedras preciosas
y sostiene el danzar de los planetas
y las cosas y todo también todos
acaben para siempre con el adiós
y olviden el olvido
y sean sólo el amor
y el amor de los dos sea lo eterno.

Colibrí

Entre los pájaros eres tú
el consagrado amante de las flores
Siempre te veo con ellas entre besos y adioses

285

Escribiendo todo entero en sus corazones
el nombre del amor.

Retorno eterno

Vuelva la vida a suceder completa
Y con todo detalle y sus trabajos
Todas las veces
Si para siempre he de volver a verte
Siento que como eres
Y te encuentro
Y hablamos
Y los días se llevan tus perfiles
sin que pueda alcanzarlos
Y el necesario amor
Y el imposible
El universo volverá a este punto
de su tiempo y de su espacio
Y la vida revivirá
otra y otra vez
Porque todo querrá volver a verte
y volver a verte
en lo eterno.

Jorge Gaitán Durán

I

Por el valle de Cúcuta resultas
el venado más rojo de la tarde
La mañana del héroe
todo el perfil del mito contra el aire

II

Fulminado en el vuelo
Caes sobre la tierra de las islas
donde vivías con ella
primera flor de los gigantes jóvenes
que asaltaron el cielo
para encarnar la estrella de la mañana

III

Moneda firme muestra facha trágica
de un siglo de oro incandescente
surrealismo vivo de voces de ultramundo
y leyenda de Hollywood
Con el relieve de palabra grave
del héroe maldito
poeta de palabras últimas
que nacen para otra vida

IV

Y nuestra poesía vive ahora
huérfana de la voz que más podía
suspender por instantes la música total
y hacer oír su brava melodía
Heredarás el vuelo de los primeros ángeles
que hicieron gran asalto al trono regio
y las espigas con las que cayeron

V

Sol de los girasoles de los cielos
estrellas de locura que llegaron un día

para toda la vida que viviste
el amor hasta el más grande incendio de sus límites
vuelo mortal sin miedo de los Dioses

VI

No hubo sueño enemigo más allá de tu muerte
todo infierno se vive aquí entre vivos
y Don Juan la consigue
desnuda y deslumbrante como el alba
en el paisaje de las islas
el día mismo en que la muerte llega
con anuncios precisos
Solo tú declaraste tierra de nadie el alma
infierno musical sin propietario
soberbio Fausto eres entre todos
los que tal rango alcanzaron
El amor el infierno
las llamas los Amantes
llama doble su vida como Astros,
Alto Azor fulminado por la altura
Ícaro renacido contra el sol.

QUE EL CIELO EXISTA
AUNQUE MI LUGAR SEA EL INFIERNO
Jaime Alejandro Rodríguez

1

Ha llegado un hombre extraño. Por lo que ya se ha empezado a informar sobre él desde otras Gofers, podría ser un
homicida despiadado. Las distintas versiones que he logrado
consultar coinciden en afirmar que ha asesinado a su familia
de una manera horrenda: ha decapitado a su mujer y a sus
hijos (tres niños aún pequeños) con un hacha que robó pocas
horas antes a un carnicero de barrio; después se ha quitado la
vida. Por supuesto, he intentado contacto en seguida, pero su
canal se encuentra cerrado a la comunicación. Tendré que
buscar la manera de abrir sus puertas. Por alguna razón –que
aún no acierto a expresar–, considero que es muy importante
una aproximación. Presiento que algo nos vincula. No es gratuito que el hombre, Ciclos atrás, haya sido un intelectual afa-
mado, tampoco que su atención académica se haya centrado
en las letras, de modo que me siento obligado a hacer un esfuerzo para efectuar el enlace. Entretanto, los modos convencionales de comunicación no han funcionado. Quizá tenga que
recurrir a viejas artimañas.

2

Hoy también se cumplen diez Ciclos desde mi reclusión. A veces pienso en ti y me imagino tu rostro. Debe haber cambiado mucho —aunque no tanto como el mío, claro. Si pudiésemos volver a vernos (cosa por lo demás extravagante) no sé quién se sorprendería más. Si acaso has recibido mis mensajes, es posible que su lectura te haya dado la oportunidad de mantener vivo el recuerdo de nuestra relación, aunque haya sido tan breve y penosa. Es curioso: estaba seguro de haber logrado una cierta virtud en el manejo de este sentimiento, pero hace unos días, al revisar algunas misivas, me encontré por casualidad con la alusión a mi ingreso y entonces volví a revivir aquellos días en que decidí abandonar el Exterior. Desde entonces, involuntariamente, he mantenido la referencia de ese día, como si una rara potencia —superior a mis fuerzas— hubiese asaltado mi Razón hasta confundirme. De cualquier manera, no ha sido, creo, tan nefasto como pensé en un comienzo. Si la Historia no tiene aquí ningún sentido, el recuerdo, en cambio, mantiene su poder atávico sobre las mentes. Tal vez así es como pueda explicarse nuestra propia supervivencia.

3

Lo he visto de cerca: es profundo y terrible. El abismo huele mal y sin embargo posee un poder de atracción irresistible. Tienen razón quienes condicionan la visita a un adecuado proceso de preparación. El mío ha sido más bien corto, si se tiene en cuenta que la mayoría debe esperar hasta veinte Ciclos. Fuimos conducidos en grupos de a cinco por una cinta dinámica, a través de numerosas galerías. Finalmente desembarcamos en una especie de plataforma llana muy grande, perfectamente resguardada por Estrategas. Entonces nos indicaron nuestras posiciones. A partir de ese momento quedamos solos, a merced de nuestro propio Dominio. Si bien el paso está limitado, de modo que ninguno puede invadir el área del otro, tuve la impresión de que mi zona era infinita. El único límite espacial es el propio despeñadero. Así mismo, el tiempo parece allí ilimitado. No sé cuanto transcurrió (pudieron ser días o años); lo que sí puedo asegurar es que permanecí la mayor parte bordeando la sima, observando su furia negra y el terrible llamado de los brazos de su éter. No hay duda de que se trata de una criatura viva, malévola e inteligente, que se vale de todos los medios para alcanzar su objetivo. Por momentos, los vapores de la atmósfera llegaban a constituir formas humanas, tan perfectas que varias veces las confundí con Estrategas o Allegados. Entonces, bastaba esa confusión para que las figuras asumieran la lógica de mis propias dudas y establecieran el contacto. Esas, quizá, fueron las experiencias más peligrosas. Pero el abismo no descansaba en sus maquinaciones: como si se tratara del ancestral mito, por ejemplo, lograba que sus efluvios se conjugaran hasta producir sonidos y canciones, tan armoniosos y bellos que por sí solos podían hacer que uno perdiese el Dominio y acudiese manso a sus invocaciones. Por instantes, la masa gelatinosa de sus materias se revolcaba furiosa y amenazaba con salirse de madre o escupía su aliento de azufre casi hasta asfixiarme, buscando la intimidación. A veces fluía apacible como una mujer y me acariciaba con sus calores, tratando de seducirme hasta sus profundidades. Era quizá muy fácil alejarse del margen, pero no lo hacía, no porque estuviese demasiado atado a su atractivo, como por la extraña sensación que me invadía cada vez que me apartaba: una desazón, tanto más terrible, cuanto más me alejaba. Bastaban unas cien zancadas para que las lágrimas invadieran mi rostro sin ninguna justificación. Unos metros más y el corazón se oprimía, produciendo incluso dolor físico. Más allá, supongo, podría venir la desesperación, la tristeza, el hastío, quién sabe, hasta el deseo de muerte; en realidad, sólo extrapolo. Lo cierto es que era preferible el reto que planteaban los paseos por el canto del abismo. De pronto, sin un previo aviso, la materia infernal empezó a manotear, como si pidiera auxilio. Pensé que era otro ardid, pero entonces vi cómo descendía el nivel, poco a poco, en medio de un estruendo insoportable que casi me deja sordo; hasta que no quedó más que ese hueco oscuro y maloliente que se convierte pronto en el único recuerdo que poseen los Supervivientes y que puede uno consultar en las referencias de las otras Gofers, pero que yo he querido (quizás ese sea mi verdadero triunfo) matizar con los trozos que mi memoria ha logrado registrar hoy, para que tú puedas después aprovecharlos.

4

En la Gofer de los juegos hay uno que consiste en reconocer el concepto que se esconde tras unas pistas. Según se dice tiene que ver con una vieja forma de comunicación humana: la literatura o la poesía, ya no sé bien. He sabido de Allegados que pasan casi todo su tiempo jugando exclusivamente ese juego. Sé también que es alimentado por otros no menos compulsivos y que sus contorsiones llegan a ser verdaderas hazañas. No sé en qué Gofer leí que hasta se ofrecían instrucciones pormenorizadas tanto para jugar como para construir las pistas y que hay toda una tradición esotérica al respecto que molesta a muchos Allegados por considerarla una forma peligrosa de perversión. En realidad, me ha parecido más interesante rastrear todas estas discusiones en torno al juego que conectarlo alguna vez. Quizá sea un temor milenario lo que me conduce a comportarme así.

5

¿Sabes qué pienso? Que fui siempre un pésimo Guardián. Mientras vivimos juntos mi deber era preservar la Cultura para ti; hacer que tu contacto con la realidad real fuera mínimo; ¡protegerte, para que pudieras convertirte finalmente en un hombre productivo! No debías saber toda la verdad, porque la probabilidad de que te malograras con la revelación era muy alta. Así que, como tu padre primero, como tu maestro después, como tu amante al final, intenté hacer que asumieras ese mundo artificial –que los hombres del Exterior habían inventado para sobrevivir– como tu mundo natural. Durante siglos, el Exterior ha gestado esquema tras esquema con el fin de hacer que los miembros de su comunidad puedan sentirse, no como meras funciones de una estructura que podría seguir adelante sin ellos, sino como sujetos con una relación significativa. Pero las cosas nunca terminan bien por este camino. Poco a poco, algunos sujetos se dan cuenta del engaño: descubren que su significancia no es más que una ilusión y empiezan a torpedear el sistema, poniendo en peligro toda la construcción. De ahí surge la necesidad de mantener Guardianes del Orden. Al contrario de lo que podría creerse, los mejores de ellos no son aquellos sujetos más conscientes de la situación y de sus requerimientos, sino precisamente aquellos que tienen poca probabilidad de descubrir el ardid, aquellos que creen firmemente en su papel, aquellos completamente hechizados por la imagen que reciben de ellos mismos y sometidos a ella. Pero yo siempre sospeché. Aún antes de convertirme en un Guardián, aún antes de aceptar un trabajo, antes de procrearte, de mandarte a la escuela o de amarte, creo que fui el peor foco de referencia: como padre, cometí los más elementales errores (como intentar ser tu amigo, por ejemplo, o concederte demasiadas libertades), con lo que no hice más que confundirte por completo; como maestro, dejé ver demasiado fácil las inconsistencias del saber, sus relaciones ilegítimas, sus maquinarias de poderío; como amante, sólo pude ofrecerte contradicciones y arbitrariedades que nada tenían que ver con la promesa de felicidad que te había hecho alguna vez. Al final, ya no podía legarte una fe serena y optimista en el mundo –tal y como era mi deber de Guardián– porque yo mismo la había perdido.

293

6

Si ahora han crecido las uñas hasta hacer de mis manos unas auténticas garras y mi rostro ya no se distingue en medio de la maraña de pelos que cubre casi todo mi cuerpo, si mi hocico se ha hecho con el tiempo más brillante y sensible, permitiéndome cada vez una mejor orientación y la detección oportuna de los peligros, si mis patas se han adaptado al frío y a las rugosidades del adoquinado, si mis dientes han crecido hasta convertirse en una poderosa máquina destripadora, si mi cola se ha encrespado y fortalecido hasta valer como un órgano autónomo, si mis alas hoy sirven para realizar vuelos cortos, si ha sucedido toda esta transformación, es porque mi Dominio ha alcanzado en poco tiempo una potencia casi infranqueable. Recién llegado, parecía imposible alcanzar el estado actual de mis Virtudes. Lo más importante (quizás en eso he tenido mucha suerte) es encontrar rápidamente el devenir personal. No sólo he visto a otros errar por Ciclos sin hallarlo, sino que he tenido que presenciar la catástrofe de muchos Allegados que sin poderlo encontrar han tenido que hacer demasiadas transformaciones, agotando así sus potencias hasta niveles de fatalidad. Hay algo que también puedo afirmar: no hay método, ni preparación que valga, no hay fórmulas o recetas: cada cual debe hallarlo, ensayando y errando continuamente, despojando, sobre todo, la mente de referencias o de deseos. Aún hoy mi estado no es definitivo, pero no debo preocuparme: transformaciones inducidas con demasiada dinámica podrían agotar mi Potencia hasta reducir mi cuerpo a la miseria. Si ahora soy como soy es porque yo lo he permitido.

7

¿Has observado el horizonte de la Ciudad últimamente? Ahora que reviso las misivas, encuentro que mis textos de los primeros días se referían casi obsesivamente al aspecto de la Ciudad que acababa de dejar. Me impresionaba sobre todo la bruma húmeda que se extendía a lo largo de sus límites, allá, por encima de las montañas. Según lo escrito entonces, esa imagen congregaba todo mi pesimismo, todo –por así decirlo– mi nihilismo. Claro, no se trataba solamente del deterioro del medio ambiente (éste apenas servía de vehículo de mi desasosiego), sino del descalabro de mis escasas convicciones; no tanto del peligro de perderme en sus laberintos, como de mi propia desorientación interior. Llevaba ya algunos años tratando de aferrarme a alguna causa, pero lo más que lograba era oscilar entre entusiasmos fugaces que culminaban siempre en el sinsabor de la exclusión. Ya no era capaz de emprender ninguna cruzada en pro de ninguna causa, dudaba de la solidaridad, de la justicia, de todos los valores; estaba "de vuelta", por decirlo de alguna manera, de modo que ese paseo por la ciudad que antecedió mi decisión de recluirme, se convirtió en algo así como un acto alusivo a mis temores: cada sensación, cada detalle, cada descubrimiento me conducía en forma infalible a la justificación de mis determinaciones. Caminaba sobre mi propio destino... Y entonces sobrevino la oscuridad...

8

Debes saber que aquí las Gofers, en esencia, son todas idénticas: aun si se encuentran muy alejadas unas de otras, no hay nada en su apariencia física (siempre exigua) que las distinga, de modo que no sólo tienes la impresión de estar siempre en el mismo sitio, sino que cada una es tal como se esperaba; reduces así la incertidumbre al mínimo y te puedes creer en todas partes y en ninguna al mismo tiempo. Sólo puedes distinguir unas de otras por la función que quieras operar cuando la abordas, decisión que por lo demás es tu acto de mayor libertad; de modo que todo el espacio está aquí dispuesto para tu creación personal; incluso los juegos que con el tiempo se han institucionalizado (como el del abismo infernal, por ejemplo) sólo son activados bajo tu expresa voluntad. Por otra parte, las ventanas han sido remplazadas por pantallas que pueden funcionar como transmisoras de realidad virtual, disminuyendo así la necesidad de aproximación al Exterior. Conozco una que está equipada con un mecanismo de espejos, de manera que quien la aborda se ve abocado a reconocer el estado actual de sus Virtudes y de su cuerpo, es la Gofer del tiempo diacrónico. Hay otra en la que un circuito cerrado de vídeo proyecta todo el tiempo la misma imagen seleccionada, es la Gofer del tiempo detenido. En fin, aquí, tanto el tiempo como el espacio han perdido la monumentalidad que en el Exterior poseen y por tanto son insuficientes para albergar grandes esperanzas...

9

Fui siempre un hombre débil, tú lo sabes. Mientras el Exterior más me exigía de mí mismo, más sentía yo que iba ser incapaz de procurar todo lo que se me pedía. Siempre he sentido admiración por los que no logran adaptarse a la vida de manera pragmática: los locos, los niños, los santos, los estúpidos, los irresponsables, aquellos que no se atreven a dar ingentes pasos o que mantienen su imagen resguardada del cruce de los grandes acontecimientos, porque de alguna manera han resuelto ese conflicto que en mi vida personal fue como una cruz insoportable. No fui siempre ese hombre egoísta, incapaz de ofrecer un mínimo amor desinteresado que quizá tú conociste. Mi disposición a luchar contra la mezquindad me llevó tal vez a utilizar esas odiosas máscaras que me hacían aparecer como alguien horriblemente destructivo. Y fue esa terrible paradoja, lo que me condujo finalmente a buscar, como yo digo, la sombra. Si en el horizonte del Exterior sólo quedaba la opción del expansionismo individual, de la agresi-

vidad, contra los otros y contra la vida, la necesidad de sojuz-
gar a los demás para lograr los objetivos personales, en fin, la
rutina materialista; si eso era lo que quedaba en el horizonte,
debía cambiar de dirección, dar la espalda a toda esa moral
ordinaria y estrecha y huir, aunque pudiera malograrme en el
intento. Si eso se juzga desde allá como debilidad, entonces,
sí, fui siempre un hombre débil.

10

No todos estamos aquí por el mismo motivo, aunque
sí por la misma necesidad y con la misma esperanza. En algunas Gofers habitan Allegados cuya reclusión era irremediable;
para otros, el encierro ha sido como un alivio, la posibilidad
de un refugio, el espacio para la paz. En realidad la mayoría se
allega sin saber cómo ni por qué. Pero todos huimos del Exterior, de sus gases asfixiantes, de sus palabras corrosivas, de
sus imágenes miserables, de sus olores putrefactos, del afecto enmohecido, del amor que aniquila, de las balas repetidas,
del cobarde alarido de la noche, del insomnio insoportable,
de la burla y el desprecio, de la ausencia, de las flores imposibles, de las paredes movedizas, de la cochina estupidez del
burócrata, de la perversa sonrisa de los jefes, de la irónica
palabra de los padres, de los reproches tontos de las madres,
de los besos insaboros de las cucarachas, de los escalofríos
de la muerte, de la fiebre corrompida del olvido, de la memoria compulsiva, del sudor infernal de las cobijas, de las piernas sin destino, del conejo loco de las praderas, de los falsetes
intermitentes de las sirenas, de los golpes de la vida, del Dios
apartado que se burla de nosotros, de las pobres sonrisas de
los locos, de las migajas que te regalan en el trabajo, de las
promesas que nunca llegan, de las voces del crepúsculo, de la
luz de los teatros, del fango de McAdam, de los caballos deli-
rantes, de las putas ingratas, de las alcobas clandestinas, de
los sifones, de las cajas negras, de los cometas regulares, de

las estrellas novas, del big bang, de las pistolas y los rifles, de
la selva negra, del carretero muerto, de las alas enfermizas, de
todo lo que nos ata sin justa causa, del pago de las pensiones,
de las tontas palabras de amor, del sexo inconforme, de lo no
visto, de los instantes perdidos, de las secuencias y los laberintos, de la costumbre, del inodoro, del comedor y los cubier-
tos, de la tina limpia de todos los días, del sueño, de la vigilia,
de la paradoja, del destino, de las formas, de los deberes, de
las recompensas, de los compromisos y las botas, de la epi-
lepsia y los papeles, de las prótesis dentales, de los cubícu-
los, de la incertidumbre, de la marcha incierta de los tiempos
desbocados, de las relaciones, de las matemáticas, de los vapores y las persianas, de las apariciones y los santos, de las
mujeres posesivas... huimos, en fin, casi todos, del rostro de
Dios...

11

No siempre fue así. Hubo una época en que todo fue
armonía y paz. Afuera de casa habían quedado las dudas, y el
amor daba para todo, incluso para soportar los momentos difíciles, esos que nunca le faltan a una pareja de recién casa-
dos; había servido también para que aparecieran con toda espontaneidad los mejores signos: sonrisa en los labios, dulzura
en los gestos, juicio en las palabras, ardor en las caricias, respeto en el amor, franqueza en la relación. Incluso la llegada de
los hijos no cambió tanto las cosas; quizás sobrevino entonces una vida algo distinta, tal vez menos independiente, con
más cargas, pero también una vida más rica, abundante en
experiencias nuevas y retos que sirvieron para desarrollar po-
tenciales insospechados. En la medida de las dificultades, el
amor parecía entonces madurar, sano, fuerte, sin malezas. Sin
embargo, de una manera inadvertida, crecía también la mala
hierba. Ese insulto que no podía olvidarse, esa mirada que
expresaba más que cualquier reproche, ese reparo que se lan-
zaba al aire en las reuniones de los amigos y que no se repetía

luego; todos esos gestos diminutos, iban regando el suelo del afecto, en apariencia vigoroso, con trazas de veneno: imperceptiblemente se hilvanaba el surco del desamor, por el que debía fluir un nuevo cultivo. Entonces, la cama se convirtió en la primera prueba de la inminencia. No había noche en que los sudores no incomodaran; las rencillas –que quizá con el paso de las horas en el día habían perdido su gravedad– adquirían allí una fuerza inesperada; los olores servían para ofender al otro y el frío terminaba por instalarse en medio de los cuerpos, como una barrera invisible que destruía los escasos momentos de contacto que a veces, fortuitamente, se presentaban. Aún así, el amor daba para todo.

12

Ya llegará el momento en que tendrás que lanzarte al vacío. Lo primero, será desprenderse de tanta lógica que ha encadenado tu vida: la búsqueda del éxito, el trabajo por dinero, la importancia personal; dejar de lado esa imagen que –no sólo para los otros, sino para ti mismo– ha predeterminado tus actos; retornar a cierta inocencia y a cierta simpleza, para poder desmantelar esos itinerarios. Tendrás igualmente que romper las rutinas, especialmente para hacerte impredecible, de modo que no puedas ser atrapado por las garras del sentido común. También tendrás que aprender a actuar sin creer, sin esperar recompensa o resultados; todo será en adelante un desafío, un reto que te exigirá vivir estratégicamente, enfilando baterías sólo para hacer el menor gasto de energía; tendrás que medir tus actos, pero no ya sobre la base de unos resultados, sino sobre la *del resultado*. Quizás convenga entonces borrar toda historia personal, crear una niebla densa alrededor tuyo, de modo que todo, con respecto a ti, resulte incierto; así no tendrás que dar explicaciones de nada, y nadie podrá enojarse contigo o desilusionarse por tus actos. Una vez hayas perdido a tu familia, será muy fácil desprenderse de otras relaciones: el trabajo, los amigos, los vecinos, la ciudad…, así podrás finalmente relativizar el mundo: desandarlo será la condición para volverlo a recorrer; pero esta vez no habrá nada o nadie en el camino que pueda obligarte a seguir una "ruta". Si ya nada importase, si ya nada se esperase de ti, si ya nada te ofendiese o te preocupase, quizás entonces habrá llegado el momento para asumir una nueva responsabilidad: escoger el camino, la labor, las relaciones, las obligaciones que tu corazón te indique, sin que otro haya decidido por ti de antemano. Pero tendrás, finalmente, que vivir mirando de frente la muerte, usarla como mensajera, para que la tentación de volver a un camino ya construido por otros pueda ser siempre controlada; pues en el aprendizaje que entonces emprenderás, constantemente habrá voces, miradas, imágenes, sueños, cuerpos que –bajo distintas máscaras: la inocencia, la compasión, el dolor, la nostalgia, el remordimiento, el reto– intentarán destruir tu fuerza y tu decisión.

13

He logrado sustraer las siguientes imágenes: Curcio avanzando por entre los académicos al momento de recibir el Premio Nacional de Letras. Curcio escribiendo su libro, encerrado en el cuarto de su casa. Curcio recibiendo amorosamente a sus hijos después de su llegada del colegio. Curcio haciendo el amor a su mujer. Curcio discutiendo frente a un auditorio de alumnos taciturnos. Curcio desesperado en el cuarto de su casa, destruyendo algunos originales. Curcio castigando con violencia a sus hijos. Curcio discutiendo con su mujer. Curcio soñando. Curcio tomando el desayuno. Curcio sentado en una playa frente al mar. Curcio tomando un taxi en medio de un tráfico endemoniado. Curcio feliz. Curcio asesinando a su familia de una manera horrenda (decapita a su mujer y a sus hijos –tres niños aún pequeños– con un hacha que robó pocas horas antes a un carnicero de barrio). Curcio quitándose

después la vida.

Lo primero ha sido no intentar ninguna secuencia. También me he cuidado de forzar una *summa* de las imágenes. He preferido jugar inicialmente con la independencia de los fragmentos. Tampoco busco la causa, la intención o la coherencia. Sueltas, allí, a su propia dinámica, a su arbitrariedad, esas imágenes me han enseñado más de Curcio que cualquier estructura globalizante, han emitido señales y sentidos tan intensos que prefiero no agrupar nada para no dañar la emoción, pues así han logrado proyectar desde su existencia independiente cierto sentido sobre mi ser extendido.

14

Qué difícil era mantener el optimismo. Tal vez sea cierto que algunos seres tengan más capacidad para ello y que otros seamos más proclives a la melancolía, que sea, pues, una cuestión de temperamento. Pero quizás el asunto no es tan sencillo: ¿qué es el optimismo sino una fe ciega en la Cultura?, ¿qué es el optimismo sino una fuerza que puede llegar a cortar los vuelos más osados? Pero también: ¿qué es el optimismo sino una forma de pesimismo? Recuerdo cómo en el Exterior las condiciones de supervivencia siempre exigían al máximo una actitud optimista. ¿Cómo sobrellevar la vida diaria, el sentido de una rutina, el castigo por las infracciones o la carga del amor? Levantarse era entonces inyectarse la ración justa de optimismo que necesitaban las veinticuatro horas. Y digo justa porque no había nada más peligroso que una sobredosis. Sus consecuencias podían ser nefastas. Pero, a medida que comenzabas a descubrir elementos del Gran Ardid (lo cual resultaba por lo general inevitable), las cosas empezaban a tomar un rumbo sinuoso. Solían ser pequeñas revelaciones, como el desamor o la decepción fraternal (pero que llegaban a alcanzar dimensiones más pomposas como la injusticia o el fracaso) las que desencadenaban todo el proceso. Comenzabas entonces a sufrir constantemente porque la mínima falla en el *programa* de tu vida bastaba para que saliera a flote esa molesta fragilidad. Esa percepción –que por lo general te confinaba al borde del abismo (desde donde la vida se revelaba escindida: si antes había un claro sentido, ahora también se presentaba el absurdo en su más oscura inmensidad, si antes estabas seguro, ahora todo te resultaba engañoso)– podía ser asumida de muy diversas maneras: desde una actitud displicente hasta una creativa, pasando por estrategias de enmascaramiento, que eran las más frecuentes y a la postre las más dolorosas. Podías empezar, por ejemplo, a creerte un genio incomprendido por los demás y así te enredabas en un camino tortuoso cuya longitud sólo dependía de la capacidad de autoengaño que poseías. No había nada peor que tener que alimentar esa otra fe en tu propia fuerza, porque pronto te sentías como si estuvieras en arenas movedizas: cuanto más pataleabas más te hundías. Muy pocos en realidad lograban alcanzar la rama del árbol que los podía salvar. Yo nunca fui uno de esos privilegiados, te lo aseguro.

15

Hay quienes han bajado la guardia por completo. Se les ve deambular por las Gofers sin rumbo alguno. La mayoría ha perdido partes del cuerpo, como si su deterioro mental tuviera necesariamente que ocasionar consecuencias físicas tan dramáticas. Casi todos desdentados y sin piernas, se arrastran como reptiles por entre los corredores con su rostro desfigurado. Ni siquiera piden ayuda a los demás. Dejan su rastro de sangre y mal olor y en ocasiones se allegan a alguna Gofer para dejarse morir. Ayer, por ejemplo, uno de los Desdichados arribó a donde yo me encontraba preparando un juego. Fue inevitable sentir esa mezcla de compasión y asco que siempre me asalta su visión. Pero esta vez estuvo tan cerca de mí y la luz de su único ojo, aunque vidrioso y sanguinolento, me impactó con tanta intensidad que estuve a punto de romper

en lágrimas. Dejé el juego y me acerqué a él. Un impulso inex-
plicable me llevó a acariciar su cabeza sarnosa. Poco después
lo levanté y lo llevé a mi regazo. Entonces besé su boquete
leporino. Un estremecimiento se apoderó de ese cuerpo inmundo, un estertor que contagió mi ánimo y mis manos. Sentí que mis fuerzas se agotaban, me levanté de la silla donde
estaba sentado y, ante lo que debió ser una sonrisa del Desdichado (pues en realidad hubo apenas un leve movimiento de
su rostro que dejó entreabierta la gruta de su boca), me horro-
ricé hasta el punto de que lo solté. Cayó al piso y allí, como si
la energía de lo sucedido hubiese catalizado su deterioro final, se deshizo en una masa gelatinosa, pestilente y verdusca
que ocasionó casi en seguida un orificio profundo en el piso.
Huí de la Gofer completamente avergonzado de mi flaqueza.

16

Es muy posible que esta vida en las Gofers haya sido
prefigurada desde muy diversas instancias. Conozco, por ejemplo, la historia de un hombre que en el Exterior logró sobrevivir varios años sin tener que salir de uno de esos grandes
Centros Comerciales que tanto abundan hoy día. El tipo se
alimentaba de sobras de los muchos restaurantes del lugar
(algunos tan finos, que eso de sobras resultaba ser apenas un
eufemismo), se bañaba en los lavabos públicos, al comienzo
a hurtadillas, esquivando la vigilancia de los guardias, intentando comportarse de una manera normal; combinaba sus dos
únicas mudas de ropa de modo que su aspecto podía mantenerse en los límites de lo decente. Poco a poco, se fue haciendo familiar a los dependientes, quienes comenzaron a
colaborarle, no por compasión, sino por una suerte de admiración que en realidad nadie se sabía explicar, pues el hombre
ni siquiera tenía manera de devolver los favores con sabiduría
o alguna otra virtud intangible, ya que era un ser ordinario,
incluso insignificante y hasta mezquino. Lo cierto es que así

como un día apareció por allí y decidió recluirse en el Centro Comercial y vivió en él por tres largos años, así mismo un día desapareció sin dejar rastro. Se especula que anda ahora en otro Centro y que hace exactamente lo mismo que en el primero (por lo demás, se afirma que aquél no fue tampoco el primero). Algunos dependientes aseguran incluso haberlo visto, en efecto, en otro lugar.

Conozco también el caso de toda una raza de hombres que fue capaz de habitar exclusivamente en las profundidades de los túneles del tren subterráneo, llegando a construir un *modus vivendi* tan perfecto como clandestino, con redes de solidaridad y contacto con el exterior. La desdicha de esta raza que, según los archivos que he consultado, logró sobrevivir por años, sobrevino cuando su aspecto físico empezó a cambiar tan dramáticamente que se hicieron diferentes. Entonces, debido a las horribles mutaciones (descolorimiento radical de la piel, ulceración de la vista, enflaquecimiento extremo), fueron perseguidos, expulsados y finalmente exterminados.

La tradición literaria es larga en estas referencias, no sólo para el caso de individuos que podríamos llamar fotosensibles, sino incluso para grupos enteros de seres que deciden huir de las condiciones normales de la vida e intentan construir una vida paralela.

Creo, y no es por asustarte (aunque ése es siempre el primer reflejo ante la revelación: el temor, la negativa, el pataleo), que la reclusión, tarde o temprano, resulta inevitable.

17

Recuerdo que cuando pequeño eras muy tímido y yo intentaba por todos los medios que adquirieras una personalidad más fuerte, que pudieras reaccionar ante la hostilidad de otros niños, que pudieras imponer tus convicciones. No había día en que no te enseñara la necesidad de controlar tu ambiente, de rodearte de una energía irrebatible; me molestaba tu pasividad y tu sumisión. Hasta aquel día en que encontré a tus amigos rodeándote frente a la casa y yo corrí como un loco dispuesto a defenderte, pues pensé que te estaban agrediendo y encontré que tan sólo estaban escuchando tus palabras, completamente absortos en las historias que contabas (y que yo no sabía de dónde habías sacado), con el rostro en una perfecta concentración. Y tú allí, como un pequeño sabio, como un profeta, alcanzaste a percibir mi confusión y con un leve movimiento, apenas apreciable, me calmaste e hiciste que me apartara, sin que los otros se hubieran dado cuenta de mi estado. Desde entonces me alejé de ti, comprendí que debía abrirte el camino, que había llegado tu momento, que ahora tú serías mi vigía y que yo me sumiría en el sinsentido de la vida.

18

Creo haberlo reconocido. Lo topé en medio de una algarabía que se formó cuando en la Gofer de los juegos se produjo un incendio por la sobrecarga que activó uno de los Allegados, al parecer tras verse vencido en el juego del abismo. Muy pocas veces sucede algo así. No por que esté prohibido, sino más bien por que nuestras dinámicas personales no nos lo permiten. Estamos tan absortos en el cultivo de nuestras Virtudes, es tan exigente el ejercicio de nuestro Dominio que prácticamente no hay lugar para intersecciones. Es posible que algunas veces crucemos un saludo o que incluso la frecuencia de los encuentros dé como para que se forme cierta relación, pero nunca para que haya lugar a eso que en el Exterior se conoce como la amistad y menos para que podamos hablar de relaciones interpersonales o familiares. Por eso, cuando acaece la concentración de tanta gente la situación se torna tan dramática que a veces se vuelve peligrosa. Algunos Allegados tienen que ser atendidos porque se disparan sus niveles fisiológicos y resultan gravemente alterados. Otros entran en una histeria nerviosa que los puede llevar al colapso. Alcancé a observar algunos casos en medio de la algarabía. Estaba precisamente colaborando en el traslado de uno de los Allegados afectados, cuando topé sus ojos. No podía ser otra, sino su mirada: esa luz profunda y oscura que atraviesa la piel más fuerte, prevista en las descripciones de las Gofers de los nuevos Allegados. Curcio observaba desde un alto escalón lo que sucedía en la puerta de la Gofer y entonces sentí por un instante los efectos de su fuego. Pero en seguida desapareció, como si hubiera presentido mi ansiedad, mi deseo. Después lo busqué por otras galerías y en la noche, hasta muy tarde, envié varios mensajes, todos perentorios, pero no obtuve respuesta. Creo que perdí la única oportunidad de contacto con él y así también la posibilidad de volver a verte.

19

Hoy me siento extrañamente feliz. Tal vez el fin de todo esto se acerca. Empiezan a rodar informaciones sorprendentes. Se asegura que algunos Allegados serán enviados de nuevo al Exterior. También se menciona algo sobre una rara epidemia que ataca la piel. En los Edictos se suman ya miles de condenas, cuya ejecución, se afirma, se hará efectiva en forma masiva en las próximas horas. Las muertes súbitas han aumentado en forma inesperada, así como las transformaciones fatales. Los cortocircuitos han afectado todas las Gofers y los juegos han quedado suspendidos. Reina la confusión. Sólo he tenido conocimiento de una situación antecedente. Sucedió hace ya miles de Ciclos y se debió a una caída total del sistema. Lo de hoy, sin embargo, no parece que observe la misma causa. Supongo que habrá que esperar otros miles de Ciclos para que alguien pueda descubrirla. En los corredores se rumora que hay Intrusos y que todo obedece a un complot mayor proveniente del Exterior. El pánico se toma las Gofers y en la Red ya no es posible hallar información confiable. Todo es Caos. Yo, sin embargo, me encuentro hoy extrañamente feliz.

20

No quiero asegurar esto, pero creo que es mi deber hacerlo. El Caos tiene una relación directa con la presencia de Curcio en la Red. Curcio es apenas uno de los Intrusos que ha malogrado el sistema. Ha penetrado en la red para destruirla, de modo que ya no haya posibilidades de reconstruir el Interior. Es muy posible que eso que el mismo Exterior había creado como un refugio para los Desamparados hoy se les haya salido de las manos y entonces hayan enviado Guardianes para destruirlo. Curioso que hayamos caído en la trampa, pero ha sido así. Ninguno de los detectores internos podría habernos avisado del peligro, pues el perfil de los Intrusos obedecía a las características de los reclusos. Fue una operación lenta y perfectamente calculada. Ya no hay posibilidad de salvación. Sólo estos mensajes, cuya re-emisión estoy haciendo en forma apresurada y defectuosa a través de una vieja red clandestina, podrían servir de testimonio del final. ¡QUE EL CIELO EXISTA AUNQUE MI LUGAR SEA EL INFIERNO!

Bogotá, octubre de 2001.

MONO SE QUEDA
Juan Manuel Silva

—Sí, tranquilo, acomódese.

El hombre quería ganar adeptos entre los pasajeros y presionaba al señor de la cachucha contramarcada y del impecable uniforme de conductor de la empresa más prestigiosa. Se encontraban esperando la partida de uno de esos vehículos llamados colectivos en el medio del transporte intermunicipal, unas camionetas de tipo Van, automáticas o semiautomáticas, que por la forma aerodinámica que tienen parecen cohetes con motor de gasolina.

—Pero si son las cinco en punto. Vamos a llegar a las ocho o ocho y media por temprano.

—Pero qué quiere si estamos en Girardot, no en Fusa ni en Granada; no a la entrada. Relájese que sí va a llegar hoy a su casa.

El hombre que reclamaba parecía que estaba ganando la batalla contra el conductor. Un rumor inquieto se levantó una y otra vez entre los apeñuscados pasajeros. Muy aerodinámicos por la parte externa serían esos modelos; pero eran unos verdaderos hornos adelgazantes por lo estrechos por dentro. Los negociantes del transporte con tal de ganarse un par de sillas adicionales los trataban como si los pasajeros fueran una colonia de amebas, y no como humanos con derecho a tener un asiento decente. Espaciosa sería una lata de conserva, porque ni siquiera los embutían como sardinas, como sí lo hacían antaño. Eran amebas que iban clavadas y amarradas en esas sillas tan pulcras como incómodas. En ese interior de la Van de techo en exceso bajito, ellos metían cuatro o cinco pasajeros extras y a eso lo denominaban hacer un viaje con el cupo completo. Lo llevaban, claro, como si los bultos de carne y de agua que transportaban no fueran en realidad personas con piernas medianamente largas o con el tórax de un amplio normal. Los comprimían y fuera de eso los hacían esperar. Otras voces de pasajeros refunfuñaban ya, aunque con demasiada timidez. Sin embargo, ese apoyo indirecto hizo que el rebelde le subiera el tono a su ataque.

—Apúrele, señor.

—Claro, claro, lo que quiera, lo que quieran; pero debo esperar la orden del controlador de la empresa.

El conductor sabía defenderse. "No es mi culpa. Primero que todo y antes que nada los que me pelean aquí son unos tarados", y se los dijo con su voz estentórea de capitán de barco moderno, de cohete con ruedas. La empresa tenía sus horarios y los hacía cumplir a la fuerza, incluso encima de las fechas. Por más sagradas que las fechas fueran y así aquel día fuera el de la Navidad. Ellos tenían una responsabilidad civil que cumplir, concluyó. Eso les dijo con el orgullo de estar trabajando en la ruta entre Girardot y Bogotá desde hacía cinco años.

—¡Claro que hoy es Navidad! Por eso mismo le estoy exigiendo que salgamos temprano.

—¡Sí! ¡Ya lo sé! —y el conductor estaba de mal genio.

El que encabezaba la pelea le exigió que diera su nombre para poder denunciarlo y el conductor se negó, no querría darlo ni porque lo agarraran a palos, así le dijo. Se quitó, en cambio, la cachucha con violencia y la botó contra el vidrio polarizado como si pudiera llegar a romperlo. El tipo se estaba desesperando.

—¡Me está violentando! Déjeme trabajar —y pronunció la última frase de un modo más tranquilo; tenía que justificar ante los demás el motivo de su impaciencia.

–Sí, señor conductor, pero quién nos garantiza que después, esta noche bien tarde, sí conseguiremos algo de transporte allá en Bogotá –protestó de nuevo el que peleaba.

–Claro, como dice la propaganda: "Nos esperan en la casa", y "pronto" –lo dijo con un irónico tono de reclamo otro de los pasajeros, uno de bigote.

El último en hablar asomó tímidamente por entre las sillas. Se tomó confianza para quejarse con interjecciones y con exigencias como "vámonos ya". No quiso, sin embargo, abandonar el fondo de la Van. Sólo desde allí se sentía protegido.

El conductor no le prestó atención, no respondió.

–Sea hombre señor conductor –lo animó con cierta agresividad el que lo estaba remachando una y otra vez por su negativa a salir del Terminal de Transporte–. ¿No quiere irse? ¿Acaso vive acá en Girardot y por eso es la demora? ¿En realidad desea quedarse esta noche? Diga su nombre que ya conozco el número del vehículo y la ruta, nada más le va a pasar por patán. Yo, por ejemplo, me llamo Baena.

–Sí, es correcto –respondió el conductor calmándolo–. Allá viene el bendito papel. Nos vamos ya; acomódense en su puesto y no molesten más, yo no tengo tanta paciencia.

El conductor no encendió la Van como era lo lógico y, tampoco, ningún ayudante de la empresa llegó. Él tenía que esperarse; ya se los había dicho anticipadamente. Entonces, enmudeció y les enfatizó, con un tono seco de amenaza, que no hablaría más, porque esos tercos pasajeros, ahora aliados y renegando, no querían escuchar razones valederas.

Conectó el radio y le fue subiendo lentamente el volumen. Colocó una emisora bien guapachosa, apta apenas para la ocasión, dijo con algo de burla. Luego se lo bajó y se lo subió de modo abrupto. Lo hizo varias veces, pues de repente estaba empezando a responderles. Era su manera evidente de vengarse por los reclamos. Quería explicarles el valor de la música, "el de no joder", y ellos tendrían que comprender su argumento. Alzó la voz para hacerse escuchar. La orden de subir el volumen venía de arriba, mencionó, como del Cielo, explicó 311 con sorna, y no volvió a bajarle el volumen al radio. El conductor, gracias a tan ruidosas maniobras, no tuvo que prestarle mayor atención en aquel rato al nervioso pasajero, al que pretendía que se fueran sin esperar la planilla y que había sido capaz de poner a todos en contra suya.

El microbús arrancó, no obstante, a los cinco minutos. Eran más las ansias que la espera en tiempo real. Los pasajeros hicieron mal en protestar tanto; así la carretera estuviera congestionada, la Van avanzaba con una velocidad que empezó a asustar a los de los puestos de adelante. Las quejas no se hicieron esperar. Sólo que el conductor le aumentó todavía más el volumen a la radio para tapar cualquier palabra de protesta. El único contento era el pasajero quisquilloso, el que dijo llamarse Baena, y que era el mismo que había comenzado la discusión sobre la hora de la partida.

Eran más los automóviles que salían de Bogotá que los que entraban y el tráfico se puso bastante pesado. El cohete avanzaba zigzagueando como una culebra con alas. El conductor sería sordo, pero era genio en el arte de tratar de matarse y no hacerlo. No había policías ni controles que lo detuvieran.

—Pare.

—Bájele un poco.

—Mérmele.

Alguien, un tipo gordo y canoso, gritó con una voz chillona, imposible de tapar, que él era un "desgraciado", un tipo que se aprovechaba del que fuera, y escondió la cabeza para que no lo reconocieran. El conductor escudriñó por el espejo y no descubrió al que aparentaba ser un cobarde. El asunto se estaba calentando de nuevo. Otro pasajero alcanzó a tratarlo de "cabrón", y pronunció otras palabras peores sobre la terrible situación de inseguridad en diciembre. Tanto asalto, tanto atraco, tanto asesinato, no era ni un brusco soplo en un ojo, "con tanta hija de puta muerte producto de los accidentes de tránsito". La imprudencia de los choferes era salvaje, además de los abusos en el consumo de alcohol en todas las carreteras de ese país absurdo que tenían por patria.

El pasajero que se había sumado último a la pelea se aburrió rápido, como si tuviera suficiente con haber podido sacar toda su rabia por un minuto. Lo que le interesaba era hacerse notar, así no peleara por fuera de la cháchara.

–¿No protestaban por la demora? —y mirándolos por el espejo retrovisor le guiñó el ojo al peleón para presionarlo.

Baena no se solidarizó; permanecía callado o dormido. La venganza o la inquina del conductor al conducir como una cabra loca no le interesaba un rábano.

–Ah, ¿no tenían prisa, no tenían prisa? Pues yo también. Y si no les gusta se bajan. Me importa, me importa...

El conductor levantó un madero largo, era un palo liso y de fácil manejo pese a engrosarse en una de las puntas a la manera de las cachiporras. Lo hizo para mostrárselos, para anunciarles que no lo molestaran que él sí tenía con qué responder. Podría ser un bate de béisbol o, simplemente, un arma contundente. Lo guardó de nuevo. El conductor silbaba su música, la del radio. Sin pronunciar una palabra los enmudeció. Baena no dijo nada.

El colectivo avanzó de modo suicida por la carretera y eso pareció tranquilizar aún más a Baena que se desperezó y que de haberse atrevido a aplaudir lo hubiera hecho con rabia. Él, antes que ponerse orgulloso y demostrarle al conductor su poder como hombre, lo que tenía era prisa para poder llegar a la fiesta familiar.

Baena abrió como pudo la ventana, que parecía una escotilla de cohete primitivo más que otra cosa. El aire entró a raudales y se puso a contemplar las casas y la gente que por segundos aparecían y desaparecían ante sus ojos. A los demás les tocó resignarse con la velocidad; nadie se atrevió a decir nada. El conductor era un demonio, un terco, además. Poco podían hacer y uno de los pasajeros le pidió, ya en otro tono, más de ruego que de otra cosa, que le bajara al menos un tris al volumen del radio, y que de resto hiciera lo que quisiera, lo que se le viniera en su real gana.

Mucho rato después, luego de un sueño, Baena se despertó con la convicción de que ese día iba a llegar tarde a la dichosa celebración navideña en la casa de sus tíos. Por fortuna llevaba los paquetes, todos los regalos. Lo malo era que no consiguiera cómo llegar a su hogar, porque la ciudad, los veinticuatros de diciembre, se mete temprano en el ambiente de rumba y ya no hay quién lleve a nadie con seguridad a ningún barrio de Bogotá.

El pavimento se puso liso y más adelante, en las rectas que hay bien arriba de Fusa, pudo observar un accidente. Una mujer se encontraba sentada al borde de la calzada con la cara pálida y los ojos perdidos; con cara de estupor, de tragedia, supuso. A un costado yacía tendido un hombre robusto. Baena no supo si estaba herido o muerto; mas al avanzar el colectivo se imaginó lo peor. Trató de voltearse y encontrar los regalos de Navidad que traían los del accidente. Deberían tenerlos dentro del automóvil o ya las ratas de aquel lugar de la carretera se los habrían saqueado con cualquier pretexto en vez de prestarle socorro. Eso lo hizo acordarse de sus propios regalos. Estaba contento con el televisor portátil que le había comprado a su esposa para que disfrutara algo más en el negocio. Y ni qué hablar de los otros regalos extra para la casa, para la familia vecina y para sus tíos y primos. No tendría ningún malestar, pensó con pesar, si le hubiera avisado a tiempo a Consuelo para que ella comprara alguna chuchería extra a los niños.

No ocurrió de ese modo y la noche se tomó por completo y por largo rato la carretera hasta cuando Baena descubrió el primer gran resplandor de la ciudad. Bogotá se desnudaba ante sus ojos. Iba a llegar y pronto tendría que enfrentar un problema mayor: ¿dónde podría bajarse del colectivo? Claro que él no deseaba ir hasta el Terminal de Transporte, lo acabarían robando igual y la vuelta sería muchísimo mayor. Además, solían hacer requisas y en esta única ocasión no le convenía que lo esculcara la policía.

Entraron por la Autopista del Sur. Es fea y curtida esa entrada en Bogotá. La ciudad hacia el suroccidente no posee una verdadera avenida, una que sea digna del tráfico y del resto del país que llega siempre de súbito por una carretera destemplada y barrosa. A Bogotá se entra a trancones y como por entre huecos y cráteres. Ni un árbol ni un arbusto verde siquiera. Ese lugar le parecía también peligroso y él no conocía para nada la zona. Además, había poco tráfico de transporte urbano a esa hora. Todo por la fecha.

La alfombra de color grisáceo que cubría el puesto de atrás, el antiguo puesto de los músicos, le impedía poder observar los letreros de los buses y de las busetas. Si encontrara su ruta, se bajaría de una vez. Eso era más seguro que los taxis y más barato. Baena se había gastado todo su dinero en los regalos, excepto un par de monedas y un billete mediocre que debía ahorrar. No, tendría que aguantarse a que el colectivo doblara hacia la Avenida Boyacá. Era lo más seguro. Él ya antes se había montado en unos micros que suben por la Avenida de las Américas a tomar la Carrera 30 y luego tuercen por la Calle 45 hasta la Carrera 19. En la Calle 72 se bajaría y, de hecho, estaría cerca de los Alcázares. Iba para los Alcázares, para el quinto demonio, por supuesto, si se pensaba de qué lado tan apartado y triste de la ciudad venía. Pero, así fuera caminando, bajaría de nuevo a la Carrera 24 y luego a su barrio. Era oscuro, peligroso hasta cierto punto. Baena palpó su arma con satisfacción; no tenía salvoconducto y era un revólver potente, como para tumbar de un disparo al que se le acercara. Tenía una maleta mediana y un maletín extra para llevar terciado en el hombro.

Qué desagradable entrada en una urbe que se pretende tan añeja y tan digna. Sólo ladrillo destapado, restaurantes o cantinas y casas desoladas. La Avenida Boyacá le parecía más acorde en proporción con el tamaño de la ciudad. Se bajaría cuando hicieran la oreja en el puente. Allí siempre era concurrido, siempre habría puestos de venta de comida y gente, gentecita como él. Baena apretó su revólver contra una costilla. Miró al conductor, él no sabía con quién se hubiera metido de lanzársele encima con ese bate tonto. Lo hubiera cascado a cachazos o a bala. Pero era Navidad y la Navidad debería ser

315

siempre linda. Pensó, entonces, mejor en su esposa. Lo estaría esperando con algo de desconfianza, de furia; tal vez ella sí estaría con un bate en las manos, con un mazo gigante sacado de la cocina como en las caricaturas. Su mujer tenía un carácter terrible; no era un guante de seda y, normalmente, él no encontraba cómo defenderse de sus ataques de leona celosa y aleve. Su revólver se le trababa. Caramba, qué era lo que se imaginaba, y meditó en otra cosa con algo de malicia.

No calculó que tenía que bajarse antes de la oreja y cruzar el puente por la parte de arriba. Pero los atracadores esperan también en esos mismos sitios, se explicó. Estaba tranquilo pese a la zona desagradable y desconocida donde se encontraba parado. Se había despedido del conductor con alguna amabilidad, y hasta le deseó las pascuas y la felicidad para el año futuro. Lo cierto es que la Van lo dejó más adelante, en una esquina demasiado solitaria que lo intimidó porque corría peligro de ser atacado. La Navidad la celebraban en las calles de los barrios, no en las avenidas en donde sí se encontraban los chicos malos esperando la oportunidad de ganarse la fiesta en un solo envión. Cerca, de inmediato, observó un par de hombres sospechosos; ratas tendrían que ser, y les mostró cuando se aproximaron la cacha negra y blanca de su revólver. Era mejor la armonía, la concordia navideña, les dijo con cara de bravo.

Se fueron. Un taxista se detuvo y le dijo que tuviera cuidado, que allí había visto una gallada de malos rondando. Que esos dos eran únicamente la vanguardia. Baena desconfió del hombre. Si era tan buena gente, ¿qué hacía por fuera de su casa a esa hora? Baena se respondió la pregunta sin pronunciar ninguna palabra y le dijo que gracias, que él se cuidaba, que tranquilo, que iba en otra dirección y hacia el puente. El taxista se marchó no sin antes lanzarle una risita de estúpido, como de cuídate, bruto; y Baena, en efecto, no tardó en arrepentirse. Tres hombres aparecieron por diversos costados. Se llevó la mano al costado y de nuevo soltó su maleta. Uno de los patanes le indicó que sólo lo estaban acompañando, protegiendo, que la guerra no era con ellos.

Creen que soy un bocado, un rico, eso pensó Baena. Puede que también desearan quitarle su arma. Se puso intranquilo y miró a los cuatro costados. La tendrían, pero cara. Levantó su maleta y continuó su marcha hasta el puente. De llegar estaría salvado. Un colectivo pasó en ese momento. Iba semivacío, con sólo tres o cuatro pasajeros. El letrero decía Chapinero y Granahorrar. Era un milagro y le echó el dedo, se lo levantó soltando de nuevo su equipaje. Uno de los regalos crujió; pero primero está la vida y luego la Navidad.

El colectivo, negro y con líneas rojas, frenó en seco. Él se subió casi corriendo. Colocó como pudo la maleta sobre los asientos y pagó su pasaje. No le hizo caso a la cara de molestia, de desconfianza, de los dos hombres que iban en la parte de atrás y tampoco a la del pasajero de al lado, el que se encontraba sentado junto a la puerta. Baena anunció que pagaría doble asiento, y que no se preocuparan.

La ciudad se encontraba vacía y el colectivo continuó su loca carrera, porque rápido sí iba. Baena percibió el olor a aguardiente, era notorio. Incluso de atrás, provenía también del lugar en donde de hallaban sentados los otros dos pasajeros. Entonces, se volteó para verlos. Les descubrió de inmediato la mala cara; les sintió el hambre. Uno de ellos le recordó a los que lo habían estado acechando primero en la esquina. Trató de llevarse la mano a la cintura, trató de sacar su fierro, pero era tarde. Sintió un hielo en su nuca. Era un cuchillo y lo estaban puyando duro. Sintió sangre o algo cálido que le corría por el cuello.

—Quieto, padrecito.

—Quiébrelo —dijo el de atrás con la ira desatada.

Hubo un largo silencio y no lo mataron. El hombre del cuchillo preguntó por fin que qué hacía con el muñeco.

—No, quietos, que viene una patrulla. No hagan un movimiento raro —el que manejaba el colectivo los alertó.

Los dos de atrás se levantaron y se colocaron junto a él luego de sacar la maleta para que el de la puerta la revisara. Lo abrazaron como si fueran amigos y cada uno se puso a un

317

costado. Sintió la estrechez del vehículo. La punta del cuchillo estaba hiriéndolo en el cuello de nuevo, pues el conductor no conocía el freno ni el arte de esquivar los huecos con el timón.

—Cierre los ojos, gran cerdo —dijo uno.

Baena sintió ahora dos chuzos; se los pusieron en los costados. El de adelante lo cacheteó muy suave para decirle que se hiciera el borracho. No podía exagerar. Tenía que mirar hacia abajo. Lo pellizcó entre en una pierna para que obedeciera. El mismo tipo lo desarmó.

La patrulla marchó primero a un lado de la vía, emparejada con el colectivo, como si los estuvieran chequeando. Baena no se atrevió a gritar o a mirar. Sentía la tensión.

—Sea buen chico —le advirtieron.

La patrulla se retrasó, aun cuando no dejaba tampoco la ruta tradicional de un colectivo con ese letrero. Estarían cerciorándose de que el viaje fuera normal. La patrulla los persiguió de lejos y por un largo trecho. En tanto, adentro, terminaron de revisar a Baena. Le quitaron lo poco que llevaba en los bolsillos, a más de una cajita con una recarga de balas. Le pusieron, entonces, el cuchillo en la espalda y lo obligaron a arquearse contra la parte baja del asiento.

—Yo quiero los zapatos.

—Esa chaqueta está buena.

—Matémoslo de una.

—No, todavía no. ¿La bola ésta no tiene tarjetas de corporación o de crédito? —preguntó con voz tembleque el que manejaba.

—No tiene ni siquiera una plata en efectivo que valga la pena.

—Es un muerto de hambre, pero cargado de buenos regalos.

—Punto a favor como para no matarlo.

La patrulla por fin los sobrepasó. Ellos ya habían tomado la Carrera 30 y estaban decidiendo qué hacer.

—Demos vueltas.

—Ya nos vieron y nos pueden estar todavía vigilando. Pueden querer hacer en la vigilancia un relevo esos verdes. ¡Cuidado nos pillan!

En efecto, otra patrulla distinta apareció en la distancia. Iba con las luces y la sirena encendida. Se trató de una falsa alarma, porque la patrulla siguió de largo; irían a resolver otra emergencia, una más grave. Ya los habían hecho desviarse por la Calle 45, por donde tenían que hacerlo de ser una ruta normal. Tenían que tomar la Carrera 19, ya que el sector se encontraba muy movido. Por arriba nadie los iba a detener. Si acaso les pondrían el dedo y "chan, chan y otro que se cae a esta olla".

—Hoy es Navidad. ¡Qué verraquera!

—Matémoslo de una —insistió el que le clavaba del cuchillo.

—No dañe la camisa, hermano, que yo la quiero —le rogó el de adelante.

—Bueno, pero me dejan los pantalones. Yo creo que pueden servir de regalo para uno de mis cuñados.

Lo hicieron desnudarse mientras le pegaban por no cargar tarjetas de corporación. Era un tacaño desconfiado. Baena pedía que no lo dañaran.

—Tacaño, lo vamos a ensartar, a dejar desangrando, a romperle los intestinos.

—Hoy es Navidad, hermanos —suplicó Baena.

—Quítese también los pantaloncillos.

—Eso no, hoy es Navidad. Por favor.

—Nosotros no dejamos gente viva, me entiende, gran...

Alguien dijo que venía de nuevo otra patrulla, que se estuvieran tranquilos. Subieron despacio hasta la Carrera 20, pues allí realizarían la oreja normal, a cinco, muy lento, como si estuvieran en una noche muy aburrida de ruta. Lo mejor era que esos malandrines con uniforme pasaran de largo. Estaban de malas; nunca había tantas patrullas circulando y esa noche, preciso, ellos se iban a tener que comer íntegro el parque automotor de toda la Ley de Bogotá. Los policías, en vez de seguirlos y detenerlos, hicieron el cruce prohibido de la Calle 45 y se fueron de una vez como diablos por la Carrera 19. Ellos terminaron de dar normalmente la oreja y también tomaron la misma avenida por si acaso los estaban vigilando por radio.

Baena tuvo que despojarse de su ropa interior. Mínimo lo iban a humillar, si era que no lo mataban y lo dejaban tirado en un potrero.

—Bájese por la Calle 60, de allí nos vamos al parque Simón Bolívar y lo botamos.

El que tanto lo amenazaba cambió arma. Sacó, ya no un chuzo delgado, sino un cuchillo de carnicero. Le cortó la piel en un brazo.

—No me ensucie el carro, ¡hueva grande! —reclamó enardecido el que manejaba.

—Sólo cuando vayamos por el parque de los Novios, yo conozco al lado un lotecito perfecto para tirarlo.

Baena volvió a suplicar que era Navidad, que no lo cortaran y pidió por el Niño Jesús. Estaba llorando de verdad, como nunca lo había hecho en muchísimos años. Trataba de no hacer ruido, de contenerse, de no sorberse la flema. Si no lo mataban.

—Muéstreme los papeles, la billetera. Yo quiero saber dónde vive este cabrón tan mocoso —dijo el que tenía el cuchillo de carnicero en la mano.

—Ahora no joda, llave. Vamos a lo que vamos y se acabó, no más vueltas que nos cogen los toños.

El del cuchillo dijo que quería hacerle un regalo a ese hombre. Se había portado bien. Les consiguió un revólver, por ejemplo, y todo un ajuar de ropa y de regalos sin estrenar: "Bingo".

—Tómese un aguardiente, que yo le voy a regalar la Navidad.

Baena sintió que lo iban a acuchillar en ese instante, y que se desangraría como un marrano dentro del vehículo. Qué le importaba. Tuvo que beberse el trago y tuvo que tomárselo doble. Lo hicieron atragantarse. Luego lo matarían.

—Sí, vive cerca.

—Vamos.

El colectivo frenó en seco para torcer y tomó la Carrera 24 y luego de un cruce prohibido se metió entre calles y callecitas. Finalmente se detuvo.

—Bájese.

Baena sintió sobre su espalda, ya no el cuchillo, sino el cañón de su propio revólver. Estaban apuntándole y lo dejarían tirado y herido en la puerta de su propia casa. No hicieron nada de eso. Sólo se reían y tomaban aguardiente.

—Una bayetilla.

—¿Qué?

—Una bayetilla para que se la amarre en la cintura. Tendrá hijos el bobo cadáver.

Le lanzaron un trapo rojo y grasiento. Le pidieron que para no escandalizar, que para que pudiera timbrar o golpear en la puerta, se lo amarrara muy bien. Claro que le señalaron el miembro.

—Amárreselo ahí como si fuera un lazo, el de un regalito.

Baena tuvo incluso que rasgar la tela para poder cumplir con el pedido. Por suerte el miedo le dio fuerza suficiente.

—Bola, esto iba en serio. Se la perdonamos ya sabe por qué —le gritó el del cuchillo antes de que el colectivo arrancara haciendo chillar las llantas.

—Feliz Navidad.

Baena se quedó solo y timbró; tenía frío y dolor de cabeza. Tardaron en abrirle. Apareció Consuelo, su mujer, y al verlo desnudo, ridículo, se puso más que furiosa. Le tiró en la cara la puerta y casi la tumba, porque cayó polvo y arena del débil marco que quedó vibrando por unos segundos.

Baena volvió a timbrar. Se encendió a golpes contra la puerta de madera.

—¿Cómo te apareces así? —y ella le volvió a abrir.

—Yo...

—Pareces un mono, un animal. ¿Y esa cinta? ¿Te estás burlando de mí?

—Pero me...

321

Lo interrumpió con un berrinche entrecortado de ofuscación. Ella se encontraba muy preocupada. Se atragantó por la rabia, bajó los ojos hasta el piso. No quería volver a verlo, dijo a media lengua.

—¡Escúchame!

—No respetas a nadie, nunca a los niños que te estaban esperando y mucho menos a mí, a tu esposa —concluyó con un solo sollozo.

—Todavía podemos llegar a la fiesta. También me robaron los regalos, pero les explicaremos a todos...

—No iré a ninguna parte esta noche, eso te lo prometo. Los niños se fueron con tu papá.

Consuelo no lo dejó contestar. La emprendió contra Baena. Le tiró manotazos. Él era un mono; lo sería desnudo o vestido y con cualquier traje que se pusiera. Nada le importaba y además de eso llegaba con tufo. Todo borracho, todo degenerado. Lo mejor sería que los niños no lo vieran en ese estado decadente.

—¿Te volviste regalo? ¿Tú? —Consuelo se sonrió como con una mueca extraña, y luego se rió abiertamente—. Creo que estás exagerando.

—No, yo...

—Por eso te envuelves el "eso" con una cinta, con un trapo inmundo de borracho, de mono cochino. Una burda imitación de una cinta roja de regalo. ¿Te volviste un regalo allá abajo, allá preciso? ¿No?

—Consuelo, no entiendes. Me regalaron la vida por ser Navidad. Me atracaron y me dejaron vivo por pura suerte.

—Hoy jugaste a las cartas con tus amigos.

Baena se devolvió ya sin escuchar más a Consuelo. La lora, el discurso era implacable. Ninguna cosa peor le podría pasar esa noche. Se acomodó como pudo la tela. Caminaría unas calles hasta donde unos amigos para beberse unos tragos, para pedirles prestado algún traje; ojalá tuvieran uno muy fino. Quería terminar de pasarla esa noche abrigado, contento, y con un vestido de buen material. Baena se echó la bendición en la esquina.

BIOGRAFÍAS

Azriel Bibliowicz

Nació en Bogotá en 1949. Estudió sociología en la Universidad Nacional de Colombia y terminó su licenciatura en 1973. Continuó estudios de postgrado en la Universidad de Cornell, Estados Unidos, donde obtuvo un Ph.D. en sociología y comunicaciones en 1979. Realizó estudios suplementarios en literatura en el departamento de lenguas romances de la misma universidad.

Ha sido profesor de sociología, comunicaciones y literatura en las universidades Nacional, Andes, Javeriana, Valle y Externado de Colombia.

Fue columnista de Telerevista y las páginas editoriales del diario El Espectador donde fue galardonado con el premio nacional de periodismo Simón Bolívar en 1981. Fue director y fundador del postgrado en Dramaturgia para Guiones Audiovisuales de la Universidad Externado de Colombia. Desde hace veinte años está vinculado a la Universidad Nacional donde ha sido profesor de sociología, cine y televisión y literatura. Fue uno de los profesores fundadores de la carrera de Cine y Televisión de la Facultad de Artes de la Universidad Nacional.

Ha sido profesor visitante y conferencista en varias universidades extranjeras en especial las Universidad de Cornell, Harvard, R.I.T (Rochester Institute of Technology), University of Minnesotta en los Estados Unidos, así como la Universidad Hebrea en Jerusalén y la Universidad de Bremen, en Alemania.

Su novela El rumor del Astracán fue publicada en 1991 por Editorial Planeta y tuvo cuatro ediciones. El Grupo Editorial Norma publicó en 2002 su libro de cuentos titulado: Sobre la faz del abismo.

Roberto Burgos Cantor

Nació en 1948 en Cartagena de Indias. Desde muy joven se dio a conocer en el panorama nacional gracias a la obtención de varios premios literarios. Estudió derecho y ciencias políticas en la Universidad Nacional de Colombia, profesión que ha ejercido regularmente. Ha desempeñado importantes cargos diplomáticos en países como Panamá y Austria. Nueve libros conforman su obra: cinco libros de cuentos, tres novelas y un testimonio, entre los cuales están: Lo amador (1980), De gozos y desvelos (1987), Quiero es cantar (1998); El patio de los vientos perdidos (1984), El vuelo de la paloma (1992), Pavana del ángel (1995); y Señas particulares (2001).

Jorge Cadavid

Licenciado en lingüística de la Universidad de Pamplona. Máster en literatura de la Pontificia Universidad Javeriana. Doctor en filosofía de la Universidad de Sevilla (España). Publicó Diario del entomólogo (Trilce, 1998), Ultrantología (Makbara, 1999) y La nada (Universidad de Antioquia, 2000). Autor de textos escolares: Lengua Castellana (Norma, 1996), Señales (Norma, 1999) y Castellano (Norma, 2000). Es colaborador de: Boletín Cultural y Bibliográfico del Banco de la República, revista de poesía Deshora, revista de poesía Palimpsesto (España,), Revista Uni-

versidad de Antioquia y El *Malpensante.* Es profesor de literatura hispanoamericana en la Pontificia Universidad Javeriana.

Óscar Collazos

Narrador, ensayista y periodista de opinión, es autor de una veintena de obras de diversos géneros. Fue director del Centro de Investigaciones Literarias de Casa de las Américas, en La Habana, escritor invitado del Berliner Kunstler Programm y colaborador invitado de la Agencia EFE en la sección Grandes Firmas.

Desde sus primeros libros de cuentos (El *verano también moja las espaldas,* 1966, y Son *de máquina,* 1967) su obra ha seguido un cambiante itinerario de temas y propuestas estilísticas, renovándose o volviendo a los escenarios de su origen. Entre sus novelas se destacan Crónica *de tiempo muerto* (1975), *Todo o nada* (1979), Jóvenes, *pobres amantes* (1983), Fugas (1988) Las *trampas del exilio* (1992), Adiós *a la virgen* (1994), Morir con papá (1997) y La *modelo asesinada* (1999).

En la actualidad reside en Cartagena y es columnista del diario El *Tiempo.*

Germán Espinosa

Nació en Cartagena en 1938. Novelista, poeta, periodista, ensayista, crítico literario y cuentista. Estudió en Corozal, Cartagena y Bogotá. A los 16 años publicó su primer libro de poemas. Inició su labor como periodista en la agencia UPI y en el periódico El *Siglo,* de Bogotá. Colaboró con los periódicos y revistas culturales de Colombia, fue cónsul en Kenia y consejero en la legación colombiana en Yugoslavia.

Crítico de arte y cine, publicista y catedrático universitario. Entre sus obras sobresalen los libros de poesía Letanías *del crepúsculo* (1954), Reinvención del amor (1974); los libros de cuentos La *noche de la trampa* (1965), Los *doce infiernos* (1976); la obra 325 de teatro El Basilius (1966) y las novelas Los cortejos del diablo (1970), El magnicidio (1979), La tejedora de coronas (1982), El signo del pez (1988) y Sinfonía desde el Nuevo Mundo (1990).

Jaime García Saucedo

Profesor asociado de la Facultad de Ciencias Sociales de la Pontificia Universidad Javeriana, donde obtuvo el Doctorado en Letras y labora en la Facultad de Publicidad de la Universidad Jorge Tadeo Lozano, donde dicta lenguaje cinematográfico.

Vivió gran parte de su vida en Panamá donde se graduó en literatura y periodismo, carreras que ejerció en la Universidad de Panamá e importantes medios de comunicación de ese país. En la Universidad Nacional Autónoma de México tomó cursos de posgrado en literatura y luego vivió en Miami.

Ha publicado Poemario (1982), Textos aplicados al lenguaje de la comunicación social (1982), De lo que no se dijo en las crónicas y otros cuentos (1982), Poetas jóvenes de Panamá: antología (1982), Relatos (1987), Lenguaje literario y cinematográfico (1992), El cine y sus metáforas (1995), Escrito en Coral Gables (poemas, 1998), El jardín de los dóberman (Premio Único de Novela Breve del Centro de Escritores de Manizales, 1998), La estética de lo posible. Cine y literatura (Seud. James Hunter; 2002).

Obtuvo el primer premio en el concurso de cuento universitario Pablo Neruda, Facultad de Humanidades, Departamento de Literatura de la Universidad de Panamá en 1980 y el segundo premio en el concurso de cuento corto de Samaná, Caldas, en 1991.

Luz Mary Giraldo

Poeta y ensayista nacida en Ibagué. Adelantó durante seis años estudios de música y piano en el Conservatorio del

Tolima. Se licenció en filosofía y letras con especialización en literatura de la Universidad Javeriana, donde además recibió los títulos de Magistra en Literatura Latinoamericana y Doctora en Letras. Dirigió el posgrado de literatura de la misma universidad, fue Asesora Cultural de la Biblioteca Nacional y en la actualidad es profesora titular de la Universidad Javeriana y Asociada de la Universidad Nacional de Colombia.

Ha publicado varios libros de poesía, varias antologías de cuento colombiano y textos para niños y de libros de ensayo sobre literatura hispanoamericana y colombiana. Su libro *Ciudades escritas* fue distinguido con una beca nacional del Ministerio de Cultura en 1998 y con una Mención de Honor en el Premio Pensamiento Latinoamericano del Convenio Andrés Bello en el 2000. Poemas suyos han sido incluidos en varias antologías nacionales y extranjeras y otros han sido traducidos al inglés, francés e italiano.

Julio César Goyes Narváez

Profesor del Instituto de Estudios en Comunicación y Cultura (IECO) de la Universidad Nacional de Colombia y de la maestría en literatura en la Universidad Javeriana, donde tiene a su cargo el taller de lírica. Licenciado en filosofía por la Universidad del Cauca, magister en literatura hispanoamericana por el Instituto Caro y Cuervo, especializado en lengua y literatura española en el Instituto de Cooperación Iberoamericana en Madrid. Ha publicado en varias revistas nacionales e internacionales y realizado varias investigaciones: *Poesía de la comunicación y del conocimiento* (ICI, Madrid, 1994); *Pedagogía de la imaginación poética, afectos y efectos en la oralidad, la imagen, la lectura y la escritura* (IDEP, Bogotá, 2000) y *La imaginación poética, relaciones dialógicas entre filosofía, literatura y pedagogía* (Universidad de La Salle, Bogotá, 2001). Entre sus libros más destacados están: *Tejedor de instantes* (Bogotá, SMD editorial, 1992); *El rumor de la otra orilla, variaciones en torno a la poesía de Aurelio Arturo* (pre-

mio de ensayo Morada al Sur, 1995; Bogotá, SMD editorial,
1997); *Imago silencio* (premio de poesía Sol de los Pastos; Fondo Mixto de Cultura de Nariño, 1997); *El eco y la mirada* (Bogotá, Editorial Trilce, 2001).

Henry Luque Muñoz

Profesor asociado del Departamento de Literatura de
la Pontificia Universidad Javeriana. Ha publicado cerca de veinte títulos, entre poesía, ensayos, biografías, traducciones y
compilaciones. Vivió doce años en Europa y Rusia, donde se
consagró a la investigación de los escritores clásicos rusos.
Ha sido traducido parcialmente al inglés, ruso, alemán, francés, hindi, ucranio, portugués y rumano. Finalista en el Premio de Poesía Casa de las Américas (La Habana, 1990).

Sus últimos libros son: *Tambor en la sombra*; *Poesía colombiana del siglo XX* (México, 1996); *El erotismo del cielo. Una introducción a la historia social de la literatura rusa moderna* (Manizales, 1999); *Polen de departare / Polen de lejanía* (Poesía. Edición bilingüe español-rumano; Bucarest, 2001); *Arqueología del silencio* (Poesía; Bogotá, 2002).

Rafael Humberto Moreno-Durán

Nació en Tunja en 1946. Estudió Derecho en la Universidad Nacional de Colombia, sin embargo se ha dedicado a la
literatura. Dentro de sus obras sobresale la narrativa, principalmente la novela; además de la ensayística, siendo el género literario que lo inicia en el mundo de las letras con el libro
De la barbarie a la imaginación (1976).

Entre sus principales obras literarias se destacan:
Los felinos del canciller (1987), *Femina suite* (1989), *Metropolitanas* (1986), *El caballero de La Invicta*, *Mambrú*, *Taberna in fabula* (1991) y *La experiencia leída*, *Como el halcón peregrino* (1995).

Rodrigo Parra Sandoval

Estudió sociología en la Universidad Nacional de Colombia. Hizo un Master en Artes y un P.H.D. en sociología en la Universidad de Wisconsin (USA). Se ha desempeñado como profesor universitario e investigador.

Entre sus novelas y cuentos, sobresalen: El *álbum secreto del Sagrado Corazón* (1978), Un *pasado para Micaela* (1988), La *hora de los cuerpos* (1987), La *amante de Shakespeare* (1986), *Tarzán y el filósofo desnudo* (1996) y El *don Juan* (2002), Premio nacional de novela del Instituto Distrital de Cultura y Turismo de 2001.

Además ha obtenido diferentes distinciones entre las cuales se destacan: Premio internacional de educación Adrés Bello, concedido por la OEA, 1990 en Washington; Premio latinoamericano de ensayo literario con La *profecía de Flaubert*, México, 1998; finalista Premio Herralde de novela, Barcelona, 1999; y sus investigaciones La *vida de los maestros colombianos*, El proyecto *Atlántida*, y *Escuela y modernidad en Colombia*, fueron seleccionadas por Colciencias como las mejores investigaciones del siglo XX, en educación colombiana.

Lina María Pérez

Nació en Bogotá en 1949. Es licenciada en filosofía y letras de la Universidad Javeriana; ganó el premio Internacional de Cuento Juan Rulfo, modalidad de Novela Negra (1999), y fue finalista del XIV Premio Internacional de Cuentos Max Aub, de Segorbe, España (1999).

Agusto Pinilla

Nació en Socorro, Santander, en 1946. Es egresado de la Pontificia Universidad Javeriana en estudios literarios y actualmente se desempeña como profesor de literatura clásica y 329 barroca en la misma universidad. Miembro del grupo de poetas de La Generación sin Nombre. Fue el primer finalista en la historia de los concursos de novela promovidos por la editorial Plaza y Janés con la novela *La casa infinita*.

Además es autor de las novelas: El *fénix de oro*, El *inmortal poeta* y La *novela de Cristo*; de los poemarios: *Fábrica de sombras*, El *libro del aprecio* y La *vida revivirá*. Ha publicado también un libro de relatos *Cuentos sobrevivientes* y una novela breve sobre la vida de Miguel de Cervantes.

Jaime Alejandro Rodríguez

Nació en Ibagué en 1958. Realizó estudios profesionales y de especialización en ingeniería, y aunque se desempeñó por varios años en esa aéra, la literatura se convirtió finalmente en su campo de acción, tanto desde el ejercicio creativo como desde el teórico e investigativo. Se graduó como magister en literatura en la Universidad Javeriana y como doctor en filología en la UNED (España).

De su obra se destacan: *Lugares ajenos. Relatos del desplazamiento* (2001); *Debido proceso* (2000); *Posmodernidad, literatura y otras yerbas* (2000) e *Hipertexto y literatura. Una batalla por el signo en tiempos posmodernos* (1999). Incursiona en la publicación de libros digitales tales como: *Teoría, práctica y enseñanza del hipertexto de ficción: el relato digital* (2002; sitio en internet: http://www.javeriana.edu.co/relato digital) y *Gabriella Infinita* (2001; sitio en internet: http://www.gabriella-infinita.net).

Juan Manuel Silva

Profesor de narrativa y escritura creativa en el Departamento de Literatura de la Universidad Javeriana y dirige el Departamento de Humanidades de la Fundación Universitaria del Área Andina. Ha publicado diversos ensayos y reseñas críticas literarias, artículos y textos científicos en ciencias sociales, así como novelas, narraciones y cuentos. Entre sus libros se destacan la micronovela *Hagamos Amor* (2003); las novelas *El delicioso cuerpo de Suárez* (2003), *Enamoraticum* (2000), *El talón de María* (1995), *La tramposa de la Patasola* (1993) y *El Conde de Cuchicute* (1991). Ha publicado en poesía *Corazones de tierra* (1988) y *Los paisajes del ciudadano* (1987).

BIBLIOGRAFÍA

Pidiéndole peras al olmo *(Azriel Bibliowicz)*

AZORÍN. *El artista y el estilo*. Méjico: Aguilar. 1976.

BORGES, Jorge Luis. *Siete noches*. México: Fondo de Cultura Económica.1980

_____. *El tamaño de mi esperanza*. Buenos Aires: Seix Barral / Biblioteca Breve.1993

_____. *Inquisiciones*. Buenos Aires: Seix Barral/Biblioteca Breve.1993

CANETTI, Elias. *La conciencia de las palabras*. México: Fondo de Cultura Económica. 1974.

KAFKA, Franz. "Consideraciones sobre el pecado, el padecimientos, la esperanza y el camino verdadero" en *El*. Buenos Aires: Editorial y librería Goncourt. 1977.

FLAUBERT, Gustave. *Correspondencia íntima*. Barcelona: Ediciones B. 1988.

NABOKOV, Vladimir. *Curso sobre el Quijote*. Barcelona: Ediciones B. 1997.

PLATÓN. "Ion o de la Poesía". *Diálogos*. México: Editorial Porrúa. 1981

SACCIO, Peter. *Shakesperare: The Word and the Action*. Springfield: The Teaching Co.1998.

SONTAG, Susan. "Escribir". *El Malpensante*, Bogotá: mayo 1-junio 15 del 2001. No. 30.

VARGAS LLOSA, Mario. *La verdad de las mentiras*. Barcelona: Seix Barral/Biblioteca Breve.1992.

Escritura, computadores y literatura
(Jaime Alejandro Rodríguez R.)

DERY, Mark. *Velocidad de escape. La cibercultura en el final del siglo*. Madrid: Siruela, 1998.

KERNAN, Alvin. *La muerte de la literatura*. Caracas: Monte Ávila, 1993.

DE MOJICA, Sarah. *Entrevista a Hans Ulrich Gumbrecht*, en marco del II Coloquio Internacional Interdisciplinario de estudios Culturales sobre América Latina. Bogotá: agosto de 1997 (se desconoce si hay publicación): *Cuadernos de Literatura*, Vol. III, No. 6, Julio-diciembre de 1997, pp. 134-152. Bogotá: Departamento de Literatura, Universidad Javeriana

GUMBRECHT, Hans Ulrich. *Cultura contemporánea*. En marco del II Coloquio internacional interdisciplinario de estudios culturales sobre América Latina. Bogotá: agosto de 1997 (se desconoce si hay publicación).

LOVINK, Geert. *La importancia de ser un medio o una pequeña red en un gran mundo*. En: *El paseante* (27-28). *La revolución digital y sus dilemas*. Madrid: Siruela, 2000. pp. 32-33.

TURKLE, Sherry. *La vida en la pantalla. La construcción de la identidad en la era del internet*. Barcelona: Paidós. 1995.

VATTIMO, Gianni. "El consumidor consumido". *Fin de siglo* No. 2, Universidad del Valle: Cali, marzo-abril de 1992. pp. 16-23.

VOUILLAMOZ, Núria. *Literatura e hipermedia. La irrupción de la literatura interactiva: precedentes y crítica*. Barcelona: Paidós,

El salto de la escritura *(Juan Manuel Silva)*

BENJAMIN, Walter. "El narrador". En: *Sobre el programa de la filosofía alemana futura y otros ensayos*. Caracas: Monte Ávila. 1970.

BRUNER, Jerome. *La educación, puerta de la cultura*. Madrid: Visor, 1997.

CAMPS, Victoria. "El lenguaje como juego". En: *Lenguajes científico, mítico y religioso*. Editor, Dou, A. Bilbao: Mensajero, 1979.

CRUZ VÉLEZ, Danilo. *El misterio del lenguaje*. Bogotá: Planeta, 1995.

CUERVO, Clemencia y FLÓREZ, Rita. "La escritura como práctica comunicativa adulta: la experiencia de los institutos de escritura". *Arte y conocimiento*, Vol. 1. Bogotá: Memorias del Congreso Internacional del Lenguaje y la Comunicación Humana, 1993.

EAGLETON, Terry. *Una introducción a la teoría literaria*. Bogotá: F. C. E. 1994.

GARCÍA MAFFLA, Jaime. *¿Qué es poesía?* Bogotá: CEJA. 2001.

SCHEFFT, T.J. *La catarsis en la curación, el rito y el drama*. México: F. C. E. 1986.

KITTAY, Jeffrey. "El pensamiento escrito a través de las palabras". En: DAVID, Olson y TORRANCE, Nancy (comp). *Cultura escrita y oralidad*. Barcelona: Gedisa. 1995.

ORWELL, George. "Dentro de la ballena". En: *Ensayistas ingleses*. Medellín: Universidad de Antioquia. Trad. Hernández, Iván. 1986.